M000306860

EL CORAZÓN
DE LA HISTORIA

EL CORAZÓN
DE LA HISTORIA

El Diseño Magistral de Dios para Restaurar a su Pueblo

RANDY FRAZEE
PRÓLOGO POR MAX LUCADO

La misión de Editorial Vida es ser la compañía líder en comunicación cristiana que satisfaga las necesidades de las personas, con recursos cuyo contenido glorifique al Señor Jesucristo y promueva principios bíblicos.

EL CORAZÓN DE LA HISTORIA
Edición en español publicada por
Editorial Vida – 2011
Miami, Florida

©2011 por Randy Frazee

Originally published in the USA under the title:
        The Heart of the Story
Copyright © 2011 by Randy Frazee
Published by permission of Zondervan, Grand Rapids, Michigan 49530

Traducción: *Marijo Hooft*
Edición: *Madeline Díaz*
Diseño interior: *Grupo Nivel Uno, Inc.*

RESERVADOS TODOS LOS DERECHOS. A MENOS QUE SE INDIQUE LO CONTRARIO, EL TEXTO BÍBLICO SE TOMÓ DE LA SANTA BIBLIA NUEVA VERSIÓN INTERNACIONAL.
© 1999 POR BÍBLICA INTERNACIONAL.

ISBN: 978-0-8297-5893-1

CATEGORÍA: Vida cristiana / Crecimiento espiritual

IMPRESO EN ESTADOS UNIDOS DE AMÉRICA
PRINTED IN THE UNITED STATES OF AMERICA

11 12 13 14 15 ❖ 6 5 4 3 2 1

A Mike Reilly
Has alineado tu vida con la Historia Primaria de Dios, y
yo soy uno de los muchos que han recibido la bendición.
Que Dios continúe soplando el viento en tus velas a medida
que avanzas en tu aventura de servir a los demás.

Contenido

Prefacio

Cuando era un niño pequeño me sentía atraído por una Biblia de cuero negra, versión King James, la cual reposaba en la biblioteca del pasillo que conducía a nuestras habitaciones. Había sido un regalo de nuestra abuela. Yo abría la cremallera que la rodeaba, me recostaba en el suelo con el mentón apoyado sobre mis manos, y comenzaba a leer con la fe sencilla de que había algo en ella que necesitaba saber con desesperación. Después de unos quince minutos de dedicarle plena atención, volteaba las páginas, cerraba su cremallera y la depositaba de nuevo en su estante. En realidad no captaba bien el mensaje en ese entonces. Lo deseaba, pero estaba fuera de mi alcance.

Resulta bastante abrumador ahora ofrecerle a otros un libro que les ayude a entender el corazón de la historia de Dios que se halla en la Biblia. ¿Cómo llegué hasta aquí desde el lugar donde comencé? Con la ayuda de mucha gente.

Les agradezco infinitamente a las siguientes personas:

A Ray y Mary Graham, por ocuparse lo suficiente como para invitar a un jovencito y su hermana a su Escuela Bíblica de Verano. Fue allí donde por primera vez oí y recibí el mensaje.

A mi suegro, Al Bitonti, quien desde que yo tenía quince años me condujo a la Biblia por la fuerza de su innegable carácter similar al de Cristo.

A mis profesores en mis estudios universitarios y de posgrado, que me mostraron cómo manejar los idiomas bíblicos y la hermenéutica, e incrementaron mi hambre de «abrir las Escrituras correctamente», en particular al Dr. Tom Bulick, el Dr. Ron Walker, el Dr. Darrell Bock y el Dr. Howard Hendricks.

A la congregación de la Iglesia Pantego Bible, que me permitió ir adquiriendo experiencia en la enseñanza bíblica como su pastor principal a la edad de veintiocho años. Les aguarda una corona en el cielo por su paciencia y continuo aliento. ¡Qué maravillosos dieciséis años pasamos juntos!

A la congregación de la Iglesia Willow Creek, que me dio la oportunidad de enseñar por primera vez La Historia en la reunión de la Nueva Comunidad los miércoles por la noche. Su búsqueda genuina de la Palabra pura me brindó la inspiración necesaria para seguir adelante. Tres años no fue demasiado tiempo.

A Dallas Willard por ofrecerme la enorme tarea de reescribir una obra maestra —Renovation of the Heart [La renovación del corazón]— para los estudiantes. Esta labor de amor me llevó a beber de una forma profunda del pozo de las Escrituras. No he sido el mismo desde entonces.

A George Gallup Jr. y a todo el equipo de trabajo que colaboró en el desarrollo de The Christian Life Profile Assessment Tool [Herramienta para la evaluación del perfil de la vida cristiana]. Las muchas reuniones en Dallas y Princeton fueron más valiosas que un título oficial en formación espiritual.

A la congregación de la Iglesia Oak Hills. ¡Qué locura fue ocupar el lugar del querido Max Lucado como ministro principal después de sus veinte años desempeñando esa función en Oak Hills! Ustedes han acogido y abrazado a nuestra familia. Nuestra experiencia con La Historia durante el primer año juntos será recordada como uno de los momentos sobresalientes de mi ministerio. Creemos más recuerdos así en los días que vendrán. A mis vecinos de Village Green. Hechos 17:26 nos cuenta que Dios planeó que vivamos en el mismo vecindario al mismo tiempo. De modo que Dios ha sido muy bueno con los Frazees al ponerlos en nuestro camino. ¡Que podamos continuar siendo como Jesús los unos con los otros, así como con el prójimo que fuimos llamados a amar como a nosotros mismos!

A Mike Reilly y Bob Buford. Todavía no puedo creer de cuántas formas me han alentado a mí y mi familia. Ustedes han cultivado y fertilizado mi trabajo a través de muchas estaciones. Espero que estén complacidos del fruto que han producido.

A Max Lucado. La forma en que creíste y participaste en todo el proyecto de La Historia ha sido clave. Nunca olvidaré cómo se vino abajo tu partido de golf el día en que hablamos de toda esta idea. Vi con mis propios ojos cómo ponías en movimiento las ruedas de tu mente asombrosamente creativa. Ellas comenzaron a girar fuera de control mientras consideramos la posibilidad de un proyecto de esta magnitud y su potencial valor para la iglesia. Sin embargo, más que eso, te has convertido en mi amigo y compañero. Gracias por todo.

A Nancy Brister, mi asistente y la que me salva la vida. No podría terminar de hacer nada y nunca estaría en el lugar correcto sin tu ayuda. Gracias por mudarte a San Antonio.

A nuestros cuatro hijos, Jennifer, David, Stephen y Austin. No pasa ni un día en que no le agradezca a Dios por ponerlos en el corazón de mi historia. ¡Ustedes nos dan a su madre y a mí, y también a Dios, un gran gozo! Descubro un propósito y una pasión intensa al ayudarlos a medida que sus historias como adultos se van desplegando.

A Desmod y Gretchen. Bienvenidos al clan Frazee. Estoy agradecido de ser parte de su historia y haré todo lo posible por animarlos tanto como mi suegro (me gusta decir «mi padre en la gracia»)* me ha alentado a mí.

A Ava, mi nieta. Tu misma presencia me desarma. ¡Cómo deseo con toda mi alma que entiendas la esencia del amor de Dios por ti! ¡Tú bien puedes ser su favorita! Haré todo lo posible por ayudarte y mostrártelo. Te lo prometo.

A Rozanne, mi querida esposa por treinta años. Tú eres mi Raquel, mi Rut y mi Ester. Tu fe inquebrantable y tu apoyo durante todos estos años me impresiona. Eres mi mejor amiga; verdaderamente hemos llegado a ser uno solo. Al entrar en este próximo capítulo de nuestras vidas, estoy emocionado de apoyarte como tú me has apoyado en todo. Tienes mucho que decir.

A todo el equipo de trabajo de Zondervan y La Historia. Ustedes han abrazado la visión que yace detrás del proyecto de La Historia en maneras que nunca podría haber soñado. A John Raymond por gestionar todos mis proyectos para Zondervan. A Dudley Delffs y Lyn Cryderman por

---

* N. de la T.: El autor emplea aquí un juego de palabras, ya que en inglés «suegro» se dice *father-in-law* (padre en la ley), pero él prefiere tener un *father-in-grace* (padre en la gracia).

ayudarme a escribir este emprendimiento tan significativo. A Steve Green y Byron Williamson por navegar en esta complicada pero valiosa travesía con habilidad y gracia. A Norman Miller, Nichole Nordeman y Bernie Herms por ponerle una música espectacular a La Historia. A Michael Seaton y su equipo por filmar los treinta y un segmentos en vídeo que complementan este libro. Debo tener el récord del número de tomas en una sesión. A Kevin y Sherry Harney por escribir una inigualable guía para los participantes. Les debo una ronda de golf. A Andy Ivankovich y todo el equipo de UpperRoom Technologies por el increíble apoyo que le brindaron a este importante proyecto.

Una cosa que aprenderás al darle vuelta a la página y comenzar a descubrir el corazón de la historia de Dios es que él casi siempre escoge al candidato más inverosímil para hacer su trabajo (Abraham, Sara, Moisés, Gedeón, David, Pablo, por nombrar solo algunos). Pues bien... yo soy el jefe de los candidatos más inverosímiles o menos aptos para trabajar en este proyecto. Todo lo que hice fue abrir la cremallera de la Biblia cuando era un niño, con la fe de que había algo importante dentro de ella. Dios me lo mostró, y hará lo mismo contigo.

Así que le doy gracias a mi Dios no solo por mostrarme el corazón de su historia, sino por darme la oportunidad de contársela también a otros. Espero que haya contribuido a ponerla a tu alcance.

RANDY FRAZEE,
San Antonio, Texas

La galería de arte y el mural

Porque somos hechura de Dios, creados en Cristo
Jesús para buenas obras, las cuales Dios dispuso de
antemano a fin de que las pongamos en práctica.

—EFESIOS 2:10

¿Alguna vez has luchado para tratar de entender cómo las muchas historias de la Biblia se conectan unas con otras? ¿O te preguntaste cómo esos relatos se relacionan con la historia de tu vida hoy? ¿Qué sucedería si los testimonios que aparecen en la Biblia, la vida de todas las personas que han existido y tu propia «historia aun en progreso» estuvieran todas conectadas como parte de una gran epopeya divina?

Dos de las más famosas obras de arte en el mundo nos ayudan a comprender cómo la larga y dramática historia de la Biblia —aparentemente solo una narrativa acerca de Dios y un pueblo antiguo con nombres raros— se conecta con *tu* historia. Para ver la primera pintura debes viajar a París, ingresar en el renombrado Museo de Louvre y caminar en medio de pinturas muy famosas de los artistas más grandiosos que jamás vivieron: Rembrandt, van Gogh, Monet y, por supuesto, da Vinci.

Subes las escaleras y pasas de un inmenso salón a otro hasta que finalmente la ves: *La Mona Lisa*, de Leonardo da Vinci. La pintura más famosa del mundo, la más valiosa, valorada en setecientos millones de dólares. El tamaño del cuadro te sorprende. Basándote en la leyenda y su popularidad, te lo imaginas grande como de dos pisos, pero las dimensiones son tan solo de cincuenta y tres por setenta y siete centímetros (más o menos el tamaño de la puerta de tu horno).

Para el ojo no entrenado la pintura parece algo ordinaria al principio. Sin embargo, cuando observas los colores apagados y las sutiles sombras, los detalles, la transparencia de la piel de la mujer y la atmósfera triste del fondo, empieza a gustarte. Por alguna razón tu mirada se fija en la suya, percibes el rastro de una sonrisa reflejándose allí, y casi puedes estar de acuerdo con los que afirman que sus ojos te siguen cuando te mueves.

Mientras más tiempo la contemplas, más quieres saber acerca de la mujer que te mira fijo, de modo que te aproximas al guía que está explicándole la pintura a un grupo de turistas que hablan tu idioma. La señora Lisa —descubres a continuación— nació el 15 de junio de 1479, durante el Renacimiento italiano. Su esposo fue un florentino acaudalado que vendía sedas y supuestamente encargó esta pintura para su nuevo hogar en celebración del nacimiento de su segundo hijo, Andrea.

Es bueno saberlo, pero seguramente debe haber más en su historia, piensas para ti mismo. ¿Qué estaba ocurriendo en su vida en el tiempo en que ella posó para esta pintura? ¿Qué significa esa sonrisa enigmática en su rostro? ¿Estaba contenta o hasta se divertía? ¿O se hallaba encubriendo una profunda tristeza?

Después de trascurridos varios minutos delante de esta famosa obra de arte, paseas por todo el museo deteniéndote aquí y allá para estudiar otras pinturas que captan tu atención: *Cristo en Emaús*, de Rembrandt; *La libertad guiando al pueblo*, de Eugène Delacroix; *La virgen y el niño con San Juan Bautista*, de Rafael. Cada pintura es completamente distinta, con su leyenda única que no guarda relación alguna con la historia de la *Mona Lisa*. Para el momento en que abandonas el museo, te habrás detenido delante de docenas de pinturas exquisitas, cada una con una historia diferente y distintiva en cuanto a su creación.

Para ver la otra obra de arte famosa tienes que volar a Roma, tomar un taxi y emplear tu mejor italiano para pedirle al chofer que te lleve al Vaticano. Al llegar, atraviesas una plaza magnífica e ingresas a la Capilla Sixtina, luego alzas la vista para ver la imponente obra de Miguel Ángel. Te asombras al darte cuenta de que Miguel Ángel y Leonardo da

Vinci pintaron sus respectivas obras de arte durante la misma década. No obstante, mientras que da Vinci confinó a una persona a un simple lienzo, Miguel Ángel capturó toda la extensión de la historia.

Tal vez la escena más famosa de su dramático mural es la que muestra el brazo fuerte de Dios estirándose hasta tocar la mano floja de Adán. Esta imagen ha sido reproducida en incontables cuadros, grabados y postales. ¡Aquí te encuentras parado justo debajo del original!

Al cambiar tu enfoque visual para poder captar la enormidad de este espléndido mural, te quedas anonadado por el amplio espectro que abarca. Con tu cuello tan endurecido que casi te comienza a doler, reconoces a muchos de los trescientos personajes que están pintados en el cielorraso de este salón: Adán, Eva, Noé, Jacob, David y muchos otros. Aunque cada sección de este enorme mural describe una historia individual, todos están conectados para contar una gran epopeya. En el punto más alto del cielorraso se despliegan nueve escenas del libro de Génesis, comenzando con Dios dividiendo la luz de las tinieblas y continuando con la desgracia de Noé. Justo debajo de esas escenas están retratados los doce profetas que predijeron el nacimiento del Mesías.

Descendiendo por las paredes, áreas en forma de medialuna rodean la capilla que retrata a los ancestros de Jesús, como Booz, Isaí, David y el padre terrenal de Jesús, José. La obra se completa en las cuatro esquinas con otras historias bíblicas igualmente dramáticas, como la del joven David matando heroicamente a Goliat.

Cada escena, cada pintura, narra su propia historia singular, relatos que puedes haber oído desde la niñez. Sin embargo, el artista los ha unido para exhibir una obra de arte magnífica: la necesidad que la humanidad tiene de la salvación que Dios ofrece a través de Jesús.

El Louvre y la Capilla Sixtina son dos lugares para la expresión creativa. Ambos exhiben un arte asombroso. El Louvre cuenta miles de historias aisladas, sin relación entre sí. La Capilla Sixtina, por otra parte, cuenta una sola. En apariencia, tú y yo —junto con otros millones de seres humanos— somos pinturas individuales colgando de los muros de alguna galería cósmica, distintos y sin relación los unos con los otros. No obstante, si miras de cerca, verás que tu historia está entretejida con la misma fibra narrativa pintada por Miguel Ángel en el cielorraso de la Capilla

Sixtina: la historia de Dios tal como está relatada en la Biblia. Una historia vista a través de muchas vidas.

Dios quiere que leamos la Biblia como si estuviéramos mirando un mural. Las historias individuales contenidas en sus páginas están conectadas, entrelazadas todas para comunicar una epopeya universal. Tejidas de una forma más ceñida que los juncos de una cesta impermeable, ellas se intercalan todas con la grandiosa historia de Dios. El propósito de este libro es meditar en el diseño divino y descubrir nuestro rol en él. Pararnos debajo del cielorraso de la Capilla Sixtina que todo lo abarca y ver lo que la narrativa completa, desde el comienzo hasta el final, tiene que decir acerca de nosotros y a nosotros como individuos.

Para comprender mejor esta historia, necesitamos verla con lentes dobles. Justo como si estuviéramos usando anteojos bifocales, a través del lente inferior avistaremos las historias individuales de la Biblia en orden cronológico. Piensa en esas piezas individuales como nuestra Historia Secundaria.

La Historia Secundaria revela el aquí y el ahora de la vida cotidiana, las experiencias y circunstancias que vemos aquí en la tierra. Los objetivos y temores, las responsabilidades y reacciones. En la Historia Secundaria ganamos dinero, pagamos cuentas, nos enfermamos, nos cansamos, lidiamos con las rupturas y resolvemos los conflictos. Esos son los elementos de la historia que tenemos en cuenta, y como personas de fe confiamos en que Dios suplirá nuestras necesidades en la Historia Secundaria. ¡Y así lo hace! Dios viene a nuestro encuentro en cada una de nuestras historias terrenales y nos ayuda ofreciéndonos sabiduría y guía para vivir nuestra vida con dignidad y propósito. Él interviene y aplica su bálsamo sanador en nuestras heridas físicas y emocionales. Como un Padre tierno, Dios se complace en prodigarnos su cuidado, extendiendo sus brazos para confortarnos cuando estamos atribulados y animarnos cuando nos encontramos deprimidos.

Sin embargo, él tiene un plan mayor que nuestra supervivencia y confort. Cuando nos elevamos por encima del aquí y el ahora, mirando cada una de esas historias de la Biblia desde la perspectiva de Dios, vemos algo mucho más grande. Cuando miramos hacia arriba, al cielorraso de la Capilla Sixtina, obtenemos algunos indicios de que la Biblia no está repleta de historias individuales sobre la intervención divina para ayudar a la gente a atravesar los tiempos difíciles, sino que constituye más bien una gran historia acerca de algo mucho mayor, algo eterno.

Esa es la Historia Primaria. Cuando observamos la Biblia a través de tales lentes, vemos que Dios ha estado tras algo increíble desde el mismísimo comienzo. Él tiene una visión, una gran idea, y la misma implica buenas noticias para nosotros. Cuando miramos la Historia Primaria de Dios —su espléndido mural— descubrimos dónde encajamos en él, porque esta historia fue creada para darnos un mensaje singular: «Si quieres vivir la vida a plenitud y disfrutarla para siempre, vuélvete parte de mi obra de arte».

Jesús modeló este mensaje cuando dijo: «Si tu primera preocupación es cuidar de ti mismo, nunca te encontrarás. No obstante, si te olvidas de ti y me buscas, te encontrarás a ti mismo y a mí»[1]. En otra historia de la Biblia, los seguidores más íntimos de Jesús le preguntaron cómo debían orar. Él les respondió que nuestras oraciones debían comenzar así:

> Padre nuestro que estás en el cielo,
> santificado sea tu nombre,
> venga tu reino,
> hágase tu voluntad
> en la tierra como en el cielo[2].

Jesús les estaba diciendo a ellos —y a nosotros— que la voluntad de Dios, su gran plan para el universo, está primero. Siempre. La prioridad de nuestra oración debería ser reconocer que la voluntad de Dios —su plan maestro, por así decirlo— da resultado por sobre todo lo demás. Deberíamos anhelar que la Historia Primaria de Dios se desarrolle, porque Dios desea siempre lo mejor para nosotros. Todo lo que él hace es para nuestro bien. Por lo tanto, como el gran mural todavía se está pintando en el cielorraso del universo, deseamos que sea acabado.

Jesús agrega luego estas palabras para que se las susurremos a Dios cuando oremos:

> Danos hoy nuestro pan cotidiano.
> Perdónanos nuestras deudas,

como también nosotros hemos perdonado
a nuestros deudores.
Y no nos dejes caer en tentación,
sino líbranos del maligno[3].

Este es el tema de la Historia Secundaria. Necesitamos comer. Pagar las cuentas. Evitar la pequeña voz que te dice: «Dale, haz lo que te gusta hacer. Nadie lo sabrá nunca». Esas son las quejas de la vida diaria, el barro en crudo que Dios usa para moldearnos como vasijas en su rueda de alfarero. Entonces clamamos a Dios para que nos encuentre en nuestra Historia Secundaria, y él lo hace. No siempre según nuestros gustos, pero sí involucrándose de una forma íntima y ocupándose de los detalles de nuestra vida diaria. Él nos da poder para vivir la Historia Secundaria desde la perspectiva de la Historia Primaria. Todo lo que nos ocurre en la Historia Secundaria, ya sea malo o bueno, obrará para nuestro bien si nos alineamos a su llamado superior.

Jesús no solo nos enseñó estas cosas: Él las vivió. En Getsemaní, la noche antes de que fuera brutalmente torturado y crucificado, oró a su Padre: «Padre mío, si es posible, no me hagas beber este trago amargo»[4].

Jesús es plenamente Dios, pero también es plenamente humano. En su naturaleza divina, él conocía el peso de tomar los pecados del mundo sobre sí mismo y que su Padre se rehusara a salvarlo. En su naturaleza humana, sabía lo doloroso y humillante que sería la tortura. En la Historia Secundaria de Jesús, él preguntó si había alguna forma de que pudiera ser eximido de atravesar la horrenda experiencia de la muerte en la cruz. Este fue su gemido desde abajo. Sin embargo, no detuvo la oración ahí. Él continuó hasta terminar con: «Pero no sea lo que yo quiero, sino lo que quieres tú»[5].

Jesús sabía que la senda libre dolor podría no ser la de su Padre, de modo que alineó su vida con el plan de la Historia Primaria. Si este era el único camino para que la gran historia de Dios se desarrollara, Jesús estaba dispuesto a transitarlo. La cruz representaba el único camino, y él aceptó emprender el viaje hasta la cruz y morir de una forma humillante. Jesús pudo aceptar el doloroso plan de la Historia Secundaria porque conocía el hermoso tema de la redención en el plano de la Historia Primaria.

Como pastor tengo el privilegio y la responsabilidad de ayudar a la gente a entender la Biblia. A través de los años me ha quedado claro que la mayoría de las personas —incluso aquellas que han asistido a la iglesia toda su vida— ven la Biblia como un libro antiguo que habla acerca de lo que Dios hizo en la vida de la gente «allá en los tiempos bíblicos». Esto explica muy bien por qué tantas personas que llevan la Biblia a la iglesia rara vez la leen, o si lo hacen, resultan un poco confundidas: «¿Qué tiene que ver Abimelec conmigo?». No obstante, una de mis grandes alegrías es ver que tiene lugar el momento de descubrimiento, cuando ellos aprenden que la Historia Primaria que se halla en la Biblia se conecta con su propia Historia Secundaria acerca de ir a trabajar, cuidar de sus familias y tratar de vivir vidas decentes y honorables.

Es mi oración que cuando llegues al final de este libro, no solo sepas y entiendas mejor la Historia de Dios, sino que seas envuelto por su amor y comprendas cómo tu retrato encaja en el amplio lienzo que él continúa pintando hasta hoy.

Así que, cuando le des vuelta la página, imagina que has caminado por la Capilla Sixtina. Verás muchos personajes en las páginas que siguen, pero todos ellos trabajan conjuntamente para contar la historia única de Dios. Al igual que tu propia historia, cada una de sus historias será singular, llena de dramatismo, dolor y gozo. Tomadas de manera individual, puede que no todas ellas tengan sentido, pero cuando las miras desde la perspectiva de la Historia Primaria de Dios, encajan a la perfección.

EL ANTIGUO
TESTAMENTO

CAPÍTULO 1

¿Cuál es la gran idea?

Dios, en el principio, creó los cielos y la tierra.
—GÉNESIS 1:1

Imagina al Creador del universo por «ahí afuera» en alguna parte. Comparado a la tierra que él creó, el «ahí afuera» es tan vasto como para ser inmensurable. Por ejemplo, la Tierra es uno de los planetas más pequeños de los ocho que componen una enorme galaxia. No obstante, el «ahí afuera» es mayor que una galaxia. En 1996, los astrónomos apuntaron el poderoso Telescopio Hubble Space hacia un área pequeña y completamente negra justo al lado de la constelación Osa Mayor. Ellos dejaron el obturador abierto por diez días.

¿Qué descubrieron? Tres mil galaxias *más*, cada una con cientos de billones de estrellas, planetas, lunas, cometas y asteroides. En el 2004, los científicos lo hicieron de nuevo. Esta vez enfocaron el telescopio en una zona oscura próxima a la constelación Orión. Dejaron los lentes abiertos durante once días y descubrieron diez mil galaxias *más* en adición a las anteriores tres mil que observaron la primera vez. Los científicos le llamaron a esta área el Campo Ultra Profundo, ya que representa lo más lejos que la humanidad ha llegado a ver del universo. No obstante, hay mucho más «ahí afuera» que supera nuestra habilidad para ver.

Resulta que ahí afuera hay más de *cien mil millones* de galaxias que forman parte del universo. Sin embargo, no siempre fue así. En el principio, Dios llegó a un lugar sin forma, vacío y oscuro. La Biblia nos dice que «el Espíritu de Dios iba y venía» sobre este lugar antes de que él pusiera manos a la obra y creara un espacio donde pudiera disfrutar de la comunión contigo y conmigo[1].

Piensa en ello por un instante. Si nuestro sistema solar fuera reducido en dimensiones por un factor de mil millones, la tierra tendría el tamaño de una uva. La luna sería un poquito más grande que una pelota de básquetbol. El sol sería de la altura de un hombre. Júpiter tendría el tamaño de una toronja; Saturno, el de una naranja. Urano y Neptuno se compararían a un limón. ¿Te puedes imaginar cuán grandes serían los seres humanos? ¡Tendrían el tamaño de un simple átomo! Seríamos completamente invisibles al ojo humano[2].

Con todo, para Dios somos la corona de su creación.

La historia de la Biblia se inicia con una gran explosión [el «Big Bang»], pero esa gran explosión no ocurre por accidente. Dios está detrás de todo, o mejor dicho, por encima de todo. Las tres personas que integran la Deidad —Padre, Hijo y Espíritu Santo— se desafiaron la una a la otra para producir el precursor de todos los proyectos para la feria de ciencias. Y el resultado fue la creación.

Génesis, el primer libro en la historia de las interacciones de Dios con la humanidad y su plan para ella, nos brinda un increíble punto de partida. Los primeros dos capítulos de este libro —conocido por muchos de nosotros— describen cómo Dios creó los cielos y la tierra, así como todo lo que está contenido en ellos. Sin embargo, la creación es solo el argumento secundario de este libro.

El *verdadero* tema de Génesis es tan asombroso que resulta casi increíble: Dios quiere estar con nosotros. El Dios del universo ha creado un lugar al cual descender para ser parte de una comunidad de personas. Él ya no quería disfrutar tan solo de la perfecta comunión que tenía con la Trinidad (Padre, Hijo y Espíritu Santo). Deseaba compartirla con nosotros. El Autor Supremo de esta grandiosa historia no se sentía contento de continuar estando solo.

«En el principio», Dios elaboró un plan para conectar a la perfección la Historia Primaria con nuestra Historia Secundaria. Él literalmente deseó bajar el cielo a la tierra. Primero, para crear un paraíso y al hombre y la mujer a su propia imagen, y luego para descender y vivir con nosotros. En una perfección total. Tal como experimentaba la perfecta unidad como Padre, Hijo y Espíritu Santo.

El primer capítulo de Génesis es como una página sacada del archivo de Construcciones Trinidad, excepto que parece más poético. La secuencia y el patrón son simples, pero bastante arrolladores como para asimilarlos. En los días uno, dos y tres, Dios pinta los lugares de la tierra en su lienzo. Luego, en los días cuatro, cinco y seis, coloca las cosas en cada lugar para llenar este espacio. Así es como se sucede la semana:

Día 1 al 3	Día 4 al 6
1— Luz/tinieblas (versos 3-5)	4— Sol, luna y estrellas (versos 14-18)
2— Agua y cielo (versos 6-8)	5— Peces y aves (versos 20-23)
3— Tierra (versos 9-13)	6— Animales (versos 24-25)

Al final de cada día de la creación, Dios se retira, echa un vistazo y registra en su diario: «Esto es bueno». No obstante, a pesar de que la creación de los cielos y la tierra y los otros mil millones de galaxias es impresionante, con todo, no es el punto central de la historia. El Monte Everest. El Gran Cañón. La despampanante belleza del Sahara, la elegancia de las Cataratas Victoria. Combina todas estas y otras miles de joyas de su poder creativo y ni siquiera estarás cerca de identificar la pasión principal de Dios. Estas son solo las vitrinas para realzar su *verdadera* obra de arte.

El orgullo y el gozo de su obra, el centro de todo, se revela en Génesis 1.

Y dijo [Dios]: «Hagamos al ser humano a nuestra imagen y semejanza. Que tenga dominio sobre los peces del mar, y sobre las aves del cielo; sobre los animales domésticos, sobre los animales salvajes, y sobre todos los reptiles que se arrastran por el suelo. Y Dios creó al ser humano a su imagen; lo creó a imagen de Dios. Hombre y mujer los creó»[3].

El mundo perfecto y hermoso que Dios creó estaba incompleto sin su logro máximo, las personas que podía disfrutar y amar y con las que se podía comunicar. Adán y Eva, tú y yo, y todos los demás. Él sentía esa pasión por expandir la maravillosa comunidad que experimentaba el Dios trino. Ansiaba crear el medio perfecto donde pudiera convivir con gente real, y sabemos que estuvo orgulloso de su acto creativo final, porque esta vez se alejó, lo contempló y declaró: «Esto es muy bueno».

Con este último acto creativo, el plan de Dios se puso en marcha. En su Historia Primaria, él experimentaba una comunidad perfecta. Y pudo haber continuado disfrutando de esa unidad total para siempre, pero quiso compartirla. Deseó llevar esa comunidad a un lugar donde pudiera disfrutarla con otros. Así que la Historia Secundaria comienza con la gran idea de Dios de preparar el escenario y crear al hombre y la mujer a su imagen, y luego descender y habitar con nosotros.

Este es el prólogo para la historia completa de Dios y la humanidad. Todo comienza con Dios. El universo, las galaxias, nuestro pequeño planeta, los hombres y las mujeres… todos fueron idea de Dios. Su visión era pasar la eternidad en una perfecta comunidad disfrutando de la fraternidad con las personas que había creado a su imagen. Él *escogió* traernos a ti y a mí al mundo para su placer, y hasta este día ansía *estar* contigo. Desea caminar a tu lado y experimentar toda la vida contigo, tanto en los valles profundos como en las montañas más altas.

Obviamente la gran pregunta es: *¿Por qué?* ¿Por qué Dios saldría de su perfecta Historia Primaria y descendería a la Historia Secundaria?

Si eres padre, entiendes por qué.

En un cierto punto de tu relación con tu cónyuge, quisieron compartir sus vidas con otro ser humano, uno que crearan juntos. En preparación para recibir a ese nuevo ser humano que llegaría a la tierra, hicieron lo mejor a fin de crear un entorno perfecto. Tal vez arreglaron una habitación especial, compraron una cuna sólida y resistente, sábanas confortables, un osito de peluche bien esponjoso, y colgaron cuadros claros en la pared. Con cada mes que pasaba la ansiedad crecía, sabiendo que en muy poco tiempo estarían unidos por alguien tan especial que harían cualquier cosa para proteger y sustentar esta nueva llegada. Más que nada querían estar *con* esa persona. Finalmente llegó el momento. Un bulto envuelto en una sábana suavecita entró a sus vidas, y el gozo que sintieron cuando miraron su rostro por primera vez fue indescriptible.

Lo mismo sucedió con Dios cuando miró a los ojos de Adán y Eva y exclamó: «Esto es *muy* bueno». Y *era* bueno... no tan solo la creación de la vida humana, sino su plan para ella. Así como los padres sueñan con un futuro promisorio para sus hijos, Dios se imaginó no solo una buena vida para nosotros, sino una vida perfecta. Fue casi como si Dios estuviera diciendo: «Esto va a ser fantástico. Un jardín precioso. Abundancia de comida. No hay enfermedad. No hay tristeza. Aun los leones y los corderos andan juntos. Y lo mejor de todo es que hay personas con las que disfrutar los placeres de este mundo que hice para ellos».

Al igual que en el primer capítulo con Adán y Eva, tu historia comienza con Dios mirándote a la cara y diciendo: «Es bueno, esto es *verdaderamente* bueno». Como cualquier padre orgulloso, él quiere lo mejor de lo mejor para ti. Tú también deseas lo mismo, pero la vida no siempre funciona de la manera que queremos. Dios planeó que nunca tuvieras que sufrir en tu vida, pero si todavía no has sufrido, lo harás en algún momento. Él anhela que experimentes una armonía perfecta con tu prójimo, pero casi no lo conoces. Quiere que vivas para siempre en el jardín que creó para ti, pero algún día morirás (y además, no siempre te sentirás como si vivieras en un jardín). Dios soñó una vida perfecta para ti, pero algunos días sientes que estás viviendo una pesadilla.

¿Qué es lo que ha ocurrido entonces?

En medio de ese ambiente perfecto que Dios había creado, algo cambió. Ten en cuenta lo increíblemente hermoso que era dicho lugar, el *Edén* (que en hebreo significa «delicia»). Muchos estudiosos creen que el jardín estaba ubicado en el área fértil donde el Tigris y el Éufrates se encuentran, en el Irak de hoy día. El jardín del Edén era una zona despampanante. Imagina un jardín botánico exuberante de verdor. Un entorno realmente perfecto, creado como el lugar donde Dios pudiera estar con Adán y Eva, un hogar perfecto donde toda necesidad era suplida, un paraíso para vivir con Dios por siempre.

Cuando Dios les entregó a Adán y Eva un hogar perfecto en el jardín, también les dio algo más: la *libertad*. En vez de forzarlos a mantener una relación con él, les dio la libertad de elegir si querían permanecer con él o irse por su cuenta. Con el fin de proveerles una forma de aceptar o rechazar su visión divina, Dios colocó dos árboles en medio del jardín. Uno era el árbol de la vida, el cual daba un fruto que al comerse sustentaría la vida eterna. El otro era el árbol del conocimiento del bien y del mal.

Aun antes de crear a Eva, Dios le dijo a Adán: «Puedes comer de todos los árboles del jardín, pero del árbol del conocimiento del bien y del mal no deberás comer»[4]. Dios le dijo que si comía del fruto de ese árbol, moriría. Lo que Adán no comprendió era que con su muerte el plan que Dios había imaginado para vivir juntos en el jardín moriría también, ya que su elección determinaría la suerte de la humanidad desde ese momento en adelante.

No se nos dice cuánto tiempo trascurrió entre esa conversación y la elección final de Adán y Eva, pero sabemos que decidieron desobedecer el mandato específico de Dios. Según las Escrituras, a Eva se le apareció una serpiente —una criatura que luego nos enteramos que representaba a Satanás, la misma fuerza del mal— y le dijo que si ella y Adán comían del árbol prohibido, ambos serían como Dios. Esto tenía sentido para ellos, de modo que ignoraron a Dios y comieron del árbol del conocimiento del bien y del mal[5].

El árbol hizo honor a su nombre. El mal fue depositado junto a la verdad en el ADN de Adán y Eva… y en el ADN de cada ser humano que vino después de ellos. En el mismo centro de esta maldad, la cual en la Biblia se denomina pecado, se encuentra el egoísmo[6]. El bien está pendiente de los demás; el mal está pendiente de uno mismo. El egoísmo es la raíz del odio, la envidia, la violencia, el enojo, la lujuria y la codicia. Y Adán y Eva entran en esta categoría.

Desde ese momento en adelante, la gran visión de Dios de morar con nosotros se hizo añicos. Por causa del papel que Adán y Eva desempeñaban como los primeros seres humanos, su desobediencia se convirtió en una herencia para el resto de nosotros. El amor auténtico y la comunión requieren que ambas partes se elijan mutuamente, pero desde el comienzo la humanidad escogió rechazar a Dios. La autopreservación se hizo más importante que ninguna otra cosa, y esto se aprecia de inmediato después de este incidente tristemente célebre.

Sabiendo que habían hecho algo malo, Adán y Eva corrieron a esconderse, pero Dios los fue a buscar y les preguntó si habían comido del fruto prohibido. En vez de asumir la responsabilidad por sus acciones, Adán culpa a Eva. Y Eva, en vez de considerarse responsable por lo que hizo, culpa a la serpiente. Esa breve escena describe la ahora desgarrada comunión entre Dios y la humanidad. En lugar de caminar con Dios en el jardín, ellos se están escondiendo. No quieren estar con él porque saben la diferencia entre el bien y el mal y se reconocen a sí mismos como malos. Están llenos de vergüenza, culpa e inseguridad. La relación que Dios había soñado ahora está rota, y Dios es obligado a completar este capítulo prohibiéndoles la entrada al jardín.

Y dijo: «El ser humano ha llegado a ser como uno de nosotros, pues tiene conocimiento del bien y del mal. No vaya a ser que extienda su mano y también tome del fruto del árbol de la vida, y lo coma y viva para siempre». Entonces Dios el Señor expulsó al ser humano del jardín del Edén, para que trabajara la tierra de la cual había sido hecho. Luego de expulsarlo, puso al oriente del jardín del Edén a los querubines, y una espada ardiente que se movía por todos lados, para custodiar el camino que lleva al árbol de la vida[7].

¿Por qué Dios haría una cosa así? ¿Por qué un Dios amoroso condenaría a toda la humanidad a una vida de trabajo duro como la que vivimos más o menos por setenta años, a sufrir enfermedades y desalientos y luego a morir? ¿Cómo puede permitir que un simple acto de desobediencia arruine la relación prefecta que deseó tener con nosotros? Desde la perspectiva de la Historia Secundaria, este parece ser un castigo cruel e inusual. Después de todo, todo el mundo comete errores, ¿no? Estos dos seres humanos comieron del árbol equivocado. ¿No estás reaccionando de una manera desmedida, Dios?

No, en lo absoluto. El jardín —este ambiente perfecto para vivir la vida junto con Dios— había sido corrompido por la rebeldía de Adán y Eva. Antes de su desobediencia, el jardín era un lugar de gozo e inocencia. Por un breve lapso de tiempo, se volvió un lugar lleno de temor y donde esconderse. Para restaurar el jardín a la perfección, Adán y Eva tenían que marcharse. El egoísmo no tiene lugar en una comunidad perfecta.

Su expulsión del jardín resultó más que un castigo justo por su desobediencia; fue la continuación del plan perfecto de Dios para poder seguir viviendo en comunidad con la gente que había creado. El jardín seguiría siendo puro, y Dios adaptaría un poco su plan para darnos a ti y a mí la posibilidad de vivir con él por siempre. Dios se muestra tan apasionado como siempre en lo que respecta a desear vivir con nosotros y está dispuesto a encontrarnos fuera del jardín y caminar a nuestro lado a través de cada experiencia de la vida.

Después que se marcharon del jardín, Adán y Eva comenzaron su familia solo para ser testigos del dolor de un hermano matando a otro. La naturaleza pecaminosa que nació en Adán y Eva había sido trasmitida a sus descendientes. En realidad, a medida que la población de la tierra iba creciendo, se hizo más evidente que cuando podían elegir, el hombre y la mujer siempre elegían el mal antes que el bien. Según la Biblia, Dios vio que la humanidad se había vuelto tan perversa que «todos sus pensamientos tendían siempre hacia el mal»[8]. Los teólogos le llaman a esto la doctrina de la depravación —una doctrina que sugiere que los seres humanos inherentemente escogerán el mal antes que el bien— que somos incapaces de «ser buenos» por nuestros propios medios, volviéndonos ineptos para tener comunidad con Dios.

Sin embargo, he aquí el pensamiento más inconcebible contenido en las páginas de la Biblia: ¡Aun en nuestro estado de egoísmo rampante, Dios desea que volvamos! El Plan A es evidente. Comenzar de nuevo con el mejor hombre que la raza humana tiene para ofrecer. ¿Cuál es su nombre? Noé. Esta es una de las pocas veces en la Biblia donde se elige al candidato más apto. Un tsunami cayó desde los cielos por cuarenta días y cuarenta noches. Noé y su familia, junto con una pareja de toda clase de animal, subieron por fe a la enorme arca en una tierra seca y fueron salvos. No muchos días después de que las aguas retrocedieran, un hijo de Noé lo deshonra al mirar a su papá en la tienda luego de que a Noé se le fuera la mano bebiendo demasiado. Tal vez tú lo consideres —o no— una ofensa federal. No obstante, una cosa es cierta: el problema no se había resuelto. El Plan A falló. Aunque Noé era un «buen» hombre, él y sus hijos portaban el virus del pecado. La solución para restaurar la relación que el hombre había tenido con Dios en el jardín *no* se hallaba en nosotros.

Uno creería que este podría ser el final de la historia, que Dios finalmente nos daría por perdidos. Sin embargo, no lo hizo. No podía. Recuerda, somos la corona de su creación, hechos a su imagen y coronados con honor y gloria[9]. A pesar de lo que Adán, Eva y Noé hicieron —a pesar de lo que todos hayamos hecho— Dios todavía quiere estar con nosotros. La Historia Primaria de Dios no ha cambiado. Él todavía quiere vivir con nosotros en la comunidad perfecta y amorosa de una fraternidad unificada. Desde este punto de la historia hasta el último capítulo de la Biblia, vemos desplegarse la única pasión de Dios, historia por historia. Dios quiere darnos a ti y a mí una oportunidad de regresar al jardín, donde viviremos con él por la eternidad, y hará lo que sea para llevarnos de regreso. Si el diluvio no fue la manera para comenzar de nuevo, entonces tiene que haber otra forma.

Un capítulo nuevo por completo.

CAPÍTULO 2

El nacimiento de una nación

Estableceré mi pacto contigo y con tu descendencia,
como pacto perpetuo, por todas las generaciones. Yo
seré tu Dios, y el Dios de tus descendientes.

—GÉNESIS 17:7

Cuando Adán y Eva desobedecieron a Dios, él los sacó del lugar perfecto que había planeado para que toda la humanidad lo disfrutara por siempre. Sin embargo, no abandonó su visión de hacer su vida con las personas que creó. Cuando los descendientes de Adán y Eva eligieron ignorar a Dios y favorecer sus deseos egoístas, él los barrió de la faz de la tierra con un gran diluvio, resguardando al único hombre justo que había —Noé— y a su familia. Aun después de que Noé y su hijo desilusionaran a Dios con su comportamiento posterior al diluvio, él prometió que nunca más repetiría este hecho, aunque sabía que la gente estaría inclinada hacia el mal y el mundo nunca más sería el sitio perfecto que había imaginado para que la humanidad lo disfrutara.

Era tiempo de una propuesta diferente. El Plan B.

Recuerda que la visión original de Dios era descender y vivir en una comunidad perfecta con nosotros. De eso se trataba el Edén. Cuando los primeros seres humanos eligieron seguir sus propios planes en vez de los de Dios, rompiendo la conexión directa con él para todos nosotros, habría tenido mucho sentido que Dios hubiera vuelto a la comunidad perfecta que disfrutaba en la Trinidad. Al menos eso es lo que tú y yo haríamos: «Juega con mis reglas o me llevo los juguetes y me voy. Se hace a mi manera o ahí tienes la puerta». Sin embargo, Dios no iba a abandonar su meta de la Historia Primaria: vivir con nosotros. Él decidió que la mejor manera de continuar con su grandiosa visión de tener una comunión con nosotros era fundando una nación, un grupo especial de personas que estuvieran emparentadas y pensaran de manera similar, que tuvieran la intención de conocer a Dios tanto como él quería conocerlos a ellos. A través de esta nación especialmente escogida, Dios se revelaría a todos y ofrecería un plan que trataría de llevar a la gente de nuevo a una relación con él. Todas las demás naciones podrían mirar el compromiso especial de Dios con esta nueva comunidad, serían atraídas a conocerlo como el verdadero Dios, y en definitiva tendrían la oportunidad de unírseles. Esta nueva nación que Dios edificaría sería su nueva manera de decir: «Quiero que regresen a mí para que puedan experimentar lo mejor de la vida juntos».

Tal vez hayas oído la expresión *edificar naciones*, utilizada por los medios al referirse a los esfuerzos realizados en países como Irak y Afganistán mientras se reedifica luego de la devastación de la guerra y el liderazgo corrupto. Entre otras cosas el proceso incluye la formación de un nuevo gobierno, establecer un sistema económico, crear una infraestructura de servicios básicos como el agua y el trabajo sanitario, instituir un sistema legal y judicial, y brindar protección de los de afuera. Es innecesario aclarar que se trata de una tarea de enormes proporciones con nuevos desafíos y problemas inesperados que surgen día a día.

La forma en que Dios eligió edificar esta nación incluía algunas de las mismas luchas. En realidad, solo para poner sus huellas digitales divinas en el proceso desde el primer día, Dios eligió hacer lo que consideraríamos imposible. Él tomó a una pareja anciana sin hijos para que fueran los padres de esta nueva nación que soñaba. Mientras que tú o yo hubiéramos escogido a una pareja joven de recién casados, rebosantes de salud y energía como para tener un montón de hijos, Dios provoca un momento dramático al elegir a Abram, de setenta y cinco años, y a su mujer, Saray, de sesenta y cinco. La verdadera sorpresa es que ellos no solo habían superado la edad de tener hijos, sino que jamás hubieran podido engendrarlos debido a la infertilidad de Sara. El linaje de Abram y Saray llegaría a su final cuando ellos fallecieran, al menos desde la perspectiva de la Historia Secundaria. Sin embargo, aquí es donde Dios interviene con un giro en la trama de la Historia Primaria. He aquí cómo sucedió.

Dios invitó a Abram a dejar las comodidades de su tierra, Harán (una ciudad cercana a las modernas Turquía y Siria), para ir a un lugar que más tarde él le mostraría. También les prometió un hijo y hacer de ellos una nación grande. Y no solo eso, sino que además esta nueva nación un día sería una bendición para todos los pueblos de la tierra. Abram probablemente no comprendía lo que Dios le estaba diciendo: «Voy a usarte a ti y a esta nueva generación como mi plan para proveer un camino a fin de que todos los pueblos vuelvan al jardín».

La Biblia indica simplemente: «Abram partió»[1]. En Hebreos 11 se nos dice que «por la fe Abraham, cuando fue llamado para ir a un lugar que más tarde recibiría como herencia, obedeció y salió sin saber a dónde iba». Ahora bien, hay algo que sé sobre la mayoría de los jubilados, ya que poseo mi propia tarjeta de la Sociedad Estadounidense de Adultos Mayores (AARP, por sus siglas en inglés): a ellos no les agradan los cambios. (¿Cuántos jubilados se precisan para cambiar una bombilla? «¿Cambio? ¿Quién dijo algo sobre un cambio?»). Sin embargo, esta pareja mayor — Abram y Saray— se lo tomaron bien en serio, salieron de su zona de confort e hicieron lo que Dios les dijo.

No obstante, aun después de que Dios había claramente intervenido en sus vidas, su historia no se desarrolló tan tranquila como uno hubiera pensado. La primera tarea era tener a esos niños tan largamente esperados, ¿no es verdad? Para comenzar una nación tienes que contar con personas. ¡Usando la lógica de la Historia Secundaria tienes que tener al menos una! Pero pasaron diez años y ellos todavía no tenían hijos. Abram tenía ahora ochenta y cinco años, y Saray setenta y cinco. No les estaba resultando fácil.

Entonces Saray comenzó a pensar: «Tal vez Dios necesita nuestra ayuda». (¿Has notado que esta frase casi siempre lleva al desastre?) Para «ayudar» a Dios, ella tramó un plan en el cual Abram dormiría con su sirvienta, Agar, una clase de madre subrogada, por así decirlo. Abram no puso objeciones, y Agar tuvo un varón al que llamaron Ismael. Dios vino a ellos y les dijo: «Oigan, muchachos, gracias por su ayuda, pero no la necesito. Yo haré de la descendencia de Ismael una gran nación, pero ese no es mi plan para ustedes, Abram y Saray».

De acuerdo, si Dios no necesita nuestra ayuda, ¿qué sigue entonces? Pasaron trece años más y todavía no había niños. Abram tenía ya noventa y nueve años y Saray ochenta y nueve. ¡Piensa un poco, esta pareja estaba rondando los cien años! ¿Cómo rayos podrían tener un hijo ahora? Esto era algo sin sentido.

Aun más confuso fue el hecho de que Dios viniera a ellos y les cambiara sus nombres. El nombre de Abram, que irónicamente significa «padre exaltado» en hebreo, fue cambiado a Abraham, que quiere decir «padre de muchos»; y el nombre de Saray fue cambiado a Sara, «princesa», como una marca de algo nuevo que estaba por venir. ¡Vaya! Hubiera parecido cruel darles nombres nuevos que solo enfatizaban lo que no tenían de no ser porque era Dios el que se los estaba dando. Repito, desde nuestro punto de vista de la Historia Secundaria, esos eran nombres imposibles de alcanzar. No obstante, Dios también les dijo que ellos tendrían un hijo justo dentro de un año a partir de ese momento. ¡Sara se echó a reír! Si consideras que esta anciana tenía casi cien años, ¿no te reirías también? Su risa se debía a lo absurdo del caso o era un llanto por la profunda pérdida de un anhelo no cumplido. Al fin y al cabo, ¿podían confiar en que Dios les daría —literalmente— lo que les había prometido?

Absolutamente. Justo un año más tarde, Sara tuvo un hijo al que llamó Isaac, que significa «el que ríe». Cuando las situaciones parecen imposibles para nosotros, Dios siempre tiene la última carcajada.

Sin embargo, la historia de esta pareja no había acabado ahí. Cuando Isaac tenía alrededor de quince años, precisamente cuando estaba a punto de obtener su licencia para conducir camellos, Dios vino a Abraham y le pidió que hiciera algo imposible, descabellado por completo. Recuerda que Abraham a estas alturas tenía ciento quince años y Sara unos ciento cinco, una edad óptima después de todo para criar a un adolescente.

Así dice la historia: «Toma a tu hijo, el único que tienes y al que tanto amas, y ve a la región de Moria. Una vez allí, ofrécelo como holocausto en el monte que yo te indicaré»[2].

¡Esto es inconcebible! No tienes que ser padre para apreciar la imposibilidad de tal pedido. ¡Hablando de no ser capaces de ver más allá de nuestra Historia Secundaria! No obstante, nunca debemos olvidar lo limitada —y *limitante*— que es nuestra perspectiva. En efecto, desde un punto de vista lógico, racional y predecible, nada de lo que Dios le dijo a Abraham tenía sentido. En la visión limitada de nuestra Historia Secundaria, las ideas de Dios nunca lo tienen. «No comas de ese árbol. Construye un gran barco en un lugar donde no hay agua en millas a la redonda. Haz tus maletas y vete de tu tierra. Vende todo lo que tienes y dáselo a los pobres. Ama a tus enemigos». Lo que parece ser confuso y hasta contradictorio para nosotros es parte de la Historia Primaria de Dios, la cual tiene como objeto llevarnos de regreso a él.

Abraham obedeció. Tal vez había experimentado lo suficiente de la forma de Dios de hacer las cosas y ya estaba acostumbrado a que hiciera lo imposible. En Hebreos 11 se indica que Abraham pensaba que Dios levantaría a Isaac de los muertos. ¡Eso sí que es fe!

Sin embargo, cuando Abraham estaba empuñando el cuchillo para quitarle la vida a su hijo, un ángel le dijo que se detuviera, pues Dios estaba proveyendo un cordero que se encontraba atrapado por sus cuernos en un matorral cercano. Así que Abraham sacrificó al cordero y se fue con su hijo a casa. ¡Vaya que resultó una situación tensa! Estuvo bastante cerca. No obstante, ¿qué es lo interesante aquí? Dios necesitaba que Abraham confiara en él por completo.

Lo mismo es cierto para nosotros hoy. Ese es, en realidad, nuestro papel principal en la Historia de Dios: confiar en él aun cuando el sentido común nos hace rascarnos la cabeza y preguntarnos qué está sucediendo. Como veremos más adelante, Dios también estaba prefigurando en la Historia Secundaria de Abraham e Isaac el clímax de su Historia Primaria: el sacrificio de su propio Hijo. En verdad, el Monte Moria casualmente fue el monte de Jerusalén en el que Jesús sería crucificado casi dos mil años más tarde[3].

Salvado por la obediencia de su padre y la gracia de Dios, Isaac creció y se casó con una muchacha llamada Rebeca. Al fin la nación de Dios estaba en marcha, ¿verdad? No precisamente. Ellos se casaron veinte años antes de tener a su primer hijo. Aunque no precisaron esperar hasta cumplir los cien años, este asunto de edificar la nación marchaba algo lento. Tuvieron mellizos, llamados Jacob y Esaú. Después de mucho luchar con Dios (literal y figurativamente) con relación a su parte en la historia, Jacob tuvo doce hijos, y de esos hijos vinieron las doce tribus que formaron la nación de Israel. ¡Al fin llegó el *momentum* de la edificación de la nación!

Dios honró la promesa que le hizo a Abraham. A través del pacto que estableció con Abraham, Dios comenzó su nueva propuesta de una vida en comunión con sus hijos a través de la creación de una nación, Israel. Aunque puede no haber resultado tal como Abraham y Sara pensaban (o Isaac, o Jacob, para el caso), sus Historias Secundarias se convirtieron en los capítulos más importantes que se entrelazaron con una narrativa mucho mayor, una Historia Primaria que proseguía, aunque ellos no podían comprenderla en ese momento.

Nosotros luchamos con la misma tensión en la actualidad. Nuestra Historia Secundaria a menudo está llena de dudas, confusión, pruebas y tentaciones. Hay veces en que hacer las cosas a la manera de Dios parece tonto, ingenuo o fuera de lo común para el resto del mundo. En medio de esos desafíos, también podemos sentir que Dios se ha vuelto distante y guarda silencio. Al igual que Sara, tendemos a ponernos impacientes y tratar de tomar el control cuando pensamos que Dios se ha olvidado de las promesas que nos ha hecho. Comenzamos a llegar a la conclusión de que tal vez Dios necesite de nuestra ayuda para que su plan pueda continuar. Mientras que Dios nos permite participar por medio de nuestro libre albedrío, nunca nos dice que tomemos en nuestras manos el asunto que le corresponde a él.

Es cierto, nos resulta difícil culpar a Abraham y Sara por improvisar. Veinticinco años es un largo tiempo para esperar que Dios cumpla lo que ha dicho que hará. Y creer que comenzarás tu familia en tu décima década de vida no refleja exactamente la sabiduría convencional del mundo. Sin embargo, Abraham y Sara aprobaron la única prueba que a Dios le interesa. La misma que todavía pone delante de nosotros hoy.

Confiaron en él.

Y porque lo hicieron, la historia continúa.

CAPÍTULO 3

Tuve un sueño

Es verdad que ustedes pensaron hacerme mal, pero
Dios transformó ese mal en bien para lograr lo que hoy
estamos viendo: salvar la vida de mucha gente.
—GÉNESIS 50:20

Jennifer, una mujer joven que asistía a la iglesia que yo pastoreaba, tuvo un gran sueño. Ella soñó que iba a la facultad para ser enfermera. Se imaginaba siendo capaz de producir un cambio en las vidas de las personas que sufren, las cuales se beneficiarían de su inteligencia, sus manos habilidosas y su corazón tierno. Sabía que si llegaba a realizar su sueño sería algo milagroso, porque su familia no disfrutaba de una buena posición como para ayudarla económicamente. En realidad, si llegaba a terminar, Jennifer sería la primera de su familia en graduarse de la universidad.

Después de completar la escuela secundaria y sacar muy buenas notas, Jennifer dio el segundo paso y se inscribió en una facultad con un fuerte programa en enfermería. Fue aceptada gracias a las excelentes calificaciones que obtuvo en la secundaria, pero eso era tan solo la mitad de la batalla. Su sueño tendría que retrasarse un poco porque no tenía el dinero para pagar su matrícula. Con todo, no se dio por vencida. Consiguió un empleo y comenzó a ahorrar cada centavo que podía, esperando que algún día tuviera lo suficiente como para comenzar la universidad. Semana a semana, centavo tras centavo, ella ahorraba su dinero en una cajita especial que tenía escondida en su habitación.

Para ahorrar gastos, Jennifer vivía con su madre soltera y un hermano de catorce años. Él había tenido algunas confrontaciones con la policía por hurtos y había comenzado a meterse en problemas en la escuela. No era un secreto que también se drogaba. No obstante, Jennifer lo amaba y oraba por él todos los días. Cuando otros lo acusaban y lo juzgaban, ella siempre lo defendía y lo alentaba a andar por el camino correcto. A pesar de los problemas que había en su casa, Jennifer seguía adelante con su sueño, acercándose un paso más cada vez que cobraba su cheque.

Una semana, cuando fue a guardar su sueldo en su caja de ahorros, descubrió que faltaba todo el dinero, solo habían veinte dólares. Ella se quedó atónita al darse cuenta de que su propio hermano le había robado para sostener su adicción a las drogas. Su sueño ahora parecía más lejano que nunca, y todo por la traición de su hermano.

La traición personal nos perfora el corazón. Pones la confianza en alguien y esa misma persona que piensas que está de tu lado se vuelve contra ti. Eso ya es bastante terrible cuando sucede entre amigos o compañeros de trabajo, pero cuando un miembro de tu familia te traiciona, es muy difícil seguir adelante. Si no, pregúntale a José, el personaje bíblico conocido mayormente por su «túnica de colores». Aun si nunca has leído la Biblia, seguro que conoces esta historia del popular musical *José y la increíble túnica tecnicolor*, de Andrew Lloyd Webber. Sin embargo, su dramática historia abarca mucho más de lo que puede trasmitir cualquier musical popular de Broadway, porque él tuvo un rol protagónico en la salvación de la nación que Dios estaba edificando.

Conocemos por primera vez a José alrededor de los diecisiete años. Era hijo de Jacob (que luego fue llamado Israel, el padre de la nueva nación de Dios), nieto de Isaac y bisnieto de Abraham. José se convirtió en un instrumento decisivo en la Historia Primaria de Dios de dos maneras primordiales: (1) salvando al pueblo de esta nación en ciernes de una hambruna terrible que amenazaba con extinguirlos antes de empezar, y (2) revelando la habilidad de Dios para transformar las peores traiciones en evidencias destellantes de su propia bondad.

La familia de José, por cierto, no funcionaba como una dinastía divina a partir de la cual Dios estaba edificando su nación. Ellos apenas se llevaban bien los unos con los otros (y no estamos hablando de la rivalidad normal que a menudo hay entre hermanos). Los hermanos de José literalmente lo dejaron morir. Los estudios contemporáneos demuestran que las armas de fuego en un hogar son casi siempre, ya sea intencional o accidentalmente, disparadas por miembros de la familia antes que por intrusos. Lo mismo es cierto para las armas de la envidia. Cuando los hermanos de José las portaron, las pistolas de las mentiras y las escopetas del engaño demostraron ser casi fatales.

Como verás, de los doce hermanos, José era el favorito de su papá. Hasta usaba una «túnica decorada» especial que su padre le había regalado, lo cual provocó que sus hermanos sintieran algo más que un simple resentimiento. «Viendo sus hermanos que su padre amaba más a José que a ellos, comenzaron a odiarlo y ni siquiera lo saludaban»[1].

Para empeorar las cosas todavía más, José tuvo algunos sueños que sentía provenían de Dios. Cada sueño especial terminaba con sus hermanos inclinándose ante él. En su inocencia, el joven José les contó esos sueños a sus hermanos, quienes enseguida trataron de transformarlos en sus peores pesadillas.

Un día, cuando papá Jacob envió a José a ver cómo andaban sus hermanos en el campo, ellos vieron la oportunidad de darle una paliza y echarlo a un pozo. Durante el almuerzo, tomaron la decisión de vender a su hermano menor a una banda de gitanos que iba de camino a Egipto[2]. Al hacerlo no serían técnicamente culpables de homicidio, pero el hermano menor estaba prácticamente muerto.

Para engañar a su padre y encubrir la horrorosa traición a su hermano, mancharon la túnica especial de José con la sangre de un animal y regresaron a casa para contarle al padre que un animal feroz había atacado a su hijo preferido. De más está decir que Jacob se sintió devastado y sin consuelo.

Ya en Egipto, los mercaderes gitanos vendieron a José como esclavo para servir en la casa de Potifar, el capitán de la guardia del poderoso faraón. Habiendo sufrido la traición y el abuso de sus propios hermanos, José luego creció de manera sorprendente. Inmediatamente después de que la Biblia reporta su nuevo estatus de esclavo, se desliza esta simple oración: «El Señor estaba con José y las cosas le salían muy bien»[3].

Aunque Dios permitió que los hermanos abusaran de José, ahora lo estaba prosperando. Con la ayuda de Dios, José pronto elevó su posición y fue puesto a cargo de toda la casa de Potifar. ¡Esto sería algo así como si el Jefe de Gabinete del Presidente de los Estados Unidos pusiera a cargo del Ala Oeste a un simple portero! José recibió autoridad sobre todo lo que poseía Potifar, y con él a cargo, la situación de este egipcio mejoró y prosperó. En cierto sentido, José formaba parte de la familia, viviendo en la casa de Potifar, un hecho que no pasó inadvertido para la esposa de su amo.

Justo cuando todo parece estar volviendo a su cause, es tiempo de que caiga otra bomba —¿o debería decir un chica explosiva?— para rematar la historia. Las Escrituras nos dicen que José «tenía muy buen físico y era muy atractivo»[4], de modo que no tienes que mirar *Amas de casa desesperadas* para imaginar lo que viene después. Un día, mientras Potifar estaba afuera trabajando, la Sra. Potifar acorrala a José y ni siquiera finge sutilidad en sus intenciones: «Acuéstate conmigo»[5].

¿Alguna vez has estado en una situación donde fuiste tentado a hacer algo que sabías que estaba mal, pero también te dabas cuenta de que nunca te pillarían? He aquí a nuestro hombre destacado, José, joven y apuesto, encontrándose en una situación desfavorable por la crueldad de otros, pero con una oportunidad de disfrutar la vida. Nadie podía culparlo de sucumbir, ya que los esclavos que no obedecían órdenes eran severamente castigados. Desde una perspectiva humana, José podría haber ido directo a la habitación, sin embargo, él elige poner su confianza en Dios. Le dice a la seductora: «Mi patrón no me ha negado nada, excepto meterme con usted, que es su esposa. ¿Cómo podría yo cometer tal maldad y pecar así contra Dios?»[6]. José podía no haber conocido la Historia Primaria de Dios o su propio rol en ella, pero eligió alinearse con Dios en vez de con la esposa de Potifar.

¿Es recompensado por su obediencia? Me temo que no. La esposa de Potifar sigue tratando de llevárselo a la cama, y él continúa negándose, hasta que ella no puede aceptar más ese rechazo. Como venganza, le dice a su marido que José trató de abusar de ella. Enviado a prisión por un crimen que no cometió, el joven se encuentra peor que cuando comenzó. Los arqueólogos e historiadores reportan que los calabozos durante ese tiempo eran grandes fosos cavados en el suelo o lugares tipo torres en donde los prisioneros aguardaban su castigo, usualmente la tortura o la muerte.

Eso era lo que le esperaba a José. ¿Y por qué? ¿Por honrar a Dios y negarse a dormir con la esposa de su amo? Desde la perspectiva de la Historia Secundaria, parecía que Dios había abandonado a José. ¿Dónde estaba el Señor contra el que José no había querido pecar? ¿Cambió de parecer acerca del joven? Jamás. Las palabras divinas de la Historia Primaria susurran: «Pero aun en la cárcel el Señor estaba con él y no dejó de mostrarle su amor. Hizo que se ganara la confianza del guardia de la cárcel»[7].

Una vez más, Dios se unió a José en su sufrimiento. Esas experiencias estaban proporcionándole un entrenamiento a José para poder confiar en Dios, a fin de prepararse para enfrentar la gran oportunidad de su vida que tendría por delante. Dios no le ahorró las dificultades, ni siquiera la traición. Por causa de la elección original de la humanidad allá en el jardín, siempre tendremos que enfrentar adversidades y tribulaciones, pero aun en nuestra mayor necesidad, Dios está con nosotros.

Arriba, abajo, arriba, abajo... ¡como un balancín! El joven hebreo en la tierra extranjera de Egipto se encuentra en alza otra vez. La Historia nos cuenta que había estado en prisión por dos años cuando el faraón lo convoca para que interprete un sueño recurrente del líder. Usando su don profético de interpretación, José le explica al faraón que su país está a punto de experimentar siete años de cosechas abundantes seguidos por siete años de sequía. Si querían sobrevivir al hambre tendrían que prepararse a acumular el excedente.

Faraón le cree y lo nombra el segundo al mando de todo Egipto. Vestido con un vestido de lino fino y adornado con joyas reales, José jamás habría imaginado este nuevo rol mientras se encontraba agachado en el fondo de una cisterna reseca, escuchando a sus hermanos decidiendo venderlo. Falsamente acusado y apresado, no podría haber creído jamás que subiría al poder y sería el segundo al mando después del rey. No obstante, a cada paso de este camino, cuando parecía ser que el Señor lo había abandonado, él decidió confiar y creer que Dios sabía lo que estaba haciendo. Desde su perspectiva de la Historia Secundaria la vida de José era una serie impredecible de montañas rusas sobre las cuales él tenía poco o nada de control. Sin embargo, en la Historia Primaria, Dios tenía un plan perfecto y estaba en absoluto control.

Bajo el liderazgo de José, los egipcios almacenaron toneladas de comida durante los próximos siete años. Cuando el hambre azotó, tal como Dios lo había predicho por medio de José, la gente de otros países comenzó a llegar a Egipto a implorar y hacer trueques por comida. Desde Canaán, Jacob envía a sus hijos (excepto a Benjamín, el menor) a comprar granos, ignorante del hecho de que su amado José (a quien Jacob todavía creía muerto a manos de un animal hambriento) era el que estaba a cargo de la distribución de los alimentos. Cuando ellos llegan a Egipto, se inclinan delante del segundo al mando en toda esa tierra —su hermano José— aunque no lo reconocen.

Luego de varios encuentros muy emotivos, José les revela su identidad a sus hermanos, asegurándoles que no estaba enojado con ellos, y hace planes para reubicarlos en Egipto. Debido a la posición de poder que ocupaba, es capaz de asignarles la tierra fértil de Gosén. Se nos dice que cuando su padre estaba acercándose a Egipto, José salió en su carro al encuentro. «Cuando se encontraron, José se fundió con su padre en un abrazo, y durante un largo rato lloró sobre su hombro»[8]. ¿No te hubiera encantado estar presente en esa reunión?

¿Cómo José logró hacer eso? ¿Cómo es que tuvo esa actitud tan increíble durante todo el proceso? ¿Cómo perdonó a sus hermanos después de lo que le habían hecho? La respuesta es clara. En alguna parte del viaje, José vislumbró el plan de la Historia Primaria y su rol en él. Escucha lo que les dice a sus hermanos:

> Yo soy José, el hermano de ustedes, a quien vendieron a Egipto. Pero ahora, por favor no se aflijan más ni se reprochen el haberme vendido, pues en realidad fue Dios quien me mandó delante de ustedes para salvar vidas. Desde hace dos años la región está sufriendo de hambre, y todavía faltan cinco años más en que no habrá siembras ni cosechas. Por eso Dios me envió delante de ustedes: para salvarles la vida de manera extraordinaria y de ese modo asegurarles descendencia sobre la tierra. Fue Dios quien me envió aquí, y no ustedes[9].

Después lo dijo tan sucintamente como puede decirse: «Es verdad que ustedes pensaron hacerme mal, pero Dios transformó ese mal en bien»[10]. Cuando captamos la Historia Primaria de Dios y nos alineamos con ella, eso nos permite procesar todo lo feo que podemos vivir en nuestra Historia Secundaria.

José vivió hasta los ciento diez años. Es verdad que tuvo un comienzo muy incierto con veintidós años muy duros, pero no debemos olvidar tampoco que acabó con setenta y uno realmente grandiosos. Qué experiencia enriquecedora debe haber sido saber que estaba siendo usado por Dios para salvar a Israel y hacer avanzar el plan de la Historia Primaria hacia su conclusión. Su capítulo tiene una resonancia particular para nosotros hoy en día. El apóstol Pablo nos recuerda: «Ahora bien, sabemos que Dios dispone todas las cosas para el bien de quienes lo aman, los que han sido llamados de acuerdo con su propósito»[11].

No importa lo dolorosos que algunos momentos parezcan, tu historia no se ha acabado. Si amas a Dios y alineas tu vida con los propósitos de su Historia Primaria, todo lo que forma parte de tu existencia, los momentos buenos y malos, las montañas y los valles, los puntos altos y bajos, las promociones y los rechazos, la alegría y la tristeza, todo está obrando conjuntamente para alcanzar el bien. Así que sé paciente. Confía en Dios. Déjalo moldearte durante los períodos difíciles y equiparte para la misión que viene por delante.

¿Recuerdas a Jennifer, la joven de nuestra iglesia cuyo hermano le había robado el dinero para la matrícula de la universidad? La primera vez que supe de Jennifer fue a través de una carta escrita a mano. Esa mañana hablé acerca del perdón. Allí en ese servicio ella perdonó a su hermano. Y no solo eso, sino que depositó como ofrenda los veinte dólares que habían quedado en su cajita de ahorros. Ella declaró a través de este simple acto de dar el equivalente a las monedas de la viuda que se «rendía» y confiaba en que Dios cumpliría su buen plan para su vida. Su carta representó una palabra de aliento para mí. En realidad, ella solo firmó con su primer nombre en la hoja de papel que de algún modo apareció sobre mi escritorio el lunes por la mañana.

Toda la semana traté de recordar quién era Jennifer y obtener su información de contacto, pero no tuve éxito. Todo lo que sabía era que se trataba de una joven llamada Jennifer que asistía a nuestra iglesia. No había ninguna dirección de remitente. Nada. Resultaba evidente que ella no tenía ninguna expectativa de que yo la contactara. Su única motivación era contarme cómo uno de mis sermones la había alentado a confiar en Dios por completo, sin importar cuales fueran las circunstancias de su vida.

El domingo siguiente le leí la carta a la congregación en nuestro culto matutino sin revelar ningún nombre. Al final del servicio una familia vino al frente a verme. Con lágrimas en sus ojos, me preguntaron si podían hablar con la joven de la carta. Esta familia, junto con otras dos, quería pagar la universidad de Jennifer. ¡No solo el primer año, sino los cuatro!

Cuando leí la carta en el segundo servicio, agregué: «Si la persona que escribió esta carta está aquí, por favor, que venga a verme». Una joven se acercó a mí con timidez inmediatamente después del culto. Era Jennifer. Cuando le conté del ofrecimiento generoso de las familias, lloró de manera incontrolable, con lágrimas de incredulidad y gozo a la vez.

Jennifer finalizó la universidad y la escuela de enfermería con las mejores calificaciones. Hoy es enfermera de oncología, una esposa amorosa y una madre devota. Sus sueños se hicieron realidad, y ella bendice a muchas personas con sus dones. Su Historia Secundaria incluyó la traición, el enojo y la decepción, pero cuando llegó al punto de poder confiar en Dios a pesar de sus circunstancias, descubrió que él es leal y no la había olvidado ni abandonado.

La Historia Primaria de Dios entreteje la fábula de una búsqueda incesante. Él no solo desea cambiar en bien lo que haya sido planeado para mal en tu vida. Él te desea *a ti*. Estar contigo. Tener comunión contigo. Se negó a permitir que el hambre destruyera a la nación que estaba construyendo, así como no permitió que el egoísmo de un hermano destruyera el sueño de Jennifer.

No tenemos idea de las traiciones e injusticias que nos esperan hoy o podemos enfrentar mañana. Todo lo que sabemos con certeza es que en nuestras vidas tendremos muchas ocasiones de preguntarnos si Dios acaso nos ha olvidado. La vida está llena de decepción, pero cuando esta ataca, debemos sobreponernos con la fuerza de la bondad de Dios, escuchándolo susurrar que nos ama y nunca nos abandonará, no importa lo que suceda. Si miramos más allá de lo que parece definir nuestras Historias Secundarias y confiamos en que Dios está escribiendo algo mucho más grande, podremos confiar que el final será mucho más que «y vivieron felices por siempre».

Será como haber llegado a casa.

CAPÍTULO 4

Liberación

Acuérdense de este día en que salen de Egipto,
país donde han sido esclavos y de donde el
Señor los saca desplegando su poder.
—ÉXODO 13:3

Además de mi pasión por servir a Dios y a mi familia, soy bastante apasionado por el golf. No solo lo juego cada vez que tengo la oportunidad, sino que sigo el deporte por la televisión, en especial los torneos más importantes. Para los golfistas serios, el abuelo de todos los torneos de golf es el Abierto Británico (British Open), o más precisamente, solo «el Abierto». Rico en tradiciones, se juega en varias canchas del Reino Unido, el lugar de nacimiento de este deporte. En el año 2010, el torneo tuvo lugar en el venerable Old Course, en St. Andrews, Escocia, sin dudas el campo de golf más famoso del mundo (un escenario perfecto para que todos los grandes nombres del golf se pavoneen con sus elementos, incluyendo a los ganadores Tiger Woods, Stewart Cink y Tom Lehman).

Para el final del torneo ninguno de los favoritos estaba siquiera cerca del puesto más alto en la tabla de ganadores. En cambio, el hombre que sostuvo en sus manos la famosa «Claret Jug» [una jarra de plata maciza], el trofeo oficial con el que se premia al campeón, fue alguien que muy pocos habían oído nombrar, con un apellido que nadie podía pronunciar: Louis Oosthuizen. Si les hubieras pedido a los expertos que predijeran al campeón antes de que empezara el evento, no habría habido alguien menos favorecido que este sudafricano.

Nadie ama a los que no son favoritos —ni los alienta a vencer contra todo pronóstico— más que Dios. Mientras su plan de edificar a la nación de Israel continuaba desarrollándose, de manera constante elegía a las personas menos capaces para que desempeñaran los papeles cruciales, así como vimos en la historia de José. Sin embargo, pocos desfavorecidos son menos aptos para ser líderes que el próximo personaje de la Historia.

Después que José murió, las cosas gradualmente empeoraron para sus descendientes, los israelitas, las personas que Dios estaba usando para construir su nación. Bajo el liderazgo de José, se habían asentado en Egipto y comenzaron a crecer en número. No obstante, después que él murió, no tenían un líder que mediara entre ellos y los egipcios. Habían crecido tanto en números que el nuevo faraón[1] comenzó a temer que tomaran el control de la tierra. Para mantener el poder con él y el pueblo nativo, faraón esclavizó a los hebreos, poniéndoles amos crueles que los forzaran a trabajar desde la salida hasta la puesta del sol edificando estructuras tan enormes como las ahora famosas pirámides.

¿Qué sucedió con el plan de la gran Historia Primaria acerca de una nueva nación? Desde la perspectiva de la Historia Secundaria, parecía que faraón controlaba el mundo de los israelitas. ¿Este giro tomó a Dios por sorpresa? Para nada. En realidad, más de quinientos años antes Dios le había dicho a Abraham que esto sucedería: «Debes saber que tus descendientes vivirán como extranjeros en tierra extraña, donde serán esclavizados y maltratados durante cuatrocientos años» (Génesis 15:13).

Como ya hemos visto, gran parte de la trama de la Historia de Dios se desarrolla de maneras que parecen ocultas (o a veces contrarias) a nuestro punto de vista limitado y nuestra escasa información. Lo que parece ser un largo tiempo para nosotros es tan solo un momento para nuestro Creador eterno e infinito. Y el tiempo finalmente había llegado para que él liberara a los israelitas y los restaurara a la senda que le permitiría cumplir sus promesas. Era tiempo una vez más de revelar su nombre, su poder y su plan. Solo necesitaba a la persona adecuada.

Y Dios encuentra a su hombre, Moisés, allí en el desierto, haciendo sus tareas y apacentando a las ovejas de su suegro (por cierto una buena vida desde la perspectiva de la Historia Secundaria). Allí en el desierto Dios visita a Moisés —el primero representado por una zarza ardiente— con una propuesta. Dios quiere que Moisés regrese a la ciudad, se pare delante del poderoso faraón, y le dé un discurso que básicamente le ordena dejar ir al pueblo hebreo.

Moisés, sintiéndose abrumado e incompetente, reúne coraje para rechazar la oferta de forma respetuosa: «Señor, yo nunca me he distinguido por mi facilidad de palabra —objetó Moisés—. Y esto no es algo que haya comenzado ayer ni anteayer, ni hoy que te diriges a este servidor tuyo. Francamente, me cuesta mucho trabajo hablar [...] Señor —insistió Moisés—, te ruego que envíes a alguna otra persona»[2].

Ahora bien, antes de ponernos demasiado exigentes con el amigo Moisés, consideremos su situación:

• **Hecho #1:** La gente le teme más hablar en público que a la muerte. Para la mayoría de la gente es aterrador pararse delante de un grupo de personas y hablar, ni qué decir de dirigirse al faraón de Egipto, que está convencido de que es un dios y al que tú no le gustas en particular.

• **Hecho #2:** Hasta donde sé, los maestros de ceremonias no tienen un capítulo en el medio del desierto de Madián. Las ovejas no son la audiencia más vivaz cuando estás tratando de practicar tus habilidades verbales.

• **Hecho #3:** Moisés tenía algunas cuentas pendientes con los egipcios, y él sabía que eso no ayudaría a la causa. Había quemado algunos puentes y como consecuencia no sería el mejor candidato para entregar un mensaje tan fuerte.

Tal vez recuerdes que Moisés tuvo una niñez inusualmente transcultural. Siendo un bebé, se salvó del edicto de muerte del faraón sobre todos los primogénitos varones gracias al sabio sigilo y la astuta ingenuidad de su madre. En vez de observarlo morir, ella lo colocó en una cesta de papiros que hizo flotar en la parte baja del Nilo, donde la hija de Faraón solía bañarse. En efecto, la princesa egipcia descubrió al niñito y su instinto natural se activó. Así que lo adoptó y lo crió como propio, como un príncipe real en el poderoso palacio de su padre. Una buena serie de «golpes de suerte», ¿no crees?

Sin embargo, cuando Moisés alcanza su estado adulto, sus tratamientos privilegiados cesan. Un día él ve un soldado egipcio abusando de un esclavo hebreo. Furioso por el ultraje, Moisés mata al egipcio y luego huye a otra campiña para salvar su vida. Sabe que si vuelve a poner un pie en los límites de la ciudad real será arrestado y asesinado antes de que la primera palabra del Señor salga de su boca.

Así que nuestro muchacho, Moisés, tartamudea y no sabe hablar bien. No tiene experiencia en el liderazgo o habilidades comunicativas. ¡Y está siendo buscado por cargos de homicidio en el mismísimo lugar al que tiene que ir a dar un mensaje de Dios! Yo no sé a ti, pero a mí todas estas me parecen muy buenas razones para que Moisés no fuera un buen candidato a fin de ocupar el puesto de secretario de estado para la nación de Israel. Es como si el presidente de los Estados Unidos escogiera a un trabajador inmigrante que recoge moras en la baja California para que lidere una delegación especial encargada de asegurar una liberación pacífica de millones de estadounidenses esclavizados por un dictador extranjero.

Sin embargo, Dios lo ve de manera diferente.

Según la lógica de la Historia Secundaria, Moisés no está calificado para una tarea tan importante. No obstante, según la comprensión de la Historia Primaria, el Señor ve la debilidad de Moisés como el mejor canal para que fluya la fuerza de Dios. No hay manera de que el hombre se lleve ningún crédito o de que aquellos que lo rodean piensen que su dinámica personalidad y sus habilidades comunicativas puedan lograr que la tarea se cumpla. No, la única forma posible es a través del poder de la gracia divina y la provisión milagrosa.

Lo mejor que podemos hacer en el transcurso de nuestra vida —aun cuando no nos sentimos bien preparados o capaces— es decirle que sí a Dios. De modo que a pesar de sus propias objeciones, «Moisés tomó a su mujer y a sus hijos, los montó en un asno y volvió a Egipto»[3]. Regresó a la tierra donde buscaban su cabeza. A la tierra donde sus compatriotas sudaban como esclavos del faraón. No en una carroza acompañado de un ejército, sino montado en un burro. No como un gobernante aclamado que había peleado batallas y ganado, no como un elocuente orador y maestro experimentado, sino como un humilde esposo y padre, como un modesto pastor.

Desde nuestra perspectiva de la Historia Secundaria, no tiene sentido en lo absoluto escoger a alguien como Moisés y confiarle una misión tan importante. No obstante, nuestra perspectiva es limitada. Rara vez vemos las cosas del modo en que Dios las ve.

> Porque mis pensamientos no son los de ustedes,
> ni sus caminos son los míos —*afirma el Señor*—.
> Mis caminos y mis pensamientos
> son más altos que los de ustedes;
> ¡más altos que los cielos sobre la tierra!
> Así como la lluvia y la nieve
> descienden del cielo,
> y no vuelven allá sin regar antes la tierra
> y hacerla fecundar y germinar
> para que dé semilla al que siembra
> y pan al que come,
> así es también la palabra que sale de mi boca:
> No volverá a mí vacía,
> sino que hará lo que yo deseo
> y cumplirá con mis propósitos[4].

Moisés era una de las personas menos aptas que Dios podía elegir, pero como veremos, no es de ninguna manera el último. Nuestras aptitudes laborales son un poquito diferentes a las de Dios. Mientras que nosotros podemos enfocarnos en las cosas externas —el nivel de educación, la experiencia de trabajo previa, el estatus económico y el encanto personal— Dios mira el interior. La única aptitud que él busca para lograr grandes cosas a través de su pueblo es un corazón dispuesto y obediente. No importa cuántos o qué tipo de obstáculos se interpongan en tu camino, si tu corazón es humilde y se muestra abierto y dispuesto, Dios te promete exactamente lo mismo que le prometió a Moisés: «Yo estaré contigo»[5]. Una promesa poderosa, en especial cuando te hallas ante la confrontación más grande de tu vida.

Mirando de frente al faraón, Moisés le revela el mensaje de Dios al líder egipcio y lo respalda con impresionantes evidencias. ¿Cómo refuerza Dios su mensaje a través de Moisés de una manera que nadie pueda ponerlo en duda o ignorarlo? Es simple: por medio de diez plagas muy horribles. A medida que las plagas se desencadenan de una en una, el faraón se abruma tanto por su impacto que acepta dejar ir a los hebreos. Sin embargo, continúa cambiando de parecer. En realidad, la Biblia nos dice que Dios había endurecido el corazón de faraón para que cambiara de opinión. Dios quería demostrar su poder de una manera aplastante e innegable. También deseaba prefigurar más de su plan supremo de restaurar la comunión con sus hijos. El apóstol Pablo más tarde lo resumió bellamente en su carta a los romanos: «Porque la Escritura le dice al faraón: "Te he levantado precisamente para mostrar en ti mi poder, y para que mi nombre sea proclamado por toda la tierra". Así que Dios tiene misericordia de quien él quiere tenerla, y endurece a quien él quiere endurecer»[6]. Dios usa aun a las personas que no lo siguen para cumplir su plan de la Historia Primaria, aunque a menudo ni se enteran.

La décima plaga resulta devastadora y reveladora a la vez. Dios le dice a Moisés que a la medianoche su ángel barrerá todo el reino de Egipto y le quitará la vida a cada primogénito varón. No obstante, este ángel de la muerte «pasará de largo» todo hogar que tenga pintado el dintel de su puerta con la sangre de un cordero inmaculado.

Y entonces, en esa noche profética, todos los hijos primogénitos de Egipto —incluyendo al vástago del faraón— mueren cuando el mencionado ángel hace su recorrido. Sin embargo, los hijos de los hebreos se salvan porque Moisés le ha dado instrucciones al pueblo de Dios de aplicar la sangre de un cordero a los dinteles de sus puertas. Los judíos celebran la Pascua todavía en la actualidad. Y como seguidores de Jesús, este episodio nos ofrece una vislumbre de la manera en que Dios supliría la necesidad de un Cordero perfecto y sin mancha, a fin de proveer la sangre salvadora por encima de los dinteles de nuestra vida. Pero me estoy adelantando a nuestra Historia.

De un modo paradójico, el edicto que faraón decretó sobre los primogénitos hebreos al comienzo de la historia se revierte y desata sobre su propio pueblo al final. Luego de una pérdida tan intensa, el Faraón exclama: «¡Váyanse!». Dios permitió que su corazón se suavizara el tiempo suficiente para que los israelitas emprendieran su caminata rumbo al Mar Rojo. Muchos estudiosos estiman que entre uno y tres millones de hebreos marcharon victoriosos de Egipto ese día. ¿Puedes imaginar la intensidad de su gozo al ser libres? ¿O su gratitud hacia Dios por hacer lo que parecía imposible?

Tal vez tengas un faraón así en tu vida ahora mismo. Quizás se trate de una persona, una circunstancia o alguna situación conflictiva. Puedes sentir que este faraón personal está completamente al mando de tu vida, esclavizándote bajo sus severas demandas. *No te desanimes*. No te des por vencido, sin importar cuánto parezca que la suerte está echada en tu contra. Solo recuerda que en la Historia Secundaria puede parecer que faraón está en control, pero tu situación difícil no ha tomado por sorpresa a Dios, ya que él revela y representa su Historia Primaria en tu vida. Él está por completo al mando, plenamente en control.

Si amas a Dios y alineas tu vida con el plan de su Historia Primaria, él promete que todo va a obrar para bien. De una u otra manera, también *cruzarás* el Mar Rojo. Dios siempre cumple sus promesas. Siempre provee un camino a través de los obstáculos que parecen insuperables para nosotros.

Puedes darlo por hecho.

CAPÍTULO 5

Las reglas del compromiso

> Después me harán un santuario, para que yo habite
> entre ustedes. El santuario y todo su mobiliario
> deberán ser una réplica exacta del modelo
> que yo te mostraré.
>
> —ÉXODO 25:8-9

Seguramente recuerdas la Historia Primaria que comenzó en un jardín. Un ambiente perfecto donde Dios podía caminar, hablar y disfrutar de una relación con las personas que creó. Él puso todo a su disposición excepto una cosa, y ellos eligieron precisamente eso que les estaba prohibido, desterrándose a sí mismos —y a todos nosotros— para siempre del jardín.

Entonces Dios hizo otro intento para vivir con los seres humanos. Él crearía una nación y se revelaría a través de ella. Después de preservar a su pueblo durante una sequía y rescatarlos de la esclavitud en una tierra extranjera, Dios estaba listo para guiarlos —por medio de Moisés— en su entrada a otro jardín. Canaán. La tierra prometida. Una tierra exuberante de la que fluía leche y miel. Este sería el lugar donde podría edificar una nación a través de la cual revelaría su presencia, su poder y su plan para que todos los pueblos volvieran a tener una relación con él.

Mientras los israelitas vagaban por el desierto, Dios se estaba preparando para establecerlos en este nuevo jardín y encontrarse con ellos otra vez. ¡Era algo grandioso! Aunque Dios había continuado interactuando con su pueblo después de echar a Adán y Eva del jardín, fue siempre desde la distancia. Esta vez deseaba tanto que su pueblo lo hiciera bien, que decidió descender personalmente y habitar con ellos de nuevo. Su deseo de tener una relación íntima con nosotros es el palpitar de la Historia Primaria: Dios desea con desesperación experimentar la vida con nosotros. Así que le dice a Moisés que había tres cosas que debían poner en práctica para que él habitara entre los israelitas.

Primero, Dios insistió en que su pueblo debía vivir mediante una serie de principios. Él soñaba con una comunidad en la cual la gente fuera tratada con todo respeto y dignidad, pero había visto lo mal que las personas se trataban en la tierra. De modo que elaboró unas reglas claramente enunciadas —que nosotros conocemos como los Diez Mandamientos— con el solo propósito de crear una comunidad donde todos se llevaran bien entre ellos y con Dios.

¡El problema es que por regla general no nos gustan las reglas! O más precisamente, pensamos que son necesarias para todos los demás, excepto para nosotros. Las leyes se interponen en nuestro camino y no nos gusta que nadie nos obligue a permanecer dentro de ningún límite que no sea el que nosotros mismos establecemos.

Cada vez que pienso en seguir las reglas, recuerdo a la niñita de cinco años que estaba teniendo uno de esos días «no puedo mantenerme alejada de los problemas». Su madre la había reprendido varias veces por desobedecer, hasta que finalmente perdió la paciencia con el comportamiento caprichoso de su hijita y la envió a sentarse en una silla afuera. La pequeña fue hasta la silla y se sentó. Después de algunos minutos llamó a su madre: «¡Mami, estoy sentada acá afuera, pero estoy de pie por dentro!». Es nuestra naturaleza humana estar de pie por dentro y desafiar la autoridad cuando otros nos dicen lo que tenemos que hacer.

Claro que nos gustan las reglas siempre que se apliquen a la conducta de los demás hacia nosotros. Quiero que la policía atrape a los que andan a alta velocidad por mi calle cuando mis niños están jugando, pero cuando *yo* conduzco por encima del límite de velocidad, soy la excepción. Después de todo, estoy en completo control de mi vehículo y puedo frenar de golpe si necesito hacerlo. «No hay necesidad de ponerme esa multa, oficial». Esa es la Historia Secundaria tal como los israelitas la vivían: *Puedo hacer lo que quiero, cuando quiero y donde quiero.* Son todas esas otras personas las que necesitan reglas. El único problema es que vivir según sus propias reglas constantemente los metía en problemas. En la Historia Primaria de Dios, él les estaba diciendo: «Quiero estar con ustedes, pero primero tienen que aprender a tratarse unos a otros, lo cual es la razón por la que les estoy dando estas reglas». Sin embargo, cuando todos piensan que las reglas se aplican a los demás y no a ellos mismos, nadie las sigue.

No es de extrañar entonces que muchas personas se quejen de que Dios nos haya dado los Diez Mandamientos. Lo ven como a un juez distante sentenciando a los trasgresores o un director severo que vive solo para pillar a los estudiantes que se escapan de clase. Ven a Dios como dictándoles todas esas reglas y regulaciones a las personas, y después observando y a la larga atrapándolos para poder castigarlos. Incluso piensan que él disfruta de todo el proceso). Un sádico, un aguafiestas cósmico.

¡Una visión tan distorsionada no podría estar más lejos de la verdad! Los mandamientos son un don de un Dios que sabía que sin esos principios rectores para mostrarles a sus hijos cómo vivir, continuarían teniendo una vida miserable para ellos mismos y los demás, porque nunca sabrían llevarse bien. Dado que Dios estaba tratando de edificar una nación basada en el mismo tipo de comunidad perfecta que gozaba dentro de la Trinidad, sabía que antes de que pudiera descender y unirse a ellos tendrían que aprender a vivir del mismo modo. Esperaba que los Diez Mandamientos fueran herramientas indispensables para mejorar cada aspecto de nuestra vida.

Los primeros cuatro se aplican a nuestra relación vertical, es decir, a la forma en que nos relacionamos con Dios. Los cuatro nos piden que tratemos a Dios con sumo respeto. Debemos adorarlo solo a él; no debemos crear nuestros propios dioses haciéndonos imágenes o ídolos; no debemos emplear mal o trivializar el nombre de Dios; debemos honrarlo guardando un día de reposo, así como él descansó cuando creó al mundo. En estas cuatro primeras reglas de vida Dios invita a sus seguidores a entregarse por completo. Él quiere sus corazones, mentes y cuerpos enfocados exclusivamente en su relación con él. No puede haber «Dios + algo o alguien más». Para que la perfecta comunidad con Dios dé resultado, tiene que comenzar con este nivel de respeto.

El resto de los mandamientos nos guían en nuestras relaciones horizontales, es decir, en la manera en que nos tratamos entre nosotros. Luego de decirnos que honremos a nuestros padres, Dios prohíbe matar, adulterar, robar, mentir y codiciar lo que no nos pertenece. Cuando se trata de vivir en armonía con los demás, nos instruye: «No hagan nada que lastime o dañe a nadie. Esta es la forma en que lo he planeado en primera instancia. Esta es la clase de comunidad que imaginé, una que en el fondo tiene en cuenta los mejores intereses de ustedes».

Más adelante en la Historia, Jesús resume esos diez principios de vida: «Ama al Señor tu Dios con todo tu corazón, con todo tu ser y con toda tu mente [...] Ama a tu prójimo como a ti mismo»[1]. Amen a Dios. Ámense entre ustedes. No lastimen a nadie. No abusen de los demás. Obedezcan estos mandamientos y todos estaremos bien.

Vistos a través de los lentes de la Historia Secundaria, estos mandamientos son la manera que Dios tiene de pillarnos haciendo algo malo para poder castigarnos, pero desde la perspectiva de la Historia Primaria, ellos establecen los límites para la única clase de comunidad que Dios desea para su nación especial: una en la que todos se traten con respeto. Más importante todavía, esta es la única clase de comunidad a la que Dios puede regresar y habitar con nosotros.

Él sabe mejor que nosotros lo que nos conviene más.

Segundo, Dios necesitaba un lugar donde estar. Después de darles a los israelitas las reglas de cómo comportarse con él y los demás en esta nación especial, Dios señaló una segunda condición a cumplir para poder venir y habitar entre ellos. Él precisaba un lugar donde estar: «Después me harán un santuario, para que yo habite entre ustedes. El santuario y todo su mobiliario deberán ser una réplica exacta del modelo que yo te mostraré»[2]. La palabra *tabernáculo* significa «tienda» o «lugar de morada», y este era el lugar en donde Dios se encontraría con su pueblo.

Exactamente un año después de que el faraón liberara a los israelitas, esta enorme tienda portátil con mobiliarios ornamentados fue erigida en el desierto siguiendo las detalladas instrucciones que Dios le dio al pueblo. El arca debía hacerse de madera (no de cualquier madera, sino de *acacia*), y debía estar recubierta de oro por dentro y por fuera. Debía usarse no solo un «lino finamente tejido», sino un lino hecho de hilo azul, púrpura y escarlata, y el tabernáculo debía estar cubierto de una capa protectora de piel de carnero teñida de rojo[3].

Desde la perspectiva de la Historia Secundaria, los israelitas deben haber pensado que un bosquejo tan elaborado era un poco excesivo. O creer que Moisés les estaba haciendo una jugarreta, ya que se les exigía que cada uno sostuviera este proyecto donando su oro y plata personal, así como cualquier otro objeto valioso que tuvieran por ahí. ¡Ponte en sus zapatos! Te encuentras en el desierto, justo un año después de liberarte de la esclavitud. Tu líder aduce haber hablado con Dios y te dice que le entregues todos tus bienes porque Dios quiere construir una iglesia en el medio de la nada. Puede parecer algo difícil de digerir.

Sin embargo, el tabernáculo representaba mucho más que solo un lugar de ensueños donde adorar. Mediante su construcción, Dios no estaba solo erigiendo un santuario; estaba edificando una nación. Él necesitaba saber si los israelitas lo obedecerían por completo, y precisaba de un lugar donde estar que reflejara su poder y majestad. Al principio de su travesía por el desierto, la dedicación de los israelitas a Dios parecía ser muy poca. Como se sintieron abandonados por Dios debido a que no podían verlo, y como Moisés no aparecía por ninguna parte —se encontraba en la cima de la montaña hablando con este misterioso Dios sobre sus reglas especiales— decidieron que necesitaban algo más concreto en donde depositar su confianza. Así que le exigieron a Aarón, el hermano y ayudante de Moisés, que les hiciera un becerro de oro, un «dios» visible al que pudieran adorar. ¡Dios estaba indignado, y aun más! Después de todo lo que había hecho por ellos —milagro tras milagro, regalo tras regalo— así respondían. De no haber sido por la súplica de Moisés, los israelitas habrían sido destruidos ahí mismo. No obstante, como el Padre amoroso que es, Dios guardó su pacto. Con el tabernáculo tendría un lugar donde habitar entre los israelitas y ellos sabrían que él estaba allí, ya que según dicen las Escrituras, cuando estaba presente, una nube cubría la tienda y «la gloria del Señor llenaba el santuario»[4].

Tercero, Dios requería un camino para restaurar la comunión entre un Dios santo y un pueblo pecador. La nueva nación que Dios estaba edificando recibió las directrices para vivir con Dios en comunidad y preparar el lugar donde él habitaría con ellos. Sin embargo, una cosa más tenía que suceder antes de que Dios pudiera morar con sus hijos: la brecha entre su perfecta santidad y el egoísmo viciado de las personas tenía que ser salvada.

Él deseaba con desesperación reconectarse con el pueblo que había creado, pero su pecado se interponía en el camino. Como sabes, Dios y el pecado no pueden coexistir pacíficamente. Él es un Dios puro y santo, tanto que cuando se hacía presente en el tabernáculo, nadie podía entrar donde estaba porque todos los seres humanos se hallaban corrompidos por el pecado. Incluso los sacerdotes, que se lavaban ceremonialmente, se ungían y cubrían con sus atuendos consagrados, no podían entrar al lugar especial donde Dios residía en el tabernáculo, ya que a pesar de sus tareas sacerdotales también estaban infectados con el pecado y por ende les estaba prohibido ver a Dios cara a cara.

Dios concibió un plan para que su pueblo pagara o expiara sus pecados: el sacrificio de animales. Muchos consideran el libro de Levítico como uno de los más aburridos de toda la Biblia, y desde la perspectiva de la Historia Secundaria no es exactamente uno de esos libros que no puedes dejar de leer. No obstante, es uno de los más importantes de la Biblia, dado que esboza lo que tiene que ocurrir antes de que la humanidad pecadora pueda reconciliarse con Dios. Al igual que con el tabernáculo, todas las instrucciones elaboradas sobre cómo sacrificar animales sin mancha para que su sangre pudiera expiar los pecados de los israelitas son de gran importancia. Dios está diciéndoles a sus hijos básicamente esto: «Lo que nos separa es el pecado. Yo quiero vivir con ustedes, pero lo único que puede cubrir su pecado es la sangre de los animales más puros y valiosos que poseen».

En nuestra época actual la idea del sacrificio animal parece primitiva y cruel. Sin embargo, para los israelitas, ligados directamente a la caza para la supervivencia, era la única manera de unir la brecha entre ellos y Dios, y el simbolismo tenía tanto un sentido de humildad como de importancia. En esencia un animal puro, inocente, de gran valor, asumía el castigo. En vez de que el pecador muriera por sus pecados, el cordero aceptaba el castigo de modo que la persona pudiera vivir y gozar de su relación con el Dios Todopoderoso. ¿Parece injusto? Eso es exactamente lo que Dios estaba queriendo enseñar: «Sí, es injusto por completo que una criatura inocente obtenga lo que tú te mereces. Pero es la única manera, porque no puedes deshacerte de tu pecado por tus propios medios. Y como yo deseo tanto estar contigo, estoy brindándote una manera de que pagues por tus pecados».

Lo que comenzó en un jardín —la visión de Dios para la comunidad perfecta con su creación— ahora tendría lugar en un desierto con una nación que deseaba tener una relación con Dios, pero no sabía cómo lograrlo. Desde la perspectiva de la Historia Secundaria, todo esto parece ritualista y tedioso: los mandamientos, el tabernáculo, los sacrificios de animales. ¿Por qué tenemos que pasar por todos esos rigores solo para que Dios quiera regresar a la tierra y vivir con nosotros?

En la Historia Primaria, Dios da una pista de lo que ha de venir en su visión de una comunidad perfecta donde él finalmente puede estar con sus hijos para siempre. Basado en el hecho de que el pecado ha contagiado al pueblo que creó, Dios abrió un camino. No importa lo mucho que intentemos ser «buenos», nunca podremos serlo lo suficiente con nuestras propias fuerzas. Así que les dio a los israelitas una manera de expiar el pecado: por medio de la sangre de un cordero perfecto e inocente de toda maldad. Si le das una mirada al relato del libro de Hebreos, verás que esos sacrificios de animales eran tan solo temporales. Ellos ofrecerían una manera de tratar con los pecados hasta que otro Cordero fuera sacrificado, uno que en realidad derrotaría al pecado y la muerte, preparando una comunidad final donde la gran visión de Dios para su pueblo pudiera ser realizada plenamente.

Con un nuevo grupo de normas prácticas que los ayudarían a convertirse en la nación que Dios le había prometido a Abraham y una manera de hacer expiación por sus pecados cuando quebrantaran las reglas de Dios, todo lo que los israelitas debían hacer era seguir al Señor, que ahora vivía con ellos. Durante el día se les aparecía como una nube, y durante la noche como un fuego ardiente.

¿Qué podía ser más sencillo que eso?

CAPÍTULO 6

¿Ya llegamos?

Moisés intentó apaciguar al Señor su Dios, y le suplicó:
—Señor, ¿por qué ha de encenderse tu ira contra este
pueblo tuyo, que sacaste de Egipto con gran
poder y con mano poderosa?»
—ÉXODO 32:11

No hay nada mejor que hacer un viaje de vacaciones. El lugar puede ser el Gran Cañón o el Parque Nacional Yellowstone. Tal vez las playas de Destin, en Florida. O hasta una gira de otoño por el noreste. Aunque es grandioso lo que sientes cuando llegas a tu destino, parte de lo que hace tan especial a un viaje es el proceso de llegar hasta allí. Bueno, al menos en teoría.

Cuando yo era niño, mi familia viajaba en un automóvil familiar que tenía paneles de madera (¡de veras!). Los seis nos apiñábamos en el coche que estaba cargado de bártulos suficientes como para una semana. No había televisión, ni videojuegos, ni iPods para matar el tiempo. Nos movíamos de un lado a otro, dándonos codazos y haciéndonos cosquillas, saltando al lugar de los demás, riendo y peleando, todo acompañado por la constante pregunta que cada cierto tiempo le hacíamos a mi papá, quien iba al volante: «¿Ya llegamos?».

Después de la décima vez, mi mamá o mi papá estiraban un brazo hacia el asiento trasero y nos daban una pequeña palmada en las piernas. Luego de casi una docena más de veces, mi papá se ponía furioso y decía: «Si no dejan de preguntar, voy a dar la vuelta y regresar a casa». Nunca lo hacía, pero sabíamos que era capaz de cumplirlo.

El segundo problema principal con los viajes en automóvil surge cuando el conductor hace un giro equivocado y se desvía del camino. Esto nos sucedió a Rozanne y a mí hace unos años. Estábamos viajando de San Antonio a Forth Worth. Yo le cedí el volante a Rozanne para dormir una siesta. Le dije que simplemente siguiera en esa ruta hasta que llegáramos a Forth Worth. ¿Qué tan difícil podría ser? Algunas horas más tarde, me despertó diciendo: «¿Se supone que debíamos llegar a Houston?». Te diré que soy un tipo bastante tranquilo, pero esto excedía mi capacidad de comprensión. ¿Cómo pudo haber cometido un error tan grande? Esta maniobra errada nos costó *cinco horas.* Tomé el control del volante de nuevo y emprendí el regreso, solo para descubrir que había sido yo el que había tomado el camino equivocado mientras estaba conduciendo. ¡Detesto que eso suceda!

¿Qué harías si te encuentras en medio del desierto con un grupo de personas y el que guía el camino se mantiene repitiendo una y otra vez una promesa que asegura les fue dada a sus ancestros hace seiscientos cincuenta años? Cuando le preguntas a dónde van y cuándo llegarán allí, te dice que seas paciente, porque van a acabar en un lugar realmente fantástico. ¡Si hubiéramos tenido un GPS entonces!

Moisés era el conductor; los hijos de Israel iban en el asiento trasero. A diferencia de mi padre, que solo tenía cuatro hijos que manejar, Moisés tenía al menos un millón (algunos estudiosos estiman que la nación de Israel había crecido hasta contar con aproximadamente tres millones de personas). Los estaba guiando a través de la árida Península de Sinaí hacia la fértil Canaán, también llamada la tierra prometida, la cual la Biblia describe como una tierra donde fluye leche y miel. Yo vivo en San Antonio junto con más de un millón de personas. La ciudad de Dallas se halla a más de cuatrocientos kilómetros al norte. Imagina lo que sería si tratara de conducir a toda la población de San Antonio —a pie— hasta Dallas, la cual está a una distancia similar a la que se encontraban los israelitas en el desierto de Canaán. Estoy haciendo lo mejor posible para llevar a ese millón de personas hasta Dallas, solo para tomar un camino equivocado de vez en cuando que le agrega unos kilómetros más a nuestro ya polvoriento viaje. Y todo lo que tenemos para comer son sándwiches de mortadela. Mortadela para el desayuno, mortadela para el almuerzo y mortadela para la cena. Y también está esa monumental tienda que tenemos que transportar y armar a cada rato.

¡Y eso que pensábamos que nuestros padres tenían trabajo de sobra! Pobre Moisés, con una misión imposible.

Al principio deben haber sentido la misma sensación de expectación que todos experimentamos cuando estamos por lanzarnos a un viaje. No te olvides de que ellos habían acampado en el mismo lugar en el desierto durante más de un año y probablemente estaban un poco inquietos, pero esto cambió mientras Moisés se preparaba para llevarlos a una nueva ubicación. A fin de lograr un cierto orden en un grupo tan numeroso, Dios le dio instrucciones de dividirlos en doce tribus, con cada tribu llevando el nombre de uno de los doce hijos de Jacob (quien recordarás había sido rebautizado como Israel) y estando representada visualmente con estandartes gigantes. También le dijo a Moisés que tuviera listas dos trompetas hechas de plata bruñida, las cuales se usarían para dar la señal de que era tiempo de empacar y marchar otra vez. De modo que luego de tanta espera, imagina la excitación que se produjo cuando «el día veinte del segundo mes del año segundo»[1] la trompeta sonó en los doce campamentos y una nube divina se elevó por encima del tabernáculo para que ellos la siguieran (¡después de todo creo que tenían algo mejor que un GPS!).

Finalmente, llegó el momento de partir. Era tiempo de recoger a todos los niños, empacar el tabernáculo y seguir a la nube que al final los llevaría a la tierra exuberante y generosa que Dios les había prometido. Al igual que en el inicio de muchos viajes, todos estaban felices. Apuesto a que Moisés casi no podía contenerse cuando al darse vuelta vio a un millón de personas que lo seguían: «¡Está sucediendo! De veras me están siguiendo. Dios nos está mostrando el camino, así como dijo que haría, con esa enorme nube encima de nosotros. Estamos saliendo de este desierto y pronto podremos dejar que nuestras ovejas pasten en verdes prados y cultivar más vegetales de los que jamás podremos usar. Y lo mejor de todo es que finalmente seremos la gran nación que Dios dijo que seríamos».

Ese pensamiento feliz duró solo tres días.

El contraste no podía haber sido más drástico. En un capítulo, la Biblia pinta un cuadro glorioso de cada tribu dejando su campamento, marchando con orgullo tras su estandarte, y justo en el capítulo siguiente, leemos: «Un día, el pueblo se quejó de sus penalidades que estaba sufriendo»[2]. Por un tiempo muy breve ellos habían sido capaces de entrar en la Historia Primaria de un Dios que guarda sus promesas. Como «nación», habían comenzado siendo setenta personas cuando llegaron a Egipto hacía cuatrocientos años atrás, y tal como Dios prometiera, habían crecido en número. Dios les prometió que tendrían su propia tierra y ahora iban camino a ocuparla. Sin embargo, con demasiada rapidez cayeron en la visión estrecha de su Historia Secundaria. *Hace calor. Hay mucho polvo. Estamos cansados. Esto se está tomando más tiempo del que habíamos pensado.*

¿Recuerdas cuando mencioné cómo nos quejábamos mis hermanos y yo en el automóvil, y que mis padres se extendían hacia el asiento trasero y trataban de palmearnos para hacer que nos comportáramos bien? Bueno… Dios hizo algo mejor. Según la Biblia, envió fuego del cielo y chamuscó los límites de sus campamentos. Nadie salió lastimado, pero fue una clara señal de que Dios quería que su nación se portara bien. Él sabía que podrían disfrutar mucho más del camino si solo confiaban en él. El fuego llamó su atención, pero no por mucho tiempo…

Cuando los israelitas huían de los egipcios, se quejaron a Moisés porque no tenían comida. Dios respondió milagrosamente proveyendo una especie de pan llamado maná. Cada día aparecía la cantidad suficiente de maná para alimentar a toda la población de la nación especial de Dios, proveyendo una doble porción el sexto día de la semana para que la gente no tuviera que trabajar en el día de reposo recogiendo la comida. No obstante, al poco tiempo de iniciar su viaje hacia la tierra prometida, empezaron a quejarse de la falta de variedad en su menú. Y no solo se encapricharon con la comida, también comenzaron a extrañar los «viejos tiempos» en que eran esclavos en Egipto: «¡Cómo echamos de menos el pescado que comíamos gratis en Egipto! ¡También comíamos pepinos y melones, y puerros, cebollas y ajos! Pero ahora, tenemos reseca la garganta; ¡y no vemos nada que no sea este maná!»[3].

Probablemente has oído la expresión: «No puedes estar en misa y repicando» en referencia a alguien que es caprichoso, una persona que tiene todo lo que necesita y aun así todavía quiere más. Esto describe bien a los israelitas. La Biblia nos dice que ellos querían carne, pero está claro que lo que deseaban era tener el *control*. Ellos no querían tener que confiar en Dios para algo tan básico como su menú diario. ¡Deseaban el control de tal forma que comenzaron a lamentarse añorando los «viejos tiempos» en que eran esclavos en Egipto!

Lo que sucede luego me recuerda una historia que un amigo me contó acerca de cierta ocasión en que lo atraparon fumando en su adolescencia. En una mezcla de sabiduría y humor, su padre le dio un atado de cigarrillos y le dijo: «Conque quieres fumar, ¿eh? ¡Pues vamos, fuma!». Después que mi amigo terminó con el primer cigarrillo, su padre le dio otro más. Y otro. Después de tres cigarrillos seguidos, el pobre muchacho comenzó a vomitar, y hasta este día dice que se le revuelve el estómago siempre que huele tabaco. Creo que su padre debe haber conocido la respuesta de Dios al pueblo de Israel cuando demandaba carne.

Cuando Dios oyó a su pueblo quejándose del maná y pidiendo carne, él se la dio. Toneladas de ella. Uno intuye que estás en problemas cuando Dios afirma que va a darte tanta carne que comerás hasta que te salga por las narices y te provoque náuseas[4]. Sin embargo, él dice exactamente esto porque quiere mostrarles a sus hijos ingratos lo que puede suceder cuando insisten en hacer las cosas a su manera en vez de hacerlas a la manera de Dios.

Tal vez pienses que luego de la tormenta de fuego y unas cuantas noches de indigestión por haber comido mucha carne los israelitas debían haber captado el mensaje: *Dios hace lo que dice que hará, así que podemos relajarnos y gozar de su presencia.* Cuando eran esclavos en Egipto, trabajaban de sol a sombra, los golpeaban si no se esforzaban lo suficiente, y lo peor de todo, se sentían completamente abandonados por Dios. Por consiguiente, él no solo los rescató de su miseria, sino que hizo que pudieran conocer su presencia de una manera tangible. La nube suspendida sobre el tabernáculo era como una pizarra gigante que decía: «Estoy aquí con ustedes y lo único que necesitan hacer es seguirme y todo estará bien».

Sin embargo, ellos continuaron quejándose. Después del cómico incidente con la carne, los miembros de la propia familia de Moisés vinieron a cuestionar todo el asunto del «viaje a la tierra prometida». Aunque Dios había dejado bien en claro que su plan era comunicarse con el pueblo a través de Moisés, sus hermanos Aarón y María no lo aceptaron. De modo que se pusieron a rezongar entre sí y llegaron a la conclusión de que Dios también hablaba a través de ellos. Este arrebato representa más que una simple pelea de hermanos, ya que para Dios revela de nuevo una falta de confianza. No solo desafían el plan de Dios de elegir a Moisés como líder de la nación, sino que tampoco han creído que Dios esté con ellos. De haberlo creído, no se hubieran atrevido a cuestionar abiertamente la sabiduría divina. No obstante, él sí estaba con ellos, y los escuchó, y no podía permitir que un acto tal de rebeldía pasara desapercibido.

Así que le dice a Moisés que traiga a María y Aarón al tabernáculo y se reúne con los tres allí en la forma de una nube cilíndrica. Dios comienza con la siguiente declaración: «Escuchen lo que voy a decirles». Esa era la manera de dejarles saber que lo que estaba a punto de comunicarles era de extrema importancia, e imagino que obtuvo toda su atención, así como cuando se le presentó a Moisés en medio de una zarza ardiente. Mientras ellos están parados junto a Moisés, Dios continúa hablando:

> «Cuando un profeta del Señor
> se levanta entre ustedes,
> yo le hablo en visiones
> y me revelo a él en sueños.
> Pero esto no ocurre así
> con mi siervo Moisés,
> porque en toda mi casa
> él es mi hombre de confianza.
> Con él hablo cara a cara,
> claramente y sin enigmas.
> Él contempla la imagen del Señor.
> ¿Cómo se atreven a murmurar
> contra mi siervo Moisés?»[5]

Entonces Dios se marcha, no sin antes causar que María se enferme de lepra. Aarón le suplica a Moisés que intervenga con el Señor. Se nota que captó el mensaje de que Dios tenía una relación especial con él. Moisés clama a Dios por la sanidad de María, y él cede.

Cuando leemos sobre estos incidentes desde una perspectiva de la Historia Secundaria, puede ser tentador llegar a la conclusión de que Dios es malvado y disfruta castigando a la gente. ¿Y qué si María y Aarón estaban un poco celosos porque Dios había elegido a su hermano como líder y vocero? ¿En verdad podemos culparlos? ¿Y cuánto daño pudieron causar al murmurar entre ellos? Como se aprecia desde la perspectiva de la Historia Primaria, mucho. Dios está edificando una nación especial, diferente de todas las demás naciones. Una digna de su presencia. La gente de las otras naciones se quejaba. La gente de las otras naciones nunca estaba satisfecha a pesar de todo lo bueno que tenían. La gente de las otras naciones se ponía celosa. La nación de Dios tenía que ser diferente, ya que les mostraría el carácter de Dios a todas las demás, atrayéndolas al único Dios verdadero.

Una nación así solo podía prosperar si la gente ponía su absoluta confianza en Dios, aun cuando las cosas no tuvieran sentido para ellos. Vagar en el desierto con nada más que maná como comida no era la idea de ser «una nación escogida» para los israelitas. Sus expectativas de la Historia Secundaria se interponían en el camino del desarrollo de la Historia Primaria. ¿Te sientes identificado? Tal vez en tu caso sea la falta de trabajo, un matrimonio complicado, una enfermedad dolorosa, una deuda estresante. Los israelitas seguían olvidándose de que Dios siempre cumple sus promesas. La tierra de leche y miel sería suya, y aunque el viaje podría ser largo y dificultoso, él estaba allí con ellos a lo largo del camino. Así como también está aquí junto a nosotros en medio de nuestros peregrinajes a veces difíciles.

Mientras Moisés se acerca al fin de su vida, reúne a los israelitas para darles lo que será su discurso final. Para ser un sujeto que trató de convencer a Dios de que no lo eligiera como líder porque no sabía hablar muy bien, él ofrece uno de los mensajes más bellos e inspiradores de toda la Biblia. ¡Dale Carnegie no tendría que levantarle el ánimo a este hombre! Los israelitas finalmente están a punto de entrar a la tierra que Dios le había prometido a Abraham unos seiscientos cincuenta años antes. Moisés conoce bien a este pueblo y lo había visto alejarse de Dios incontables veces cuando las cosas no marchaban según sus planes. Así que les presenta dos alternativas: amar a Dios, obedecerlo y disfrutar de una vida próspera, o darle la espalda y desobedecerlo y sufrir la destrucción. Al final concluye su discurso con estas palabras.

> Hoy pongo al cielo y a la tierra por testigos contra ti, de que te he dado a elegir entre la vida y la muerte, entre la bendición y la maldición. Elige, pues, la vida, para que vivan tú y tus descendientes. Ama al Señor tu Dios, obedécelo y sé fiel a él, porque de él depende tu vida, y por él vivirás mucho tiempo en el territorio que juró dar a tus antepasados Abraham, Isaac y Jacob[6].

Elijan a Dios, confíen en él y obedézcanle, y tendrán «la buena vida». Elijan sus propios caminos, vivan de acuerdo a sus reglas y verán la destrucción. ¿Por qué alguien *no querría* la buena vida?

Mi padre no era un hombre malo o severo. Él esperaba las vacaciones familiares porque realmente disfrutaba estar con sus hijos, reírse con nosotros y mirarnos mientras nos divertíamos. Él sabía que los viajes en auto eran largos y que nuestras peleas y discusiones empeorarían la cosa. Deseaba que disfrutáramos el viaje en sí tanto como llegar a nuestro destino, y cuando nos rehusábamos a hacerlo, corregía nuestra conducta. Él quería lo mejor de lo mejor para nosotros, aun si eso significaba una incomodidad temporaria o ser disciplinados.

Nuestra vida es como un viaje por la carretera. Dios quiere guiarnos a cada paso del camino con su GPS. Dios ve el cuadro completo desde su perspectiva de la Historia Primaria y desea lo mejor para nosotros. Quiere que lleguemos a destino. Que disfrutemos el viaje. Sin embargo, también anhela que confiemos en él. Cuando dice: «A la izquierda», debemos ir a la izquierda. Cuando indica: «A la derecha», tenemos que ir a la derecha. Cuando señala: «Detente», debemos hacer un alto en el camino. Cuando nos insta: «Ve más rápido», precisamos poner el pie en el acelerador a fondo. Cuando nos implora: «Atraviesa el obstáculo, no importa lo grande y horrible que se vea», tenemos que arremeter con fe… ¡como en una escena tomada de un viejo episodio de *El auto fantástico*!

También necesitamos recordar que cualquiera sea la elección que hagamos, hay otros que van en el auto con nosotros. Ellos vivirán las bendiciones de nuestras buenas decisiones o el dolor de nuestras decisiones destructivas. Dios tiene un lugar de bendición al cual quiere llevarnos. En ese lugar, al vivir nuestras vidas para él, también seremos de bendición para los que nos rodean, ya que los servimos y les permitimos compartir las bendiciones de Dios que disfrutamos. Cuando otros ven a Dios obrando en nuestra vida, ellos quieren seguirlo también. Esta será la mayor bendición de todas. No obstante, para llegar a ese lugar debemos confiar en él.

Entonces, ¿ya llegamos?

No, todavía no. Pero siéntate atrás y disfruta el paseo. Nuestro Padre celestial sabe exactamente lo que está haciendo, y él mantendrá su promesa de estar con nosotros siempre.

CAPÍTULO 7

Podrían ser gigantes

Ya te lo he ordenado: ¡Sé fuerte y valiente!
¡No tengas miedo ni te desanimes!
Porque el Señor tu Dios te acompañará
dondequiera que vayas.
—JOSUÉ 1:9

El 5 de junio de 1944, el día antes de que las fuerzas aliadas irrumpieran en las playas de Normandía, el General George S. Patton le dio un discurso al Tercer Ejército que no dio margen a error:

No quiero recibir ningún mensaje diciendo: «Estoy sosteniendo mi posición». No estamos sosteniendo [...] estamos avanzando constantemente, y no nos interesa aferrarnos a nada [...] Nuestro plan básico de operaciones es avanzar y seguir avanzando, sin importar si tenemos o no que ir sobre, debajo o a través del enemigo[1].

¿Te imaginas el miedo que debe haber recorrido sus mentes y corazones cuando estos hombres se preparaban para saltar al agua y atacar la costa? La suerte del Mundo Libre realmente pesaba sobre sus hombros.

Los israelitas enfrentaban un terrible desafío militar similar, del tipo en los que «la derrota no es una opción». Había llegado el momento de entrar a la tierra que Dios había prometido darles hacía más de seiscientos años antes. Era tiempo de comenzar el siguiente capítulo en la Historia Primaria de Dios.

Justo antes morir, Moisés designó a un hombre llamado Josué para que lo sucediera como líder de la nación que Dios estaba edificando. Unos cuarenta años atrás, Josué había sido uno de los doce espías a los que Moisés había seleccionado para hacerle una visita furtiva a la tierra de Canaán (la tierra prometida), examinarla y traer un informe. Cuando regresaron, esta docena de tipos diligentes trajeron las proverbiales «buenas y malas noticias». Sí, de veras era una tierra que fluía leche y miel. ¡Un solo racimo de uvas era tan grande que tenían que llevarlo entre dos hombres! ¿Las malas? ¡Los cananeos eran lo suficiente grandes como para equiparar el tamaño de las uvas!

Los nativos eran guerreros grandes, altos y con miradas capaces de asustar a cualquiera. Los espías explicaron que se sentían como langostas al compararse con los gigantes de Canaán y le dieron una recomendación a Moisés: «No podremos combatir contra esa gente. ¡Son más fuertes que nosotros!»[2].

Dos de los espías —Josué y un hombre llamado Caleb— estuvieron en vehemente desacuerdo con esta declaración desesperanzadora. Ellos recomendaron un ataque inmediato, pero los otros espías ya habían empezado a esparcir las malas noticias por la comunidad entera. Durante toda la noche los israelitas se quejaron contra Moisés, añorando una vez más los viejos días de la esclavitud bajo el faraón.

Es más, casi sugirieron elegir a un nuevo líder y regresar a Egipto.

Josué trató con desesperación de cambiar sus mentes con una súplica apasionada:

La tierra que recorrimos y exploramos es increíblemente buena. Si el Señor se agrada de nosotros, nos hará entrar en ella. ¡Nos va a dar una tierra donde abundan la leche y la miel! Así que no se rebelen contra el Señor ni tengan miedo de la gente que habita en esa tierra. ¡Ya son pan comido! No tienen quién los proteja, porque el Señor está de parte nuestra. Así que, ¡no les tengan miedo![3]

Sin embargo, la gente no escuchó. De modo que los obstinados israelitas siguieron su camino, e hicieron mucho más. No solo no cruzaron hasta la tierra prometida, como Josué recomendó, sino que se quedaron en el desierto por el resto de sus vidas. A veces el mejor castigo es darle a alguien exactamente lo que quiere, y eso fue lo que Dios hizo. Él impidió que una generación entera de su pueblo entrara a la tierra prometida, excepto por dos personas: Josué y Caleb.

Ahora, con Moisés muerto, Dios le dijo al valiente capitán Josué: «Prepárate, es tiempo de entrar».

Nada había cambiado del otro lado del Jordán desde que Josué y los demás espías fueran a ver cómo eran las cosas allí. Si algo hubiera cambiado, las ciudades podrían haber estado aun más fortificadas. Y la gente todavía era muy grande. Hace cuarenta años Josué era joven y fuerte, tal vez hasta un poco más ingenuo e impetuoso. Siendo ahora mayor y más sabio, se daba cuenta perfectamente de que no tenía ninguna posibilidad. Su primer desafío era simplemente hacer cruzar a todos los israelitas el Río Jordán. Una cosa es lograr que unos pocos espías crucen el río a flote, ¡pero hacer cruzar a más de un millón de personas sin ningún puente, parecía algo imposible!

Entonces tuvo lugar un ritual de circuncisión especial que Dios les ordenó que llevasen a cabo antes de entrar en batalla. La circuncisión era una señal exterior del pacto de Dios con su pueblo, y esta nueva generación de hombres no había sido circuncidada. No quiero ser indiscreto, pero practicarle una circuncisión a un hombre adulto no es precisamente la mejor forma de prepararlo para entrar en una batalla. Y aquí no estamos hablando de bisturís de acero inoxidable, sino de cuchillos hechos con pedazos de roca. ¡Sí, con una *piedra*! Estos pobres muchachos estaban a punto de sumergirse en un mar de dolor unos pocos días antes de participar en un conflicto de grandes proporciones.

Como si cruzar un río y la perspectiva de circuncidarse no fueran suficientes, el plan de batalla de Dios para su primera conquista —la ciudad amurallada de Jericó— tenía que haberle dado a Josué mucho en qué pensar: marchen alrededor de la ciudad, toquen las trompetas y griten. Eso era todo. El plan divino de batalla era marchar y hacer ruido.

Como líder, de vez en cuando he tenido que desafiar a la gente de mi iglesia a hacer algo difícil, y ellos siempre lo han hecho. Sin embargo, no estoy seguro de poder presentarme ante las personas y llevarles este plan: «Muchachos, vamos a cruzar ese río impetuoso al borde de la ciudad sin ningún bote o puente. Una vez que lleguemos al otro lado, quiero que los hombres me encuentren en esa tienda grande. Traigan sus cuchillos y vendajes. Y cuando acabemos allí, todos vamos a formar una gran columna y a desfilar alrededor de ese enorme fuerte amurallado, donde los soldados estarán esperando para tendernos una emboscada. No tienen que traer armas, excepto siete de ustedes. Traigan sus trompetas. Cuando yo se los indique, hagan algo de ruido. Creo que con eso todo estará bien. ¿Están conmigo?».

Cuando leemos esta historia con nuestros ojos de la Historia Secundaria, sería graciosa si no hubiera tanto en juego. La nación escogida de Dios había esperado más de seiscientos años para entrar a la tierra que él les había prometido. Casi lo logran cuarenta años antes, pero su temor al enemigo y su obstinada negación a confiar en Dios les impidió la entrada. Finalmente, luego de años de deambular por el árido desierto, Dios le da a una nueva generación la oportunidad de reclamar esta tierra rica y abundante como suya. *Solo se necesitaba cruzar el río, llevar a cabo la delicada cirugía en todos los hombres, y después marchar alrededor de una ciudad fortificada y habitada por gigantes.*

Nada en el plan de Dios tenía sentido. Al menos no desde la perspectiva de la Historia Secundaria. Como ya lo hemos visto en otras ocasiones, las cosas rara vez lo tienen. Los caminos de Dios no siempre son nuestros caminos, y esto es porque él siempre tiene la Historia Primaria delante de sí en su mente. La comunidad en la que el Señor puede habitar será diferente a toda otra comunidad, porque sus ciudadanos obedecerán a Dios en vez de seguir su propio juicio lógico y sus deseos subjetivos. Y una manera en la que él determina nuestro nivel de confianza es probándonos. Nuestras «espadas y flechas» pueden parecernos las mejores armas para pelear las batallas de Dios, pero él nos pide que lo hagamos a *su* manera, aun si nos parece la receta para un fracaso seguro.

Dios sabía exactamente lo que le estaba pidiendo a Josué que hiciera. También sabía que el líder era un ser humano, así que para animarlo en su tarea de guiar a los israelitas a una batalla peligrosa le dio una pequeña charla estimulante. Tres veces le repitió estas palabras: «Sé fuerte y valiente». Tal vez percibiendo un poco el nerviosismo del pobre Josué, agregó: «No temas»[4]. Este aliento es un tema primordial en la Historia Primaria. Variantes de la frase «no temas» aparecen más de cien veces en la Biblia. La comunidad que Dios está creando para nosotros no se caracteriza por el temor, a pesar de que enfrentemos muchos momentos aterradores.

Durante esta charla estimulante con Josué, Dios le pidió que hiciera algo más que en la superficie no parece tener nada que ver con la batalla que seguía:

Sólo te pido que tengas mucho valor y firmeza para obedecer toda la ley que mi siervo Moisés te mandó. No te apartes de ella para nada; sólo así tendrás éxito dondequiera que vayas. Recita siempre el libro de la ley y medita en él de día y de noche; cumple con cuidado todo lo que en él está escrito. Así prosperarás y tendrás éxito[5].

La ley —las normas que Dios estableció para esta comunidad singular— no tenía nada que ver con pelear una batalla. En cambio, se le dio a los israelitas para que ellos pudieran vivir en paz unos con otros y ser la clase de comunidad en la que Dios pudiera morar. Sin embargo, ahora que él estaba a punto de entregarles la tierra que les había prometido, quiso asegurarse de que no se habían olvidado de cómo debían vivir, ya que tenía la intención de estar con ellos. Obedecer la ley, entonces, propiciaba las condiciones para el mensaje final de Dios, en el que le reaseguraba a Josué la noche anterior de su primera batalla: «Estaré contigo»[6].

La clave para la victoria no estaba en las armas superiores y las estrategias convencionales, sino en la obediencia. Dios le estaba diciendo básicamente a Josué: «No teman, confíen en mí. Hagan exactamente todo lo que les digo. Vivan según los principios que les he dado, y derrotarán a todo el que se les oponga».

Y así fue.

Josué, de cara a un río infranqueable, una ciudad fortificada y una orden poco agradable para cada hombre del ejército, hace exactamente lo que Dios le dice. Cuando les comunica a sus oficiales sobre el plan de Dios para derrotar Jericó, ellos responden: «Nosotros obedeceremos todo lo que nos has mandado, e iremos adondequiera que nos envíes»[7].

Liderados por los sacerdotes que llevaban el arca del pacto se aproximan al Río Jordán, y cuando uno de los sacerdotes pone su pie en el río,

Dios milagrosamente detiene el fluir de las aguas para que la nación entera pueda cruzar y entrar en Canaán. Entonces ellos obedecen a Dios y circuncidan a todo varón antes de empezar la notoria marcha alrededor de la ciudad de Jericó. Durante seis días marchan, dando cada día una vuelta alrededor de la ciudad. Luego, al séptimo día, rodean la ciudad siete veces antes de hacer sonar las trompetas y que Josué dé la orden: «¡Empiecen a gritar!»[8].

Y los muros caen. Tal como Dios lo había prometido.

El resto de la historia de Josué trata sobre la conquista. Ellos conducen una campaña hacia el sur, aniquilando a cinco reyes y sus ejércitos que se unieron para derrotar a los israelitas. Después se dirigen al norte y se enfrentan a una alianza de catorce reyes y sus ejércitos, exterminándolos también. Y no estoy hablando aquí de simplemente tomar una ciudad... ¡ellos las eliminaron! No hubo sobrevivientes. No hubo prisioneros. No se trataba de un puñado de soldados forajidos, sino de la nación escogida de Dios obedeciendo sus órdenes. Muchas personas leen esta parte de la Biblia y llegan a la conclusión de que Dios es cruel e inhumano. ¿Por qué tenía que eliminar a los nativos de esas ciudades?

La respuesta proviene de la Historia Primaria, donde Dios está preparando un entorno perfecto para habitar junto a su pueblo. En realidad, si bien Dios quería entregarles Canaán, lo más importante era quitar de en medio a los que vivían allí, los amorreos, y aquí es donde vemos la coherencia de la Historia Primaria de Dios. Después de entregarles los Diez Mandamientos que Dios talló en tablas de piedra, Moisés les dio un discurso fundamental a fin de prepararlos para su futura conquista de Canaán: «De modo que no es por tu justicia ni por tu rectitud por lo que vas a tomar posesión de su tierra. ¡No! La propia maldad de esas naciones hará que el Señor tu Dios las arroje lejos de ti. *Así cumplirá lo que juró a tus antepasados Abraham, Isaac y Jacob*»[9].

Más de seiscientos años antes, cuando Dios se encontró con Abraham por primera vez y le prometió hacer de su familia una gran nación, estableció las condiciones para la tierra que les daría a fin de edificar su nación: «Cuatro generaciones después tus descendientes volverán a este lugar, porque antes de eso no habrá llegado al colmo la iniquidad de los amorreos»[10].

La misma tierra que Dios había elegido para que fuera el hogar de esta nueva comunidad estaba siendo profanada por la maldad de sus habitantes. Después de cuatro generaciones la maldad de estas personas se volvería tan detestable que Dios tendría que tomar la tierra por la fuerza. Lo que parece brutal y excesivo en la Historia Secundaria es una declaración sobre la justicia y la rectitud de Dios en su reino de la Historia Primaria. Dios es paciente y tardo para la ira. Les dio más de seiscientos años para cambiar su manera de proceder. Si lo hubieran hecho, él también habría cambiado de opinión. Sin embargo, no podía tolerar la clase de iniquidad generalizada que había contaminado a toda la población amorrea.

Dios no puede residir en una tierra con gente que adora a otros dioses e incluso practica la prostitución como una forma de adorar a esos dioses. Nos puede parecer injusto que él ordene exterminar a una población entera, pero su comportamiento inicuo había alcanzado un nivel tal que tuvo que poner un límite. «Al Señor le resulta abominable todo lo que ellos hacen para honrar a sus dioses. ¡Hasta quemaban a sus hijos e hijas en el fuego como sacrificios a sus dioses!»[11]. Era preciso hacer algo.

El mensaje de la Historia Primaria es claro: la comunidad que Dios sueña para su pueblo —el ambiente al cual quiere descender para vivir con nosotros— no puede tolerar el mal. ¿Quién quisiera vivir en una anarquía así? Cuando los israelitas capturan la tierra y destruyen las ciudades, la justicia se administra de un modo dramático. No obstante, hay otra razón más por la que Dios le dio esta tierra a su pueblo. Él quería establecer su nombre en Canaán para que todos pudieran conocer al Dios verdadero. En el tiempo preciso —cuando la maldad de los amorreos alcanzó su punto máximo— Dios le dio la tierra a esta ahora gran nación llamada Israel para que otros pudieran ser atraídos a este Dios que desea estar involucrado de un modo tan íntimo con su pueblo.

Dios sigue llamándonos a ser la misma clase de pueblo único que atraerá a otros hacia él. Nos está llamando a vivir vidas distintivas y sanas que se diferencien de las vidas que se caracterizan por el egoísmo, la codicia y el materialismo. Nos está llamando a enfrentar a los gigantes de una economía fatal y los contratiempos personales de una manera que refleje nuestra confianza en él como un Padre que siempre provee para sus hijos.

Nos está llamando a escoger la vida, a valorar a quienes la sociedad rechaza, a contrarrestar el odio y el prejuicio con el amor de Dios.

Así como los israelitas, necesitamos ser fuertes y valientes si hemos de vivir del modo en que Dios desea que vivamos. Debemos convertirnos en el pueblo de la Palabra a fin de conocer los caminos de Dios y seguir sus normas para llevarnos bien los unos con los otros. Y cada vez que experimentemos el sentimiento interno de que Dios quiere que hagamos algo difícil para él —ya sea cruzar la calle con el objetivo de hablarle a un vecino o adoptar a un niño que de otro modo no tendría la oportunidad de vivir— debemos hacerlo, de modo que otros puedan ver al único Dios verdadero.

En la Historia Secundaria los gigantes son más grandes que los israelitas. En la Historia Primaria, Dios es mayor que los gigantes. Todos tenemos batallas que enfrentar en nuestra vida. Y al igual que Josué y los hijos de Israel, debemos ser fieles. Precisamos mirar la Palabra de Dios con el propósito de descubrir su voluntad en cuanto a cómo debemos proceder para encontrar valor y fuerzas. Tenemos que recordar que suceden más cosas de las que podemos ver.

Necesitamos ser personas de oración. Preguntarle a Dios si debemos avanzar o mantener nuestras posiciones. La oración incluye escuchar a Dios. Si él está en el asunto, ve a la carga. Si no lo está, mejor mantén tu posición.

Debemos ser personas que se identifiquen con Dios. Si hemos llegado a establecer una relación con Dios a través de Jesucristo, tenemos que declarar públicamente nuestra lealtad a él y bautizarnos; identificarnos sin vergüenza con nuestro Dios tanto en público como en privado. Necesitamos vivir en obediencia para que otros sean atraídos a nuestro Padre amoroso.

Así como Josué peleó la batalla de Jericó, Dios nos permite pelear nuestras propias batallas, en medio de nuestras circunstancias particulares, sabiendo que él está en control. Su promesa sigue siendo verdad: «Yo estaré contigo».

CAPÍTULO 8

Vasos de barro

—Pero, Señor —objetó Gedeón—, ¿cómo voy a salvar a Israel?
Mi clan es el más débil de la tribu de Manasés,
y yo soy el más insignificante de mi familia.

—JUECES 6:15

¿Has sentido alguna vez que sin importar cuánto lo intentes, no puedes vencer?

No te es posible salir adelante en lo financiero. Un colapso económico te sorprende justo cuando tienes demasiadas deudas que pagar, y ahora estás hundiéndote. Los acreedores te persiguen día y noche, no hay salida a la vista. No tienes un respiro. El pequeño negocio que comenzaste no tiene posibilidades contra las grandes tiendas de la ciudad, que pueden rebajar los precios y dejarte fuera.

Estás en temporada de ventas y no puedes cerrar un solo negocio. No puedes dar el primer paso. No has visto una comisión decente en meses.

Estás rodeado de personas más lindas que tú. Es difícil competir y hacerse notar en un mundo lleno de gente joven, delgada y bella. Se encuentran por todas partes, haciendo difícil para ti conseguir tanto una cita como un trabajo.

No puedes terminar tus estudios, ni siquiera a través de un programa especial para completarlos. Necesitas el título para obtener un mejor empleo, pero estás trabajando muchas horas a fin de mantener a tu familia y no tienes tiempo siquiera para tomar una clase por semestre. Te sientes atrapado y no hay salida a la vista.

Te encantan los deportes y la emoción de la competencia, pero otros son más rápidos, fuertes y coordinados que tú. Las lesiones te persiguen y te impiden entrenar a tu máximo potencial. A menos que algo cambie, es mejor que te olvides de correr la carrera o seguir en el juego.

Si alguna vez te has sentido superado, piensas que no eres apto o te consideras en desventaja, te reconfortará conocer la historia de Gedeón. Comienza en un tiempo en el que Israel ya había estado viviendo en la tierra de Canaán por casi trescientos años. Dios les había dado todo lo que precisaban para ser una gran nación: una serie de normas sobre cómo vivir, su presencia en el tabernáculo, una manera de expiar sus pecados y la tierra que les había prometido a sus ancestros. Sin embargo, no era suficiente. Los hijos de Israel no podían enfocarse en la Historia Primaria. Más específicamente, eran adictos a adorar a otros dioses, una violación rampante al primer mandamiento que Dios les había dado.

Así que Dios castiga con severidad esta conducta permitiendo que otros gobernantes los opriman, a menudo esparciendo a los israelitas en las montañas para esconderse en cuevas. Con el tiempo, ellos alcanzan un punto de desesperación y claman a Dios para que los rescate, entonces él responde enviando jueces que los liberen de sus opresores. Aunque tendemos a pensar en los jueces como personas mayores que usan túnicas y escuchan los casos en la corte, los jueces de Dios eran guerreros que usaban cascos y portaban espadas.

Mientras un juez está al mando, los israelitas se arrepienten, lo cual en el idioma hebreo literalmente significa volverse de la dirección en la que van y regresar a Dios. Ellos viven un período de prosperidad mientras observan las normas de Dios y comienzan a perfilar la comunidad que él siempre soñó para su pueblo. No obstante, cuando el juez muere, le dan la espalda a Dios y sus principios, de modo que otro opresor los conquista. Entonces Dios en su misericordia levanta otro juez, y ellos enmiendan su conducta. Pero después que el juez muere, se vuelven a sus hábitos rebeldes.

Este ciclo de espuma, enjuague y repetir (o pecado, juez y arrepentimiento) tiene lugar seis veces en el libro de los Jueces. De los trescientos treinta años que componen este período de la historia de Israel, ellos viven ciento once en opresión. ¡Después de todo lo que habían pasado como pueblo de Dios! En realidad lo tenían todo, pero nada les parecía suficiente.

Durante uno de esos períodos en que los israelitas están sufriendo bajo un régimen opresivo —en este caso, los madianitas— se vuelven a arrepentir y claman al Señor. Esta vez Dios elige a un muchacho de nombre Gedeón para librarlos de sus opresores. ¿Recuerdas al chico de la secundaria que fue elegido como el «menos propenso a ganar»? Bueno... ese es nuestro héroe, Gedeón. Hasta *él* se sorprende cuando Dios le da la prestigiosa tarea de salvar a la nación[1]. Es el más joven de su familia, de la tribu más débil, el alfeñique en una familia conocida por su fragilidad. El eslabón más débil de una cadena de papel. No precisamente un gladiador que digamos.

A Gedeón le cuesta creer que Dios en realidad lo haya elegido para salvar a Israel, ¿y quién puede culparlo? Esto le parece una broma y no piensa caer en ella, así que le propone un plan a Dios que demostrará si de veras él es el hombre adecuado para llevar a Israel a la batalla. Gedeón decide que colocará el vellón de un cordero sobre la tierra durante la noche, y si al otro día está mojado con el rocío mientras que la tierra a su alrededor permanece seca, así él sabrá que Dios en realidad lo ha elegido. Efectivamente, cuando se levanta a la mañana siguiente y va a recuperar el vellón, este está tan empapado que destila de él un bol entero de agua, pero la tierra está reseca.

«Debe haber algún error», concluye Gedeón, pensando tan poco de sí mismo que solicita una demostración más. Ahora le pide a Dios que revierta el orden: esta vez la tierra estará mojada con el rocío, pero el vellón se mantendrá seco y esponjoso. Dios de veras debe haber querido a Gedeón, porque en vez de enojarse o impacientarse con él, hace que la tierra esté cubierta de rocío y el vellón permanezca seco. La gente todavía habla hoy de «poner un vellón» para recibir confirmación de algo que se sienten obligados a hacer.

Una vez que Gedeón está firmemente convencido de que Dios lo ha elegido para sacar a Israel de su opresión, reúne al ejército israelita —treinta y dos mil valientes— en un campamento desde donde se veía el valle en el que se apostaban los madianitas. Dios le susurra a Gedeón: «Son demasiados. Haz que el soldado que tiene un poquito de miedo se vuelva». Se marchan unos veintidós mil soldados, lo que no es exactamente un halago para el liderazgo de Gedeón. Sin embargo, Dios le dice que todavía son muchos y le ayuda a filtrar el resto de las tropas hasta que solo quedan trescientos guerreros consagrados[2].

Nadie sabe con seguridad el tamaño del ejército madianita, pero los historiadores coinciden en que era formidable. La Biblia indica que resultaba «imposible contarlos a ellos o a sus camellos», porque el número era muy grande[3]. Un cálculo conservador estima que se trataba de doscientos mil soldados, lo cual representa una proporción de 666:1. Uno no tiene que ser un estratega militar para darse cuenta de que a pesar de lo fuertes y habilidosos que fueran esos trescientos soldados, no podían compararse con doscientos mil madianitas. Al menos desde el punto de vista de la Historia Secundaria. ¿Por qué pondría Dios entonces a Gedeón en una situación tan desventajosa? En todo caso, Gedeón necesitaba más soldados. Dios debía haberle permitido por lo menos retener a todos sus soldados originales, los treinta y dos mil, los cuales, comparados con los doscientos mil contrincantes, seguirían estando en una gran desventaja.

No obstante, Dios conoce muy bien a sus hijos. Él sabe que si los israelitas hubieran derrotado a los madianitas con todo su ejército, se jactarían y pensarían que su superioridad militar y sus estrategias los salvaron. Así como Adán y Eva pensaron que podían ser tan sabios como Dios, los israelitas creerían que eran tan fuertes como él. En la Historia Primaria, la única manera de estar en una relación con Dios es reconociendo que él es Dios y nosotros no lo somos. Y al igual que los israelitas, nosotros también tenemos que permanecer humildes y recordar esta realidad. Si ellos iban a lograr un resultado inesperado y derrotar a los madianitas con solo trescientos hombres, sabrían que su salvación provenía de Dios y no era producto de sus propias manos. Y no solo *ellos* lo sabrían, sino todos los demás también.

Así que Gedeón le presenta la estrategia de Dios a su banda de soldados pobretones. Les dice a su pequeño grupo que enciendan antorchas y las escondan en vasos de barro. Cada soldado llevará el cántaro de barro en su mano izquierda; en la otra mano, siguiendo las instrucciones de Gedeón, cada uno llevará una trompeta. Acercándose con sigilo al ejército madianita durante la noche, y ante la señal de su líder, rompen los cántaros y hacen sonar las trompetas. ¡Los fuegos refulgiendo y las trompetas sonando confunden y atemorizan a los madianitas de tal forma que literalmente corren como gallinas con sus cabezas cortadas! «Si hay tantos antorcheros y trovadores, nomás piensa cuántos soldados debe haber». Los madianitas trataron de escapar, pero en la oscuridad se volvieron unos contra otros con sus espadas. La batalla se termina antes de empezar.

Gedeón, el más insignificante de la familia más débil de la tribu más pequeña, dirige a un ejército minúsculo de trescientos hombres a la victoria contra los poderosos madianitas. Y bajo su liderazgo, Israel goza de cuarenta años de paz y prosperidad.

Lamentablemente, después que Gedeón murió, el pueblo volvió a sus viejos caminos: «En cuanto murió Gedeón, los israelitas volvieron a prostituirse ante los ídolos de Baal. Erigieron a Baal Berit como su dios y se olvidaron del Señor su Dios, que los había rescatado del poder de todos los enemigos que los rodeaban»[4].

Seguramente pensarás que después de una victoria tan sobrenatural, los israelitas nunca hubieran querido hacer nada más que servir a Dios con fidelidad para siempre. Sin embargo, en sus existencias en la Historia Secundaria siempre acababan anteponiendo sus propios interese egoístas a la maravillosa provisión de Dios para sus vidas.

En vez de confiar en que Dios sabía lo que era mejor para ellos, se resintieron y arribaron a la conclusión de que seguir los caminos de Dios les impedía obtener lo que deseaban. Como un niño malcriado que demanda un juguete nuevo porque todos los otros niños lo tienen, los israelitas querían lo que todos los demás tenían. La gente de las otras naciones adoraba a Baal —un ídolo— así que ellos también querían adorarlo.

Si esto te suena conocido, es porque incluso hoy es difícil para los seguidores de Dios continuar enfocados en él cuando todo anda bien. Por alguna razón, en tiempos de prosperidad y abundancia a menudo nos volvemos distantes e ignoramos a Dios por completo, sintiéndonos autosuficientes en nuestra felicidad temporaria. Por el contrario, algunas de las historias más inspiradoras acerca de la devoción a Dios provienen de las comunidades más pobres y oprimidas de cristianos fieles.

Como los israelitas, nosotros también olvidamos que el mismo Dios que nos salva de nuestra angustia quiere caminar con nosotros y disfrutar de una relación *todo* el tiempo, no solo cuando estamos contra la espada y la pared. Al estudiar la historia del cristianismo en el mundo occidental, vemos períodos de letargo espiritual —incluso de rebelión contra Dios— seguidos de grandes «despertares» en los cuales la gente clama al Señor y él responde con gran poder, recuperando a sus hijos que se han desviado de su camino.

Nuestra Historia Secundaria de rebelión contra Dios siempre se encuentra con su invitación de la Historia Primaria a volverse a él. Podemos intentar hacer las cosas a nuestra manera hasta que nos encontramos con tal embrollo que la única forma de salir es acudiendo a Dios, y entonces él siempre nos recibe. A pesar de lo que hayas hecho, y sin importar cuánto tiempo haya transcurrido desde que te alejaste de él y seguiste tus propios deseos, nunca estás demasiado lejos de Dios.

Dios siempre está listo para recibir a *todo aquel* que clama a él para ser salvo.

Él pudo usar al más insignificante de la familia más débil de la tribu más pequeña de Israel para rescatar a su nación de la opresión. E irá tan lejos como sea necesario para recuperar a su pueblo y poder vivir con ellos.

A los que están dispuestos a hacer exactamente lo que él desea que hagan, Dios los usará como usó los vasos de barro de Gedeón, como vasijas para derramar sus bendiciones y edificar su nación, aun si son cuencos resquebrajados, pequeños, insignificantes y soslayados por los demás.

Como cristianos nos involucramos en toda clase de problemas porque queremos vivir la vida a nuestra manera, no de la forma que Dios desea. Pensamos, en nuestra miopía de la Historia Secundaria, que Dios nos ha abandonado, nos ha dado la espalda. Sin embargo, en la Historia Primaria, la visión 20/20 de Dios siempre nos mantiene en su foco. Dios siempre está esperando que regresemos a él cuando andamos desviados. Como el Padre amoroso que es, extiende sus brazos y nos dice: «Yo te recuperaré. *Siempre.* No importa lo que hayas hecho. Te liberaré porque te amo».

CAPÍTULO 9

Las cosas que hacemos por amor

Las mujeres le decían a Noemí: «¡Alabado sea el Señor,
que no te ha dejado hoy sin un redentor!
¡Que llegue a tener renombre en Israel! Este niño renovará
tu vida y te sustentará en la vejez, porque lo ha dado a luz tu
nuera, que te ama y es para ti mejor que siete hijos».

—RUT 4:14-15

Cada vez que Rozanne y yo decidimos ver una película, nos enfrentamos a una gran decisión: las películas que nos gustan a los varones o las comedias románticas que les gustan a las mujeres. No me malinterpretes. Me gustan las películas donde hay tiroteos, artes marciales, espionaje, las de «salvar al mundo contra todo pronóstico», las películas tipo Balboa. Sin embargo, al hacerme mayor, mi corazón se ha vuelto sentimental y me muero por una buena historia de amor. Las películas como *Sleepless in Seattle* y *Breakfast at Tiffany's* me hacen llorar como un bebé.

La historia de Rut comienza con nuestra trama en progreso. Casi necesitas un diagrama para seguir el rastro de los personajes y los hechos dramáticos. Durante el período de los jueces (mira el último capítulo), una pareja de Belén —Noemí y Elimelec— se mudaron junto a sus dos hijos a una región llamada Moab, que no era parte de la nación especial de Dios. Al poco tiempo de llegar allí, Elimelec muere. Con el tiempo, los dos hijos se casan con dos mujeres moabitas —Orfa y Rut— y diez años más tarde los hijos fallecen también. ¿Todavía me sigues?

Noemí decide que no hay razón para permanecer en Moab. La única razón que existió para mudarse allí había sido el hambre reinante en su tierra natal. Así que una vez que Noemí supo que el hambre se había terminado, empacó sus cosas y salió rumbo a Belén. Cuando ella ve que sus nueras estaban siguiéndola, les dice que regresen con sus madres y luego las despide. Noemí debe haber sido una muy buena suegra, dado que las dos mujeres más jóvenes lloraron y le imploraron que las dejara ir con ella. Una vez más Noemí les dice que estarán mucho mejor quedándose en su tierra, donde hallarán con más facilidad un par de lindos chicos moabitas y podrán volver a casarse.

Orfa acepta quedarse, entre lágrimas y con renuencia, pero Rut se rehúsa con fuerza, negándose a dejarla y haciendo una de las declaraciones más bellas de lealtad y amor que jamás se hayan escrito: «¡No insistas en que te abandone o en que me separe de ti! Porque iré adonde tú vayas, y viviré donde tú vivas. Tu pueblo será mi pueblo, y tu Dios será mi Dios. Moriré donde tú mueras, y allí seré sepultada. ¡Que me castigue el Señor con toda severidad si me separa de ti algo que no sea la muerte!»[1].

Aparte del simple poder y la belleza del discurso de Rut, este resulta notable en otro nivel. Históricamente, Moab había sido enemigo de Israel. A pesar de que las dos naciones disfrutaban de un extraño período de paz en ese tiempo, los enemigos tienen recuerdos de larga data. Rut debió haber sabido que era peligroso para una moabita entrar a Belén, pero eso no la detuvo. Ni tampoco el hecho de que tanto ella como su suegra eran viudas. La vida para ella debió haber sido difícil, ya que Noemí no tenía nada para darle. Si Rut se quedaba en Moab, probablemente habría tenido una familia extendida que pudiera prodigarle cuidados.

¿Y este Dios con el que ella se había comprometido podría llegar a ser su Dios? Como moabita, a Rut le deben haber enseñado a adorar al dios Quemos, un acto que los israelitas consideraban no solo idólatra, sino además abominable. Rut estaba dispuesta a volverse del dios que adoraba y creer en el Dios que le debe haber parecido cruel o al menos indiferente a la situación dura que ella y Noemí atravesaban. Según su suegra, este Dios era responsable de permitir la muerte de Elimelec.

Al tratar de disuadir a Rut de venir a Belén con ella, Noemí le advierte que las cosas estaban mal porque Dios se había vuelto en su contra. Cuando finalmente llegan a Belén, Noemí se queja con algunas viejas amigas que la reconocen: «Me fui con las manos llenas, pero el Señor me ha hecho volver sin nada. ¿Por qué me llaman Noemí si me ha afligido el Señor, si me ha hecho desdichada el Todopoderoso?»[2].

Así que ahí está ella, una viuda de un territorio enemigo con una mujer desolada cuyo Dios aparentemente la había abandonado.

¡Todos estos sucesos ocurren en tan solo el primer capítulo! Desde la visión de la Historia Secundaria, el argumento del libro de Rut tiene algunas vueltas. Primero, Noemí y su esposo tomaron una mala decisión al establecerse en un país pagano que una vez había sido un enemigo acérrimo. Segundo, sus hijos violaron la enseñanza de Dios de que los israelitas no debían casarse con nadie de otras naciones. Y por último, no tenía sentido para Rut viajar con su suegra hasta Belén. Si has estado prestando atención, sabes que cuando las cosas se ponen un poco confusas, Dios por lo general está tramando algo.

Y en este caso, ciertamente lo está. Las dos mujeres llegan a Belén durante la estación de la cosecha, la cual ofrece una manera de que estas dos pobres damas ganen algo de dinero. Según las instrucciones de Dios, los agricultores acaudalados tenían que dejar que los pobres espigaran los campos, siguiendo un poco detrás a los cosechadores y recogiendo los granos que se les caían. Rut convence a Noemí de dejarla ir a espigar a un campo, una receta segura para tener problemas. Belén era una aldea relativamente pequeña donde todos se conocían y en especial notaban la presencia de los extranjeros. Una mujer soltera espigando en un campo presentaba un cierto riesgo, pero una mujer soltera de un estado enemigo sería blanco del acoso (o algo peor). Imagina que una mujer que viste un *burka* se detiene para recoger los sobrantes del maíz en el campo de un granjero en Iowa. ¿Puedes decir que existe «seguridad nacional»? Si Dios está realmente tramando algo, entonces va a exigir algún riesgo de parte de nuestra heroína.

Resulta ser que de todos los campos que hay en los alrededores de Belén, Rut sin saberlo escoge uno cuyo dueño es pariente del suegro que ella nunca conoció, el esposo fallecido de Noemí. El nombre de este pariente es Booz, y cuando él descubre que ella es la viuda moabita que acompañó a Noemí de regreso a Belén, la inunda con su bondad. La invita a recoger todas las espigas que desee y a beber de las vasijas de agua que les daba a sus obreros, advirtiéndoles además a sus hombres que no le pongan una mano encima. Incluso les dice a sus empleados que deliberadamente dejen caer algunos granos extras para que Rut no tenga que trabajar tanto.

¡Rut está anonadada! Ella conoce su estatus. Los extranjeros nunca eran tan bien tratados, y cuando corre a casa a contarle a Noemí las noticias, la mujer mayor comienza a saborear la esperanza por primera vez en años. De inmediato capta la visión de Dios de un final feliz, una de esas intersecciones donde parecen unirse bellamente la Historia Secundaria y la Primaria. Así que la mujer anciana asume el rol de una casamentera judía sacada directamente de *El violinista en el tejado*.

Ella le dice a Rut que tome una ducha, se aplique algo de Chanel No. 5 y se coloque sus mejores atuendos del Sabbat. Luego debía ir al lugar de Booz esa noche y representar su parte de *La Cenicienta*. Tenía que esperar hasta que él terminara de comer (nunca hay que acercarse a un hombre que tiene el estómago vacío). Después que se fuera a la cama, ella debía entrar con sigilo, destaparle los pies y recostarse en la parte inferior de su lecho. Booz entendería exactamente lo que Rut hacía.

Y Rut sigue al pie de la letra las inspiradas instrucciones de su suegra. No te preocupes, no resulta tan seductor como suena. Su comportamiento en realidad era una forma respetuosa no verbal de comunicarle su disponibilidad y su interés en el matrimonio. No se le está insinuando o entregando, como si fuera un amante adinerado. Rut definitivamente está siendo más «valiente y hermosa» que «joven e impaciente».

Cuando Booz se despierta, sorprendido por la aparición de esta extranjera que acampaba a los pies de su cama, le pregunta quién es, a lo que su admiradora secreta le responde: «Soy Rut, su sierva. Extienda sobre mí el borde de su manto, ya que usted es un pariente que me puede redimir»[3]. La palabra utilizada para «manto» en el hebreo es la misma palabra que usamos para «ala». Cuando Rut conoció a Booz, él se refirió a las alas de Dios proveyéndole a ella un lugar de refugio. Rut ahora le está pidiendo a Booz que se convierta en el ala de Dios para ella de forma permanente. Y él acepta. Booz ejerce su obligación y ellos se casan. Él compra no solo la tierra del marido fallecido de Rut, sino la de su hermano y la de Elimelec también. Arriesgando sus propios bienes, Booz redime todo.

¿Qué mueve a Booz a cambiar su atención de sus necesidades y deseos egoístas para ayudar a una forastera? *Resulta que Booz*, el ahora fuerte, adinerado y respetado hombre de Belén, sabe lo que es ser un extranjero. Sabemos por Mateo 1 en el Nuevo Testamento que la madre de Booz es Rajab, la ramera[4]. Rajab era la prostituta cananea que les dio refugio a los espías de Josué cuando estaban reconociendo la tierra. Ella arriesgó su vida y como resultado fue adoptada en la familia de Israel[5]. Booz tiene en su corazón el deseo de prestarle ayuda a alguien que se encuentra fuera. *Y resulta ser* que esa persona es Rut.

Rut y Booz tienen un niñito. El muchacho no lo sabe, pero él hereda la tierra de su «padre» Majlón (el hijo de Noemí y el esposo fallecido de Rut), a quien nunca conoció. Como resultado, continúa el nombre de la familia gracias al amable acto de Booz.

Las mujeres de la ciudad le dijeron a Noemí: «¡Alabado sea el Señor, que no te ha dejado hoy sin un redentor!»[6]. En la Historia Secundaria, Noemí pensaba que su vida estaba acabada; creía que Dios se había olvidado de ella. Sin embargo, se había equivocado. Noemí tomó a su nieto y lo acunó sobre su regazo; era la prueba viviente de que Dios nunca la había abandonado. El nombre del pequeño heredero fue Obed, que significa sencillamente «trabajador». Noemí se había visto forzada a vender la tierra porque no podía trabajarla. Dios había provisto el trabajador que ella necesitaba para cuidar de la tierra en su Historia Secundaria.

Tan sobrecogedor y sorpresivo como es el relato, las buenas noticias no terminan aquí. Hay más en la Historia Primaria. Al final del libro de Rut se nos da la genealogía de la familia de Booz. Así nos enteramos de que Obed creció y tuvo un hijo llamado Isaí. Isaí creció hasta tener un hijo llamado David. Veintiocho generaciones más tarde, un pequeño niño llamado Jesús nació en un establo en la ciudad de Belén.

Jesús es el supremo Tutor-Redentor. Él redimirá a todo aquel que quiera ampararse bajo las alas de su perdón, aun a los extranjeros. ¡Jesús vino al mundo a través de la familia de una forastera llamada Rut!

Dios estaba trabajando detrás de bambalinas en las vidas de Rut y Noemí en la Historia Secundaria para proveerles un hijo que pudiera redimir la tierra. Dios también estaba trabajando detrás del escenario en las vidas de Rut y Noemí en la Historia Primaria para proveerles un Hijo que pudiera redimir al mundo.

Dios se salió de sus patrones para incluir a una extranjera, una moabita pagana, en el linaje de Jesús. Esto es para nosotros un indicio de que la salvación de Dios sería para todos los pueblos. En la Historia Primaria, Dios redimió sus vidas y los aceptó como suyos, y continuó llevando a cabo su plan de unir la brecha existente entre él y sus hijos. La Biblia prefigura cada vez más al Mesías venidero, el Hijo amado de Dios, que se sacrificará de una vez y para siempre, para que podamos gozar de una relación restaurada con el Padre.

Ahora mismo tu historia puede parecer un poco desesperanzadora y amarga al gusto. Puedes sentir que estás viviendo una novela, con una crisis tras otra y una constante confusión en las relaciones. No obstante, tan solo recuerda que si amamos a Dios y alineamos nuestra vida con sus propósitos, así como se nos recuerda en Romanos 8:28, Dios hará que todo ayude para bien. ¡Dado que ya sabemos cómo termina la Historia, podemos esperar con paciencia que Dios desarrolle su buen plan para nosotros!

CAPÍTULO 10

Obediencia real

Del Señor son los fundamentos de la tierra;
¡sobre ellos afianzó el mundo!
Él guiará los pasos de sus fieles,
pero los malvados se perderán entre las sombras.
—1 SAMUEL 2:8-9

Siendo un estudiante de secundaria allá por la década de 1970, pagué el precio por lucir moderno, como todos los demás. Los gurúes de la moda incluían en la lista de cosas obligatorias el cabello largo, pantalones campana, zapatos de plataforma y camisas de solapa ancha. Yo no quería ser diferente a los otros chicos, de modo que usaba el uniforme de moda. En ese tiempo pensaba que era bastante seductor. Ahora miro las fotografías y me avergüenzo de lo ridículo que parecía.

En realidad, los estilos por esa época eran tan ridículos que nunca pensé que los vería regresar mientras viviera. Nadie sería víctima de esos conjuntos de ropa por segunda vez, ¿no es cierto? Sin embargo, justo cuando pensé que era seguro retirar mi símbolo de la paz, veo a mis hijos en la secundaria pavoneándose con sus jeans acampanados y sus camisetas teñidas otra vez. Todo regresa. Sin dudas, su generación volverá a mirar estas decisiones de la moda con el mismo desdén que yo siento ahora.

Muchas cosas dependen de lucir moderno y encajar en la sociedad, en especial durante los primeros años de la adolescencia. Queremos que todos sepan que somos tan geniales como ellos, tenemos los mismos gustos, podemos afrontar los gastos de usar lo último de la moda y sabemos dónde ir de compras. Y como vamos a ver, no solo los estudiantes quieren encajar. Los hijos de Israel pasaron por su etapa de secundaria también, ya que en todo lo que podían pensar era en cómo parecerse a los demás.

Este capítulo en la saga de la construcción de la nación de Dios comienza con un suceso feliz. Dios abre el vientre de una mujer llamada Ana y le da el hijo que tanto ansiaba tener. Ella con mucho atino le llama Samuel, que en hebreo significa «Dios escucha». Ana sabía que Dios había escuchado el clamor de su corazón y le había dado esta nueva vida, este precioso varón. Ella siente el gozo que disfrutamos en nuestra Historia Secundaria cuando Dios nos concede los deseos de nuestro corazón.

Cuando el niño fue destetado, Ana se lo llevó a Elí, el sacerdote del templo, para que lo entrenara allí. Cada año la madre le hacía una pequeña túnica y se la llevaba. Aunque ella extrañaba estar con su hijo a diario y verlo crecer, estaba muy ocupada con los otros cinco hijos que Dios le había concedido a esta mujer una vez estéril.

Así como la túnica que su madre le hacía cada año se agrandaba, también lo hacía la misión que Dios tenía en mente para Samuel. Según la perspectiva de la Historia Primaria, Dios estaba preparando al joven para liderar a Israel aun en medio de la dificultad de su propia adolescencia.

Samuel entra en escena durante uno de esos períodos de desorden en la nación escogida de Dios. Habían sido atacados dos veces por unos enemigos conocidos como los filisteos, los cuales durante la segunda batalla se robaron el arca del pacto. Dios permitió que los israelitas fueran derrotados por causa de su desobediencia y sus líderes corruptos. Samuel sustituyó a su mentor Elí, que murió cuando supo que el arca sagrada se encontraba en manos paganas.

A estas alturas, es probable que todo empiece a sonar como el tema trillado de siempre. Justo cuando las cosas comienzan a acomodarse y el pueblo de Dios empieza a comportarse, vuelven a lo mismo de antes. Samuel había elegido a sus dos hijos para dirigir la nación, y ellos básicamente hicieron que la política del Congreso de los Estados Unidos pareciera un picnic de la Escuela Dominical. ¡Qué decepción debe haber sido para Samuel, dado que ellos eran cualquier cosa menos piadosos! Según dice la Biblia, «ambos se dejaron guiar por la avaricia, aceptando sobornos y pervirtiendo la justicia», y usando su posición para llenarse los bolsillos[1]. Tal vez los líderes de las otras naciones fueran corruptos, pero la nación de Dios estaba llamada a ser diferente.

Los consejeros espirituales de Samuel sabían que los dos hermanos tenían que ser removidos de sus puestos, así que lo citan a una reunión para convencerlo de que tiene que hacer un cambio. Traen el diagnóstico preciso, pero la solución incorrecta: «Tus hijos no siguen tu ejemplo. Mejor danos un rey que nos gobierne»[2].

Samuel lo toma como una afrenta personal —un desafío a su liderazgo— y busca el consejo de Dios. Básicamente, Dios le dice: «No se están rebelando contra ti, sino contra mí, y lo han hecho una y otra vez desde que los rescaté de Egipto. Diles que pueden tener su rey, pero que esto les va a costar caro». Cuando Samuel vuelve a sus consejeros y les dice que la vida bajo un rey los va a limitar en sus libertades y someterá a sus hijos al servicio del monarca, todavía siguen pidiendo uno, dando al final la verdadera razón: «Así seremos como las otras naciones».[3]

Resulta un poco cómico, pero sobre todo es triste, ¿no es cierto? Ese es el precio que están dispuestos a pagar para ser como los demás. En la Historia Secundaria, todas las otras naciones de los alrededores tienen reyes, pero los israelitas solo contaban con sacerdotes y profetas que los guiaban. Gente religiosa. Los reyes vestían ropas regias y coronas llenas de joyas; las vestiduras sacerdotales eran bastante simples e insulsas en comparación. Los reyes podían tomar decisiones en el momento; los líderes religiosos consultaban a Dios y analizaban el asunto entre ellos. Los reyes comandaban batallones numerosos de carrozas tiradas por caballos que llevaban a guerreros vestidos con armaduras y blandían espadas y lanzas; los líderes religiosos les decían a sus hombres que tocaran trompetas y gritaran o llevaran antorchas en vasos de barro.

¿Por qué no podemos ser como todos los demás?

Es simple. En la Historia Primaria de Dios, él quiere algo mejor para nosotros. Desea que seamos tan diferentes que atraigamos a otros hacia él y sus caminos. «Todos los demás», por cierto, tienen sus reyes, pero también muestran una idolatría rampante y un comportamiento salvaje. Adoran a dioses paganos y no buscan la guía del único Dios verdadero en cuanto a cómo vivir y tratarse mutuamente. Si los israelitas iban a ser «como los demás», ¿cómo podía Dios construir su nación? ¿Cómo serían capaces de atraer a los otros hacia él?

A pesar de las advertencias de Samuel, la gente todavía quería un rey, y como aprendimos antes, a veces Dios nos da lo que queremos, aun si no es lo que desea para nosotros. Él siempre prefiere que en nuestra Historia Secundaria hagamos las cosas a su modo, no por capricho, sino porque nos ama. Sabe que seguir su camino siempre hará nuestras vidas mejores, y eso es todo lo que siempre había querido para su nación especial.

Sin embargo, no siempre hacemos las cosas a su manera, lo cual nos vuelve desdichados. Esto no pone nervioso a Dios, porque no cambiará el resultado final de su Historia Primaria ni un poquito. Él *va* a edificar una nación, ya sea que lo obedezcamos o no. En última instancia encontrará una manera de hacer la única cosa que siempre ha querido hacer: vivir con nosotros en perfecta comunidad por siempre.

Así que a Samuel le toca hallar a un rey. Dios lo dirige hacia un hombre llamado Saúl, un hombre que claramente tiene un potencial real. Es «buen mozo y apuesto como ningún otro israelita, tan alto que los demás apenas le llegaban al hombro»[4]. Dios puede no haber querido que los israelitas tuvieran un rey, pero cuando finalmente se los concede, les da exactamente la clase de rey que ellos quieren. Un rey que luzca como un monarca por fuera. En nuestros días, diríamos que Saúl lucía «presidencial».

Samuel se encuentra con Saúl en una comida y le explica que Dios lo ha elegido para guiar a la nación de Israel. Lo envía a un retiro espiritual a fin de prepararlo para su desafiante misión. Cuando Saúl regresa, Samuel convoca a la nación y lo presenta como su nuevo rey. Después de una breve ceremonia, es puesto a prueba. Una nación vecina los amenaza con arrancarle el ojo derecho a todo israelita como una manera de deshonrarlos. (La guerra nunca es linda, pero en los tiempos antiguos era absolutamente horrenda). Saúl responde con rapidez y de un modo dramático. Su primera batalla como rey de Israel tiene como resultado una victoria contundente, y la nación, con los ojos intactos, regresa a su misión de establecer la reputación de Dios por toda la tierra.

Tan solo para asegurarse de no arruinar las cosas otra vez, Samuel llama a la nación y le da lo que resulta ser su discurso de despedida como líder, sus instrucciones finales para una nación que finalmente había obtenido lo que todos los demás tenían. Se trata de un discurso brillante que los lleva en un recorrido a través de su historia hasta la salida de Egipto y les recuerda las tantas veces que se olvidaron de Dios y sufrieron a causa de ello. Luego los reprende por ir en contra de los deseos de Dios al pedirle un rey. Debe haber sonado bastante convincente, porque ellos comienzan a arrepentirse por haber cometido un pecado tan gravoso contra Dios. No obstante, Samuel los reafirma diciendo que si obedecen a Dios y le sirven con fidelidad de todo corazón, todo estaría bien, porque Dios aun los amaba y no los rechazaría. Después de todo, él les dio su rey, ¿o no?

Luego del poderoso mensaje de Samuel recordándoles a los israelitas que Dios les había dado una segunda oportunidad y que todo lo que tenían que hacer para recibir sus bendiciones era honrarlo y obedecerlo, Saúl toma las riendas como rey y enseguida se olvida de todo lo que Samuel dijo. Durante su reinado, los israelitas le hacen la guerra a los filisteos. Más tarde, bajo las instrucciones divinas, su atención se vuelve hacia otro enemigo: los amalecitas. Cientos de años antes los amalecitas le habían preparado una emboscada a los israelitas cuando huían de Egipto, y Dios le había dicho a Moisés que escribiera estas palabras: «Yo borraré por completo, bajo el cielo, todo rastro de los amalecitas»[5].

Dios tiene cuentas que ajustar. Así que le dice a Saúl que ataque a los amalecitas y los extermine por completo. No debía tomar prisioneros ni nada que les perteneciera a estas personas. Sin embargo, Saúl no se puede resistir. El rey enemigo sería un gran trofeo, de modo que Saúl le preserva la vida y saquea sus ganados. Y cuando Samuel lo confronta con su desobediencia, Saúl trata de racionalizar en el momento, alegando que había tomado los animales no para sí mismo, sino a fin de usarlos como ofrendas sacrificiales para Dios.

Samuel no se traga el cuento: «El obedecer vale más que el sacrificio»[6]. Este es el comienzo del fin para Saúl.

Resulta fácil leer este relato desde la perspectiva de la Historia Secundaria y molestarse con la insistencia de Dios en que la nación amalecita tenía que desaparecer por completo. ¿Qué posible mensaje de la Historia Primaria podemos deducir a partir de esto? Aun más importante, ¿cómo se aplica ese mensaje aquí y ahora a la forma en que vivimos nuestra vida?

Creo que podemos ver dos mensajes de la Historia Primaria aquí: una advertencia y una instrucción. Samuel comparte con nosotros la advertencia que le hace a Saúl: «El que es la Gloria de Israel no miente ni cambia de parecer»[7]. Dios hará lo que dice que va a hacer, y si olvidamos esta verdad, los perjudicados seremos nosotros. Los amalecitas le habían cerrado el paso al pueblo escogido de Dios cuando eran solo unos esclavos vulnerables tratando de escapar de Egipto. La declaración de Dios acerca de que los amalecitas serían destruidos se esparció y transmitió de generación en generación. Salvarle el pellejo a Saúl por desobedecer a Dios habría sido considerar a Dios un mentiroso. Si bien es verdad que Dios es misericordioso, también es justo. Siempre nos recibirá cuando nos volvamos a él, pero no nos protegerá de las consecuencias de haber rechazado sus caminos.

El otro mensaje de la Historia Primaria radica en que el pueblo de Dios es llamado a ser distinto, a sobresalir estableciendo un contraste con los demás mientras refleja el carácter divino. Saúl no solo desobedeció a Dios, sino que sus acciones representaron al Señor de una manera incorrecta. Como el nuevo rey de la nación escogida de Dios, hizo que la gente tuviera una idea errónea de quién él era en verdad. Al saquear las costosas posesiones de los amalecitas, se hizo igual a los otros reyes. Es decir, no mostró nada especial acerca de *esta* nación.

Nos guste o no, aquellos que confiamos en Jesucristo somos sus testigos visibles. Así como Saúl y los israelitas eran los representantes de Dios, del mismo modo nosotros, las personas del Nuevo Testamento, somos los representantes de Dios hoy en día. Como aprenderemos más tarde en esta historia, la iglesia del Nuevo Testamento es llamada el «cuerpo de Cristo». La mayor parte de la gente en nuestro mundo obtendrá una apreciación de Dios a través de nosotros. Podemos llegar a ser la única Biblia que «lean» jamás. Nuestras interacciones con ellos pudieran ser la única vislumbre del gran diseño de Dios en su Historia Primaria.

Ya sea que estés en la escuela secundaria o anhelando un nuevo auto deportivo como el que tiene tu vecino, es mucho más fácil tratar de ser como los otros. Sin embargo, Dios quiere que seamos diferentes. No raros o excéntricos, sino distintos. Su Historia Primaria nos cuenta de su incansable búsqueda de personas que pueda unirse a esta comunidad perfecta, donde todos pasarán la eternidad con él. Al vivir espléndidamente *de manera diferente* a «todos los demás», les damos a otros una visión anticipada de lo que será la vida en esta comunidad. Dios no quiere que seamos como todos los demás, sino que desea que nos demos a conocer por nuestro amor. Él anhela que nos parezcamos a Jesús.

CAPÍTULO 11

Reyes y vaqueros

La gente se fija en las apariencias,
pero yo me fijo en el corazón.
—1 SAMUEL 16:7

Según la leyenda, la costumbre durante muchos años en las islas hawaianas era que el pretendiente pagara por el derecho de pedir la mano de su prometida en matrimonio entregándole ganado al padre de ella. La mayoría de las jovencitas en edad de casarse requerían dos o a veces tres vacas. Si una hija era un buen partido, podía exigir hasta cuatro vacas. Se dice que un padre en el pasado remoto recibió la cantidad increíble de *cinco* vacas por su sorprendentemente bella y encantadora hija.

Un isleño llamado Sam Karoo que tenía dos hijas tuvo que hacerle frente a un serio dilema. Nadie en la isla consideraba que su hija mayor fuera hermosa. Consciente de que su timidez y sus rasgos insulsos no eran dignos de recibir una propuesta de matrimonio, Sam había aceptado muchos años antes que probablemente no podría pedir tres vacas por ella. Soñó con dos, pero aceptaría conformarse con una. En realidad, si sabía que el hombre iba a tratarla bien, la dejaría casarse sin recibir ninguna vaca a cambio. Se sentía afortunado de que todo el mundo dijera que su hija *menor* era definitivamente una chica «de tres vacas».

Un día, Johnny Lingo, un hacendado pudiente, vino a hacerle una visita a Sam. Todos sabían que Johnny había sentado cabeza y suponían que venía a la casa de Sam para pedirle la mano de su hija menor. No obstante, para sorpresa de todos los de la aldea —y para deleite de su padre— Johnny vino por la hija mayor.

Esto era más de lo que Sam podía esperar. *Pediré tres vacas por ella después de todo.* Luego dejó volar su imaginación y llegó a pensar que tal vez podría recibir hasta cuatro vacas de manos de este pretendiente tan acaudalado. ¡Podrás imaginar la sorpresa de Sam cuando Johnny le trajo *diez* vacas por su hija!

Cuando la feliz pareja regresó de su luna de miel de un año, los aldeanos se quedaron anonadados por la diferencia en la presencia de la joven esposa. Poseía una belleza despampanante, gracia, aplomo, confianza en sí misma y seguridad. Todos pensaban que Johnny había pagado una bagatela al ofrecer solo diez vacas por su esposa.

Estaba más que claro que Johnny había visto a la hija mayor de Sam de una manera diferente que su padre y la otra gente de la aldea. Él vio más allá de la apariencia externa y reconoció la belleza de su corazón y su carácter. El precio que le dio a su verdadera belleza ayudó a su esposa a darse cuenta de su valía real. ¡En el momento en que él pagó las diez vacas, ella se convirtió en «una esposa de diez vacas»!

A veces es otro el que tiene que decirnos lo que valemos antes de que podamos darnos cuenta por nosotros mismos. Este fue el caso de un cierto joven pastor de ovejas llamado David, quien descubrió su verdadera identidad como un hombre conforme al corazón de Dios.

En el capítulo anterior vimos que Israel deseaba un rey para poder ser como las otras naciones. Dios lo permitió, y ellos eligieron a Saúl —«buen mozo y apuesto como ningún otro israelita»— ¡seguramente un rey de cinco vacas!

Desafortunadamente para el pueblo de Israel, Saúl no alineó su vida o gobernó a la nación según los principios de Dios. Él se rehusó a aceptar su rol en la Historia Primaria. Su desobediencia envió un mensaje contradictorio acerca de la naturaleza y el carácter del Dios de Israel. En vez de que las naciones vecinas vieran a Dios como santo, justo, amoroso y lleno de gracia a través del liderazgo de Saúl, ellas vieron a Dios como cruel, vengativo y codicioso. Por supuesto, Dios no podía permitir esto, de modo que le comunica al profeta Samuel que es tiempo de encontrar otro rey, uno que represente el corazón y la pasión de Dios.

Bajo la orden directa de Dios, Samuel va a la casa de Isaí, en Belén. Dios le muestra que uno de los hijos de Isaí sería el próximo rey de Israel. Samuel llena su cuerno con aceite y se marcha en lo que parece ser una misión bastante clara y concisa.

Cuando Samuel llega y explica su misión, Isaí coloca en línea a sus siete hijos de mayor a menor. Samuel recorre la hilera, uno por uno, pero no se siente guiado a ungir a ninguno de estos como el siguiente rey de Israel. Perplejo, Samuel pregunta: «¿Son éstos todos tus hijos?»[1].

Isaí admite que tiene un octavo hijo llamado David, pero que no había pensado en mandarlo a buscar al campo donde cuidaba a las ovejas porque no piensa que tenga alguna posibilidad. La palabra hebrea que Isaí usa para describir a este hijo menor se puede traducir en castellano como «enano». Como la hija poco atractiva de Sam, David es el «pequeño de la camada», un buen chico, pero no un aspirante a una vaca, mucho menos a un reino.

David viene del campo para encontrase con el famoso profeta, y antes de que se dé cuenta, Samuel derrama el aceite sobre la cabeza del muchacho. Dios confirma que David será el próximo rey de Israel: «Éste es»[2]. David es apenas un chico de dieciséis años. Y hay una gran diferencia entre ser ungido como rey o ser investido como tal. David es la elección de Dios, pero el joven tiene que esperar hasta el día futuro en que de veras va a convertirse en rey. Sin embargo, los beneficios comienzan de inmediato. Se dice que desde el momento en que David es ungido con el aceite, el Señor está con él.

¿Qué es entonces lo que Dios ve en el interior de David? ¿Qué es lo que Dios busca cuando mira dentro de *tu* corazón? «He encontrado en David, hijo de Isaí, un hombre conforme a mi corazón; él realizará todo lo que yo quiero»[3]. Esa es la clase de persona con quien Dios desea construir su nación. Dios quiere que nuestras prioridades sean las suyas, que nuestra lealtad hacia él sea total. Saúl estaba *casi* comprometido por completo, pero se guardada una pequeña partecita del control para sí mismo. Retenía su lealtad solo un poquito, pensando que no importaría. No obstante, sí importaba.

El *casi*, nunca funciona con Dios. ¿Por qué? Porque él sabe que nunca podremos experimentar su bendición plena si vacilamos un poco. No soy jugador, pero confieso que en ocasiones me he detenido a observar algunos de esos torneos de póquer televisados mientras cambio de canales. Para ser franco, casi nunca captan mi atención porque no tengo idea de lo que está pasando, solo sé que hay un montón de dinero en juego y la verdadera habilidad proviene de cuánto puedes «embaucar» a tus contrincantes. Sin embargo, hay una movida más que capto, el momento en que uno de los jugadores dice: «Lo apuesto todo», y arrastra toda su pila de fichas hasta el centro de la mesa. Es todo o nada. Ganar en grande o irse a casa.

En el póquer, «apostarlo todo» es un gran riesgo. Con Dios, es algo seguro. Es la transacción que Dios nos propone y se recompensa con la vida misma. Hasta este día, la mayoría de los judíos por lo regular citan su declaración de «apostarlo todo», a la cual le llaman la Shemá: «Escucha, Israel: "El Señor nuestro Dios es el único Señor. Ama al Señor tu Dios con todo tu corazón y con toda tu alma y con todas tus fuerzas"»[4].

A lo largo de toda la Biblia, esta posición de «apostarlo todo», de un compromiso total con el Señor, se repite para recordarnos que el «casi», no funciona con Dios. No obstante, a diferencia del póquer, donde todo lo que apuestas y pierdes es tu dinero, un fallo en «apostarlo todo» con Dios tiene consecuencias devastadoras:

> «Este mandamiento que hoy te ordeno obedecer no es superior a tus fuerzas ni está fuera de tu alcance.
>
> »Hoy te doy a elegir entre la vida y la muerte, entre el bien y el mal. Hoy te ordeno que ames al Señor tu Dios, que andes en sus caminos, y que cumplas sus mandamientos, preceptos y leyes. Así vivirás y te multiplicarás, y el Señor tu Dios te bendecirá en la tierra de la que vas a tomar posesión.
>
> »Pero si tu corazón se rebela y no obedeces, sino que te desvías para adorar y servir a otros dioses, te advierto hoy que serás destruido sin remedio. No vivirás mucho tiempo en el territorio que vas a poseer luego de cruzar el Jordán»[5].

Saúl se negó a apostarlo todo, y eso le costó su trono. Cuando Dios miró el interior del corazón de David, vio que era un muchacho capaz de «apostarlo todo». Donde los demás veían a un pastor cubierto de polvo y mugre, Dios vio a un chico que había hecho todo su esfuerzo para proteger y cuidar las ovejas de su padre. Cuando llegamos a conocer mejor a David, sabemos que en dos ocasiones el rebaño que cuidaba fue atacado por animales salvajes: un oso y un león. Arriesgando su propia vida, peleó con esas bestias con sus propias manos y rescató a las ovejas. Esa es la clase de rey que Dios estaba buscando. Si él llegaba a tanto para rescatar a un animal, solo piensa lo lejos que iría con tal de guiar y proteger a la nación especial de Dios.

Y según resultó todo, no se precisó mucho tiempo para que el corazón de David se pusiera en acción a favor de Israel.

Israel se encontraba en guerra con los filisteos y las cosas no estaban marchando bien. Los filisteos tenían lo que podemos llamar un «as», una especie de arma secreta. Por ejemplo, digamos que estás en una liga de básquetbol recreativo donde todos tienen más o menos la misma edad y habilidad, excepto por un equipo que salió a reclutar a una antigua estrella del básquetbol universitario que es quince centímetros más alto que el más alto de tus jugadores. Este muchacho sería considerado un as, y los filisteos tenían uno así, extremadamente alto, llamado Goliat.

Probablemente ya sepas cómo continúa la historia. Goliat se burla del ejército de Saúl todos los días porque ellos son muy cobardes como para pelear contra él. Isaí envía a David a las líneas de combate a llevarles alguna comida casera a sus hermanos. David oye a Goliat desafiando a los israelitas y se ofrece para ir a pelear contra este odioso gigante. Cuando Saúl finalmente accede, David rechaza su oferta de usar la armadura real y en cambio escoge unas piedritas lisas y toma su honda.

El resto, como dicen, es historia. Un disparo y Goliat, el gigante de dos metros ochenta, cae muerto. Israel vence a los filisteos porque un adolescente confía en Dios. Cuando Goliat se preparaba para aplastar a David, el pastorcito le grita con confianza al enemigo: «Tú vienes contra mí con espada, lanza y jabalina, pero yo vengo a ti en el nombre del Señor Todopoderoso»[6].

¡Hablando de «apostarlo todo»! David no confía *solo en parte* en Dios. No les pide a algunos soldados que lo cubran con sus lanzas. Para él el asunto no tenía mucho problema: *Dios nos salvará*.

Habiendo sido ungido por Samuel y luego acabando con al arma secreta del enemigo, podrías pensar que fue coronado de inmediato. Sin embargo, eso no estaba en el plan de Dios todavía. David solo tenía dieciséis años. Durante los próximos catorce años él aprendería más acerca de la perseverancia y la confianza en Dios cuando Saúl, celoso y rechazando cada vez más los caminos de Dios, intenta matarlo. No obstante, al final es coronado como rey de Israel y demuestra ser el gran líder que Dios quería para su reino. En este ínterin, David bien podría haber exigido privilegios reales o jugado el rol del héroe célebre, pero no lo hizo. Él sigue atendiendo las ovejas de su padre y escribiendo poesía (¿tal vez hayas oído hablar de los Salmos?), actuando más como un vaquero que como un rey. Él confía en Dios con toda valentía cuando tiene que enfrentar a un gigante. Y también confía en Dios durante el tiempo de espera hasta que llegue a ser rey.

En nuestras Historias Secundarias, a menudo nos vemos a nosotros mismos como no merecedores, como pequeños mequetrefes «no dignos de siquiera una vaca». Como si solo fuéramos buenos para tener las manos sucias y cuidar el ganado. No estamos hechos de la clase de material que se precisa para llegar a ser reyes. Es posible que digas: «Dios no puede usarme para construir su nación perfecta porque no tengo un título del seminario». O que pienses que no eres un orador dinámico. O que no tienes empleo. O que tu matrimonio falló. O que no has sido un seguidor de Jesús desde tu niñez.

Sin embargo, Dios todavía tiene gigantes que matar. Aún tiene planes grandes, formidables y audaces que cumplir, los cuales necesitarán a alguien como David para ser llevados a cabo. La inverosímil llegada del niño pastor al poder nos recuerda que Dios a menudo usa en la Historia Primaria a los que nadie tiene en cuenta para hacer avanzar su plan. Él no se deja impresionar por los títulos, los rangos o el estatus, sino que mira el corazón para encontrar a las personas que puede usar. Él sabe que tan solo con *nuestra* disposición a apostarlo todo por él y *su* poder para transformar a simples pastores en reyes, nada es imposible.

CAPÍTULO 12

Un error del tamaño de un rey

Crea en mí, oh Dios, un corazón limpio,
y renueva la firmeza de mi espíritu.
No me alejes de tu presencia
ni me quites tu santo Espíritu.
Devuélveme la alegría de tu salvación;
que un espíritu obediente me sostenga.

—SALMO 51:10-12

Hace muchos años, un niño vivía en el interior del país, en una parte rural del oeste de Texas (probablemente estés pensando: «¿Acaso no es rural *todo* Texas»?). Como instalaciones sanitarias, la familia debía usar un baño exterior, y el niño lo detestaba porque hacía mucho calor en el verano, frío en el invierno, y apestaba todo el tiempo. El sanitario estaba a la orilla de un riachuelo, y el niño fantaseaba con que su baño portátil se cayera al agua.

Pues bien, una noche después de una fuerte lluvia de primavera, el pequeño río se puso tan revuelto que el niño decidió que era la oportunidad justa para deshacerse del baño portátil. Tomó un tablón viejo del granero y lo usó a modo de palanca gigante, empujándolo hasta que el artefacto se cayó hacia atrás y dio a parar al agua, donde se alejó flotando.

El niño se preguntaba cuánto tiempo pasaría antes de que todo se supiera, y la verdad es que no tuvo que esperar mucho. Esa noche su padre le dijo que iban a ir hasta el cobertizo de leña después de la cena. Sopesando las opciones, el niño decidió hacerse pasar por inocente y preguntó por qué. Su padre le respondió: «Alguien tiró el inodoro al río hoy. Fuiste tú, ¿no es cierto hijo?».

El niño pensó por unos instantes, cambió de estrategia y respondió: «Sí». Después de una pausa continuó: «Papi, la semana pasada leí en la escuela que George Washington derribó un cerezo y no tuvo problemas porque dijo la verdad».

Su padre le contestó: «¡Bueno hijo, es que el padre de George Washington no estaba dentro de ese cerezo!».

Aunque tal vez nunca hayas tirado un baño al río con tu padre adentro, todos nosotros podemos identificarnos con esta historia al menos de tres maneras. Primero, hay algo dentro de nosotros que quiere hacer las cosas a nuestro modo, sin importar cuáles sean las consecuencias. La Biblia se refiere a esto como el ámbito de «la naturaleza pecaminosa» o «la carne». Segundo, nuestra falta de bondad afecta a otras personas, no solo a nosotros. Y de igual manera, la mayoría de nosotros hemos estado en muchos inodoros portátiles que han sido arrojados al río por otros pecadores. Finalmente, nadie se sale con la suya cuando mantiene sus actos pecaminosos en secreto. En realidad, a menudo acabamos pecando más, mintiendo y engañando para encubrir la realidad de nuestras malas decisiones.

Cuando observamos el progreso de David como rey de Israel, descubrimos que tuvo sus problemitas por querer obtener lo que deseaba. Al principio las cosas no podrían haber sido mejores para David o Israel. Después de ser ungido como rey, parece que todo lo que intenta hacer le sale bien. Israel había recibido muchos ataques de los ejércitos invasores, pero bajo su liderazgo su ejército acumula una serie impresionante de victorias, que incluyen derrotar dos veces a los feroces filisteos y hasta libertar a Jerusalén de la mano de hierro de los jebuseos. En una sola batalla —contra los arameos— el ejército de David mató a cuarenta mil soldados. Tan impresionante es esta victoria que todos los otros reyes que apoyaban a los arameos se rindieron e hicieron la paz con Israel.

Sin embargo, David es más que un gran líder militar. Recuerda que Dios lo escogió por la inclinación de su corazón hacia él, y es este corazón tierno lo que le permite a David liderar a su pueblo también en lo espiritual. Bajo su liderazgo, el arca del pacto vuelve a Jerusalén, un hecho de tal magnitud que los israelitas lo celebraron con un desfile que podría opacar a los grandes desfiles que la tienda Macy's realiza para el Día de Acción de Gracias. La Biblia dice que David «se puso a bailar ante el Señor con gran entusiasmo» mientras el arca entraba a Jerusalén[1]. Ahora la ciudad no solo es la capital nacional de Israel, sino también su capital espiritual.

Todo por la entrega del corazón de David al Señor.

David, el pastor lleno de polvo, se ha convertido en el hombre del renacimiento de Israel. Es un guerrero feroz, un habilidoso poeta y un rey compasivo que ama a Dios y le sirve con intensa pasión. Bajo su liderazgo Israel prospera. El ejército continúa derrotando a todo enemigo que se atreve a atacarlos. La vida es bella para David.

Hasta que él decide derribar el sanitario portátil.

Esto sucede una tarde de primavera en la que David no puede dormir. Después de caminar de un lado a otro, sube a la terraza a tomar algo de aire fresco y de repente nota a «la vecina de al lado». Ella se está dando un baño y es muy hermosa (David no puede evitar mirarla).

Hasta este punto creo que podríamos ser un poco comprensivos con David. Él no está afuera en el terrado con unos lentes binoculares o una cámara, explorando el vecindario. Si hubiera observado a esta bella mujer y regresado adentro sin ninguna otra reacción, sospecho que no habría hecho nada malo.

Sin embargo, David no solo la contempló; de inmediato quiso tenerla. En ese mismo instante y sin importar el costo. De modo que envía a uno de sus sirvientes a averiguar quién es ella: Betsabé, esposa de Urías, uno de sus leales soldados que en esos momentos se encuentra lejos en la guerra peleando para su rey. A continuación, la situación se convierte en un episodio bíblico de *Amas de casa desesperadas*. David envía a un mensajero a traerla, duerme con ella y la manda de vuelta a casa. Un poquito después, Betsabé le hace saber a David que está embarazada.

Todo sucedió así de rápido.

En un momento, David es el rey apreciado por Dios de la nación especial que está construyendo, un hombre justo con un corazón para el Señor. Al minuto siguiente, se encuentra andando por sus propios caminos, buscando satisfacer sus apetitos. ¿En qué estaba pensado? ¿Cómo puede alguien tan dedicado a Dios bajar la guardia tan rápidamente? Se trata de una de esas tragedias de la Historia Secundaria, y todavía suceden hasta el día de hoy.

Probablemente hayas oído la expresión: «Mientras más alto uno se halla, más dura es la caída». Uno de los mayores peligros del éxito es que nos vende la falsa idea de que ya no necesitamos más a Dios. Piensa en aquellos grandes líderes en el gobierno, los negocios, la industria del entretenimiento y los deportes que han caído por causa de sus elecciones inmorales. En casi todos los casos, esos hombres y mujeres lo tenían todo, al igual que David. Éxito, dinero, poder, fama. Cuando las cosas salen de maravillas —cuando todo anda mejor de lo que jamás podríamos haber soñado— hay que tener cuidado. Ahí es cuando somos más propensos a tomar las cosas en nuestras manos y pensar que merecemos tener lo que queremos.

Creemos que podemos derribar un baño portátil sin que nadie se dé cuenta.

Y con David la cosa se puso peor. Este rey y poeta que una vez escribió: «Apártate del mal, y haz el bien; busca la paz, y síguela»[2], ahora se encuentra envuelto en un escándalo y hace lo que la mayoría de las personas hacen cuando han cometido un error y temen que sea expuesto. Él planea cómo encubrirlo, elabora un plan que está muy por encima de las tretas más diabólicas que uno jamás pudiera llegar a concebir. Envía a Urías —el esposo de Betsabé y un soldado leal de gran integridad— a la batalla, y luego de forma secreta le dice a su comandante que lo ponga en la primera línea de combate, donde seguramente moriría. Con Urías fuera de escena, David se casa con Betsabé, ella tiene a su bebé y él esquiva el problema.

No exactamente.

Con Dios no hay encubrimientos, y en el caso de David, su secreto no se puede ocultar por mucho tiempo. Un profeta llamado Natán lo confronta con su pecado, recordándole que no pecó solo contra Betsabé y Urías, sino contra Dios mismo. David cometió un error y empeoró las cosas al tratar de taparlo, como si pudiera estar por encima de la ley de Dios.

Así que el secreto de David aflora, ya que toda acción pecaminosa a la larga sale a la luz. Al igual que Saúl, lo echó todo a perder y arruinó su habilidad de liderar a la nación de Israel, ¿no es cierto? No, hay una diferencia crucial, y tiene que ver con la actitud de David.

Cuando Samuel confrontó a Saúl con respecto a su desobediencia, él trató de racionalizar su conducta y poner excusas. Nunca se responsabilizó por su pecado completamente. Aun si pensamos que su pecado parece ser menos atroz que el de David (aunque no hay una jerarquía de pecados a los ojos de Dios, ya que todos nos hemos desviado de su santidad), Saúl era demasiado orgulloso para admitir que había actuado mal.

David, por otra parte, responde a la acusación de Natán con estas palabras: «¡He pecado contra el Señor!»[3]. Y dice la verdad. Asume la responsabilidad total del error en sus caminos, admitiendo que había hecho mal. Al buscar el perdón de Dios, David escribe uno de los más hermosos poemas de todas las Escrituras. Este comienza así:

> Ten compasión de mí, oh Dios,
> conforme a tu gran amor;
> conforme a tu inmensa bondad,
> borra mis transgresiones.
> Lávame de toda mi maldad
> y límpiame de mi pecado[4].

Dios sabe que romperemos sus reglas. Reglas que él estableció para ayudarnos a vivir bien y tratar a los demás con amabilidad y respeto. Cuando eso sucede le rompemos el corazón, pero tal cosa no le impide darnos el más notable don que puede dar: el *perdón*. No obstante, él solo puede hacerlo si reconocemos lo que hemos hecho y nos negamos a racionalizar para salvar nuestra responsabilidad. Una de las promesas más grandes de la Biblia es esta: «Si confesamos nuestros pecados, Dios, que es fiel y justo, nos los perdonará y nos limpiará de toda maldad»[5]. Dios está más interesado en cómo respondemos cuando quebramos las reglas que en simplemente castigarnos por desobedecer. Él quiere saber lo que hay en nuestro corazón, si somos humildes y estamos dispuestos a aprender de nuestros errores, o si somos orgullosos y estamos a la defensiva, haciendo caso omiso a nuestra necesidad de la misericordia y el amor de Dios. A pesar de este comportamiento horrendamente pecaminoso, David comprendió que había pecado más que nada en contra de su Dios.

Si avanzamos hasta el libro de Hebreos en el Nuevo Testamento, encontramos una sección a menudo llamada «el salón de la fe», una lista de hombres y mujeres consagrados y fieles en la Biblia, y justo en el medio de la lista se encuentra David. No hay un asterisco junto a su nombre con una nota al pie que diga: «No se le tiene en cuenta su pecado contra Betsabé y Urías». La desobediencia es desobediencia, pero lo que David hizo fue tan engañoso, tan perverso, que uno pensaría que su nombre estaría en otra lista: «el salón de la vergüenza». En cambio, está justo allí al lado de Abraham, Moisés y Gedeón.

¿Por qué Dios permite que eso suceda? ¿Por qué David todavía es considerado el mayor rey que tuvo Israel y lo recordamos por su corazón entregado a Dios, no por su desliz moral? Y más importante, ¿cuál es el mensaje de la Historia Secundaria para cada uno de nosotros que estamos viviendo de maneras que no agradan a Dios?

La respuesta comienza allá en el jardín. Aunque lo intentemos, no podemos ser perfectos. Debido a la elección de Adán y Eva, todos nosotros luchamos con la tentación y a veces cedemos ante ella. Desearía poder decirte que como pastor nunca he pecado, pero entonces estaría cometiendo el pecado de mentir. Aun cuando Dios eligió a David para que fuera el rey de su nación, él sabía que David era humano y por lo tanto no podía ser perfecto.

Estoy convencido de que hay otra razón para que el pecado de David y la forma en que lo manejó lo hayan llevado a estar al salón de la fe de Dios. Una de las verdades más trágicas acerca del pecado es que tiene sus consecuencias. El perdón de Dios nos restaura a una relación correcta con él, pero no elimina las consecuencias de nuestras acciones. Si observamos la vida de David, notaremos que todo marcha bien hasta su encuentro con Betsabé. Desde ese punto en adelante todo se viene abajo. Su bebé muere. Su hija es violada. Su hijo Absalón organiza una rebelión contra él y trata de usurpar el trono. Después ese hijo muere y tiene lugar otra rebelión más contra su reino.

David pudo haberse amargado y enojado con Dios por no intervenir e impedirle tener que lidiar con todos esos golpes aplastantes, pero no lo hizo. En cambio, le hizo frente a las consecuencias de su pecado con dignidad. Aunque muchas cosas se volvieron amargas para él, al final de su vida David está todavía profundamente enamorado de Dios. Su oración final frente a su nación reunida está llena de alabanza y gratitud hacia Dios.

Ahora bien, he aquí la mejor parte de esta historia. Debido a que David se hizo responsable por su pecado y aceptó las consecuencias de su comportamiento, Dios continuó bendiciéndolo de otras maneras, incluyendo el hecho de permitirle tener más hijos con Betsabé. Uno de esos hijos fue Salomón, que continuaría el linaje de David como rey de Israel.

Esta es una resonante demostración de la gracia de Dios. Cuando las decisiones que tomó David lo llevaron a una serie de consecuencias negativas, Dios deposita una dulce gota de su gracia en la vida de David. Él tenía más de una esposa, lo cual era una práctica común en esos días. Así que no podríamos culpar a Dios si hacía que una de las otras esposas de David diera a luz al siguiente rey de Israel. Sin embargo, no lo hizo. Él elige la relación nacida del adulterio, el asesinato y el engaño. Y no solo el hijo de Betsabé, Salomón, se sienta en el trono según el plan divino, sino que esto también significa que Betsabé ahora es parte del linaje de Jesucristo.

Así es como Dios obra. A él le encantaría que todos fuéramos como Urías, el soldado leal que sirvió a su rey con abnegación. Nos exhorta a ser como Natán, teniendo el coraje suficiente para confrontar a un amigo que ha tomado un mal camino en la vida. No obstante, si al igual que David hacemos algo horriblemente malo, todavía nos ama y puede usarnos para traer a otros a él siempre que tengamos el carácter suficiente para admitir nuestro pecado, aceptar las consecuencias y continuar amándolo con todo nuestro corazón, nuestra alma y nuestra mente.

Hay pocos sentimientos peores que aquellos que nos embargan cuando uno observa ciertas luces destellantes por el espejo retrovisor. A nadie le gusta que lo atrapen haciendo algo malo. Cuando se trata de velocidad, las consecuencias pueden ser una multa y un poco de bochorno. Cuando se trata de nuestra relación con Dios, hay mucho más en juego. Cuando violamos las normas de Dios para nosotros, nuestra tendencia humana es ocultarlo, justificarnos, simular que no fue algo significativo. Y cada vez que lo hacemos, nos alejamos más de Dios y corremos el riesgo de ser excluidos para siempre de la perfecta comunidad que él está edificando.

En la Historia Secundaria, David comete una equivocación con una mujer casada. En la Historia Primaria, Dios encuentra una manera de usar a este hombre con errores para que lo sirva. Al confesar que lo que había hecho era un gran error y aceptar las consecuencias de su conducta con dignidad, David nos da una vislumbre de cómo podemos superar nuestra naturaleza pecadora.

Cualquier domingo por la mañana hay hombres y mujeres en nuestra iglesia que han cometido errores en algún punto de sus vidas. Hombres que han engañado a sus esposas. Mujeres alcohólicas. Personas de todas las edades que han quedado atrapadas en adicciones. Pueden estar cantando en el coro o trabajando con los jóvenes. Pueden ser los que les dan la bienvenida a los visitantes o los que acunan bebés en la guardería. Son los miembros actuales del «salón de la fe», gente que ha experimentado una caída devastadora de la gracia, pero que hoy en día sirve a Dios con pasión y pureza contagiosas.

Tal vez este sea el punto. Quizás la razón por la que David todavía sigue siendo uno de los personajes más celebrados en la historia de Dios sea a fin de poner de manifiesto este mensaje para la gente común como tú y yo: ¡Si Dios puede redimir a un hombre que hizo algo tan horrible y restaurarlo a una posición tan noble, imagina lo que puede hacer por nosotros!

Imagina lo que puede hacer *a través* de nosotros para su reino.

CAPÍTULO 13

El rey rana

Al orgullo le sigue la destrucción;
a la altanería, el fracaso.
—PROVERBIOS 16:18

¿Alguna vez te sentiste tentado a dar un paseo en auto por uno de esos barrios exclusivos de tu ciudad solo para ver cómo vive la otra mitad? Sabes a lo que me refiero. En realidad no estás husmeando, sino solo paseando por esas adorables casas para admirar la arquitectura. Y si de casualidad es de noche y puedes ver más allá de la verja y a través de los grandes ventanales, ¿quién puede culparte por echar un vistazo? Tal vez notes que hay un gran piano o unas bellas obras de arte en las paredes, muebles elegantes, quizás puedas captar una imagen «del rey y la reina» de la mansión siendo atendidos por sus sirvientes.

Los seres humanos parecen sentir cierta fascinación por las riquezas y el glamour, en particular por la realeza. Mientras escribo esto, el mundo entero parece estar cautivado por el compromiso de un muchacho llamado William Mountbatten-Windsor, más conocido como el príncipe William, y una hermosa joven «plebeya» llamada Kate Middleton. El padre de Will, el príncipe Charles, sigue en la línea para ser el próximo rey de Inglaterra cuando muera su madre, la reina Elizabeth II. Entonces, debido a que William es el hijo mayor de Charles (a esta altura debes saber que su mamá era la princesa Diana), él quedará en la línea para heredar el trono luego de que su padre fallezca.

En este punto de la historia, la sucesión real en Inglaterra es ordenada y predecible. No era así en el caso de la antigua Israel. Cuando el rey David se va debilitando con la edad, uno de sus hijos llamado Adonías ve la oportunidad de reemplazar a su papá y hace su movida. Llama a algunos amigos y esencialmente se declara a sí mismo rey. ¿Recuerdas a Natán, el profeta que confrontó a David por su pecado? Él ve lo que está ocurriendo y sabe que David ya ha decidido que el primer hijo de Betsabé que sobrevivió sea el rey, es decir, Salomón. Entonces, una vez más, Natán tiene que darle a David algunas malas noticias: Israel tiene un nuevo rey y su nombre no es Salomón.

Aunque David está algo débil, no es un hombre tímido. Así que enfrenta la crisis y declara que Salomón es su elección para ser el rey, busca un sacerdote a fin de que se una a Natán y unja a Salomón, y luego planea una importante celebración con trompetas sonando y la gente gritando: «¡Viva el rey Salomón!»[1]. Adonías está justo finalizando su propia celebración y escucha el rugido de la multitud, y cuando averigua lo que sucede, se siente intranquilo sabiendo que el primer acto real de Salomón podía estar dirigido a él.

Cuando Salomón oye que Adonías se está escondiendo presa del temor, toma una de esas decisiones que contribuyeron a edificar su reputación de sabio: «Si demuestra que es un hombre de honor, no perderá ni un cabello de su cabeza; pero si se le sorprende en alguna maldad, será condenado a muerte»[2]. Cuando David le pasa el cetro del liderazgo a Salomón, Israel está en su mejor momento. En lo económico, son fuertes y prósperos; no hay ninguna deuda de un trillón de dólares sobre su cabeza. Y viven en paz, sin ninguna guerra con los vecinos en el Medio Oriente que amenace el índice de popularidad de Salomón. Si hubo alguna vez un buen tiempo para ser rey de Israel, era este.

Dios se acerca a Salomón al inicio de su reinado y le dice que puede tener lo que desee. ¿Te imaginas lo que es eso? Dios, que puede proveer *todo*, viene y te dice: «Lo que sea que desees es tuyo. Sin límites. Sin ninguna restricción. Pide lo que quieras y te lo daré».

Sé sincero. Si pudieras tener todo lo que quisieras, ¿qué pedirías? Muchas personas que de repente logran tener grandes sumas de dinero —ya sean esos atletas profesionales que firman contratos millonarios o los ganadores de la lotería que se hacen ricos de la noche a la mañana—piensan que tienen que verse como millonarios, de modo que no pierden tiempo y se compran un automóvil de lujo y una nueva casa de muchísimos metros cuadrados. En lo que a mí respecta, me gusta pensar que les daría todo mi dinero a los pobres o construiría orfanatos, hospitales o iglesias. Sin embargo, cuando lo piensas un poco, ¿no sería fantástico tener tu propia cancha de golf?

No obstante, Salomón pide sabiduría.

Lo asombroso es que su pedido no es tanto para sí mismo, sino para cumplir sus tareas como líder del pueblo de Dios. Esencialmente le dice a Dios: «Me estás dando este increíble privilegio de servirte, pero soy un simple muchacho y esta nación es enorme, así que, por favor, dame la sabiduría para ser un rey justo y recto».

Ahora sí me siento avergonzado *de veras* por desear mi propia cancha de golf.

Dios honra el pedido de Salomón y no pasa mucho tiempo antes de que el rey ponga en práctica el don de Dios. Una de las tareas como rey es resolver las disputas, y al poco tiempo de Salomón ser rey, dos mujeres vienen con un bebé. Ambas reclaman la maternidad del bebé y es tarea del rey decidir qué hacer. Tú o yo hubiéramos arrojado una moneda al aire o elegido a la mujer que nos pareciera más maternal. Salomón tuvo una idea mejor. Con las dos mujeres de pie ante él, le pide a uno de sus asistentes que corte al niño en dos y le dé a cada madre su mitad. La primera madre cree que es una buena idea, pero la segunda se horroriza y renuncia a reclamar al bebé. Sabiendo que la verdadera madre no permitiría que le hicieran daño al niño, Salomón le entrega el bebé a la segunda madre.

Una vez intenté hacer este truco y no me funcionó del mismo modo. Cuando mis hijos eran pequeños, vinieron a mí discutiendo acerca de quién tenía los derechos sobre un auto Hot Wheels, mientras que cada uno mantenía agarrado con fuerza el pequeño Camaro rojo. Buscando la oportunidad de tener un momento sabio al estilo Salomón, les pedí que me alcanzaran la sierra para cortarlo en dos partes. Ambos gritaron: «¡Muy bien papi, excelente!», y corrieron a buscar más Hot Wheels. Eso no era lo que yo tenía en mente. Se necesita sabiduría para saber cómo usar la sabiduría.

Salomón no solo deseó ser sabio para guiar bien a la nación de Israel, sino que quería que cada ciudadano tuviera sabiduría y la aplicara a sus vidas cotidianas. Así que escribió cientos de dichos sabios que están incluidos en la Biblia en un libro llamado Proverbios. Tal vez la mejor definición de un proverbio proviene de las mismas palabras de Salomón cuando lo describe como algo necesario «para recibir la corrección que dan la prudencia, la rectitud, la justicia y la equidad»[3]. Estas instrucciones breves ofrecen una guía práctica para ayudar a todos en la comunidad de Dios a vivir bien y prosperar:

El chismoso traiciona la confianza; no te juntes con la gente que habla de más[4].

Los planes bien pensados: ¡pura ganancia! Los planes apresurados: ¡puro fracaso![5]

La fortuna amasada por la lengua embustera se esfuma como la niebla y es mortal como una trampa[6].

La herencia de fácil comienzo no tendrá un final feliz[7].

El perezoso no labra la tierra en otoño; en tiempo de cosecha buscará y no hallará[8].

Como si todo esto no fuera suficiente, su padre, David, reunió todo el dinero a fin de construir un templo para Dios. No cualquier templo, sino uno digno de la presencia misma de Dios, de modo que cuando su pueblo lo adorara recordara lo asombroso y majestuoso que era el Dios al que servían.

Según el relato bíblico, se precisaron ciento ochenta mil obreros y siete años para construir este templo. Cuando estuvo finalizado, la presencia del Señor se estableció en una sección sagrada llamada el Lugar Santísimo y luego Dios se acercó a Salomón con nuevas instrucciones para ayudarlo a desarrollarse como un gran líder.

Este es el mismo mensaje de la Historia Primaria que Dios le ha estado comunicando a su pueblo desde el principio: Si hacen lo que les digo y me aceptan como Señor sobre todo lo demás en sus vidas, yo podría descender, vivir con ustedes y darles todo lo que necesitan. ¡Para siempre! Y esta vez, Salomón comienza a comprobar que Dios está cumpliendo sus promesas, porque las cosas no pueden marchar mejor para él y toda la nación de Israel.

El extravagante templo y la prosperidad en la tierra atrajeron exactamente la clase de atención que Dios quería. Las noticias de que algo grande estaba sucediendo en Israel corrieron rápido. La gente venía de todas partes solo para ver a ese pueblo y su templo, incluyendo una glamorosa soberana de un reino cercano, la reina de Sabá. Ella había oído todo sobre la gran riqueza de Israel, pero tenía que verlo con sus propios ojos, ya que no podía creer que alguna nación pudiera llegar a ser *así de* rica o algún líder *así de* sabio.

De modo que la reina entra a Jerusalén con una larga caravana de camellos cargando regalos para Salomón. Durante su visita ella continuamente observa los alrededores y ve que la prosperidad de la nación es en realidad aun mayor de lo que le dijeron. Sus palabras finales a Salomón son una viva demostración de lo que Dios intenta lograr con la comunidad que está edificando: «¡Y alabado sea el Señor tu Dios, que se ha deleitado en ti y te ha puesto en el trono de Israel!»[9] Dios quiere que *todos* sean parte de su perfecta comunidad. Lo que la reina ve al observar al pueblo y la prosperidad de Israel es un reflejo del Dios al que sirven.

Con celebridades como la reina de Sabá escribiendo mensajes en Tweeter sobre su visita, los dignatarios de toda la región vinieron a buscar consejo y presentar regalos como oro, plata, armas, especias y caballos. Salomón tenía una flota de barcos que navegaban por el mundo, regresando cada tres años cargados de riquezas. Según cuenta la Biblia, acumuló más de veinticinco *toneladas* de oro, de modo que junto con las otras posesiones «tanto en riquezas como en sabiduría, el rey Salomón sobrepasó a los demás reyes de la tierra»[10].

Salomón parecía ser el rey perfecto, una estrella de rock para Dios y su nación. Sin embargo, sabes lo que viene ahora, ¿no? En el curso de toda buena historia, parece que la vida no puede marchar tan tranquila por mucho tiempo antes de que el fantasma del conflicto asome su horrible cabeza. Este fue también el caso en lo que respecta a Salomón. Para el momento en que su reinado llegó al final, él había enfrentado rebeliones de adentro y ataques de afuera, provenientes de aquellos que una vez pensaron que él era la octava maravilla del mundo. Los cambios no se dieron de la noche a la mañana, sino más bien fueron una sucesión de acontecimientos que tuvieron lugar uno tras otro como un efecto dominó. El sabio, humilde e incalculablemente rico monarca derribó su trono y corrió por su vida.

Probablemente hayas oído sobre el fenómeno que ocurre cuando ponemos a una rana en una olla de agua hirviendo. Ella de inmediato saltará para salvar su vida (así como cuando tocas agua hirviendo y al instante retiras la mano). Nuestra pequeña amiga verde tiene la misma reacción, solo que con patas tipo resorte. No obstante, si colocas a la misma rana en una olla con agua tibia, se quedará allí tan feliz y contenta como un turista en un jacuzzi. Entonces, cuando gradualmente vas aumentando el calor de la estufa, nuestra amiguita Reneé se relaja cada vez más. A medida que el agua se calienta más y más, nuestra rana no se da cuenta de que el cálido baño se ha convertido en una olla hirviendo hasta que ya es demasiado tarde.

Lo mismo le ocurrió a Salomón. Él se coció. Además de tener palacios llenos de los artículos más exquisitos y costosos, también tuvo un montón de esposas. No estoy hablando de dos o tres. Me refiero a setecientas mujeres y trescientas concubinas (una palabra simpática para «más mujeres»). De acuerdo con las costumbres culturales de la época, eso no era necesariamente inusual o erróneo a la vista del Señor. Sin embargo, Salomón tomaba esposas de otras naciones, desobedeciendo una de las reglas de Dios para vivir bien. Él les había advertido a los israelitas que no debían casarse con personas de otras naciones, ya que eso los podía llevar a adorar a dioses falsos. Salomón seguramente pensó que era demasiado sabio como para permitir que alguna de sus esposas lo alejara de Dios, y por la evidencia que tenemos estaba en lo cierto. Al principio. No sabemos si la caída comenzó veinte o treinta años después de gobernar a Israel, pero con el tiempo el agua se calentó demasiado. Todo lo que la Biblia nos dice es que «cuando Salomón llegó a viejo, sus mujeres le pervirtieron el corazón de modo que él siguió a otros dioses»[11].

En todos mis años de ministerio, nunca he encontrado a nadie que haya saltado a una olla de agua hirviendo. Nunca encontré a nadie que de golpe se levantara una mañana y dijera: «Voy a arruinar mi relación con mi familia y a cometer adulterio hoy». Nunca conocí a un empresario que de la nada decidiera malversar los fondos de su compañía. Nunca he conocido a una mujer que resolviera volverse alcohólica de repente. Sin embargo, lamentablemente, he conocido a hombres que han perdido sus matrimonios y sus empresas. Si tienes la oportunidad de hablar con ellos, te dirán: «El agua no parecía tan caliente al principio».

En nuestras vidas de la Historia Secundaria puede parecer que todas las otras personas se están divirtiendo. Todos los demás hacen lo que quieren, mientras que yo estoy acá atascado con estas «reglas» de Dios que me impiden divertirme. Salomón probablemente pensó que esas mujeres de las naciones vecinas eran tan exóticas y hermosas que se merecía disfrutarlas siempre y cuando tuviera la fuerza de voluntad para rechazar a sus dioses. No obstante, la Historia Primaria de Dios nunca cambia ni resulta influenciada por lo que nosotros queremos. Dios puede permitirnos tener lo que deseamos, aun si eso viola sus estándares para disfrutar la vida con él. Pero en última instancia, el Señor está construyendo una comunidad perfecta en la cual las personas se traten mutuamente con respeto y lo honren como el único Dios verdadero.

¿Qué hay acerca de ti? ¿Te encuentras tentado de vez en cuando a sumergirte en esa agua cálida? Debemos recordar que aquello que hoy sentimos tibio y suave bien puede convertirse en el hervidero que arruine nuestra vida. La forma en que vivimos es algo importante. Nuestra oración debe ser que no tan solo comencemos siendo fuertes, sino que también acabemos fuertes. El mejor consejo que Salomón nos brinda es que seamos en extremo cuidadosos con respecto a saltar dentro de ollas de agua «inofensivas». No obstante, si ya lo hemos hecho —y nos sentimos hirviendo—debemos recordar que con Dios nunca es demasiado tarde para regresar a él aunque estemos un poco recocidos y arrugados. La verdadera sabiduría nos lleva a depender de Dios y confiar humildemente en que él sabe lo que es mejor para nosotros.

CAPÍTULO 14

Un reino desgarrado en dos

Su padre nos impuso un yugo pesado. Alívienos usted ahora el duro trabajo y el pesado yugo que él nos echó encima; así serviremos a Su Majestad.
—1 REYES 12:4

Cuando el presidente Barak Obama fue investido como cuadragésimo cuarto presidente de los Estados Unidos, mi colega Max Lucado escribió un mensaje en el sitio web de nuestra iglesia solicitándole a la gente que orara por el presidente. Estoy seguro de que algunos estaban molestos, pero me siento agradecido de poder reportar que hubo unas noventa y cinco mil personas en todo el país que oraron por el presidente durante su acto de investidura. No lo hicimos por mera publicidad, ni tampoco por razones políticas. Lo hicimos porque queremos ser un reflejo real de Dios ante el mundo y responder al mandato bíblico de 2 Timoteo de orar por nuestros líderes. Creo que un pequeño acto de obediencia cambió las mente de miles de personas que se habían alejado de Dios porque pensaban que él era republicano.

Dios exige que seamos obedientes, aun si no nos gusta. Mientras Salomón se acerca al final de su reinado sobre Jerusalén, entran en escena dos nuevos personajes con unos nombres que no podrían ser más extraños o graciosos de pronunciar: Jeroboán y Roboán. En este punto en particular de nuestra historia, recordarás que Dios estaba usando a la nación de Israel para revelarle su carácter al resto del mundo, de modo que las personas quisieran vivir sus vidas con él. Cuando al pueblo de Dios le va bien y prospera, las naciones extranjeras tienen una idea de cómo sería ser parte de la familia de Dios. Cuando le dan la espalda a Dios y viven de manera egoísta, los disciplina porque necesita asegurarse de que su nación refleja de manera fidedigna quién es él y qué clase de comunidad está edificando.

El reflejo de Dios se estaba distorsionando, lo que significaba que Israel se hallaba a punto de ser disciplinada, algo que comenzó con Jeroboán, uno de los funcionarios de Salomón. Después que Salomón murió, su hijo Roboán llegó a ser rey. Al parecer, Salomón acumuló mucha de su riqueza según la vieja manera: con altos impuestos y una mano de obra esclavizada. Por lo tanto, tuvo lugar la primera protesta. Jeroboán y una enorme multitud de ciudadanos furiosos acudieron a Roboán y le pidieron un poco de alivio. El rey Roboán respondió: «Todavía no han visto nada». Jeroboán y sus muchos seguidores dijeron entonces: «¡Nos largamos de aquí!».

Ellos se retiraron a sus regiones tribales en el norte e hicieron rey a Jeroboán sobre todo Israel, ya que representaban a diez de las doce tribus de la nación. Roboán continuó siendo rey, pero solo sobre su tribu de Judá y la de Benjamín. Lo que una vez había sido una nación próspera y orgullosa ahora era un reino dividido: Israel al norte y Judá al sur.

Esta lucha interna y la división nacional contaban con todos los ingredientes para una gran película épica, una de esas que tienen miles de efectos especiales. El punto de vista de la Historia Secundaria en cuanto a esta película es uno tan viejo como el tiempo mismo. Un rey maltrata a su pueblo. Un valiente revolucionario lidera una rebelión contra el rey. Se inicia una lucha por el poder y a la larga el reino se divide. Cuando ahondas en esta Historia Secundaria, te enteras de que Roboán podría haber evitado la rebelión si solo hubiera escuchado a la gente correcta.

¿Recuerdas cuando Jeroboán vino y le pidió al rey un trato más amable y suave para los ciudadanos de Israel? Resulta que Roboán primero consultó con algunos de los ancianos de su padre o consejeros de confianza, los cuales le dijeron que si él aliviaba la carga de sus ciudadanos, ellos le serían leales por siempre. Después acudió a alguno de sus contemporáneos —amigos más jóvenes con los que había crecido— y ellos le dijeron que gobernara con una mano más dura que la de su padre.

¿Quién podría culpar entonces a Jeroboán por liderar una rebelión e instaurar su propio reino en el norte? ¿Y quién podría culpar a Roboán por organizar sus tropas y alistarlas para la batalla a fin de recuperar el territorio usurpado por las fuerzas rebeldes de Jeroboán? Casi puedes oír la música sonando y los caballos galopando rumbo al norte, los soldados agarrando las riendas con una mano y blandiendo sus espadas con la otra. Algo como *Ben Hur*, *Los Diez Mandamientos*, *Gladiador* y *Troya* todas compaginadas en una sola película.

Excepto que en este caso no hubo batalla, y para entender por qué debemos mirar esta película desde el punto de vista de la Historia Primaria. O para decirlo de otro modo, ¿qué rayos estaba tramando Dios en esta aparente serie de sucesos caóticos con su nación escogida? ¿Acaso simplemente se había tomado un descanso y dejado que la trama se desarrollara por sí sola, o esta «película» de algún modo estaba incluida en su plan mayor de traernos a todos de regreso a su perfecta comunión?

La lógica de la Historia Secundaria nos dice que Roboán debía haber lanzado un ataque masivo contra el reino rebelde del norte, y en verdad estaba a punto de hacerlo cuando Dios intervino y le ofreció una vislumbre de su plan con estas cinco sencillas palabras: «Es mi voluntad que esto haya sucedido»[1]. Era como si estuviera diciendo: «Yo estuve detrás del asunto desde el principio. Sabía que ibas a prestarle atención al consejo de tus amigos que te dicen que sí a todo en vez de escuchar a los ancianos consejeros de tu padre. Sabía que Jeroboán se rebelaría contra ti. Y también sabía que harías todo lo que estuviera a tu alcance para tratar de reagrupar al reino dividido. Sin embargo, se trata de mi poder, no del tuyo. Así que vete a casa. Tu rol en esta película está por finalizar».

Si fue Dios en efecto el que lo hizo —si él organizó todo— la pregunta que cabe es por qué. Para obtener la respuesta, nos enfocamos en el tema de esta película. Cuando llegamos al final de un filme bien escrito y dirigido, descubrimos que contiene un tema o mensaje. Al nivel de la Historia Secundaria, el tema de este filme es obvio: los líderes que tratan mal a sus seguidores enfrentarán la rebelión. Roboán es a todas luces el tipo malo; Jeroboán es el héroe. Se trata de un gran mensaje, uno que Dios seguramente apoyará, pero ese no es *su* mensaje en esta historia. El tema de la Historia Primaria tiene poco que ver con gobernantes tiranos o rebeliones. En realidad tiene poco que ver con los personajes principales o incluso con el escenario o la trama. Si quisiéramos resumir el mensaje de Dios en una frase corta, sería esta: *Yo cumplo mi palabra.*

Él hace lo que dice que hará porque anhela darle a cada uno la oportunidad de vivir en su perfecta comunidad.

Como ya vimos en partes anteriores de esta historia, Dios hizo promesas o pactos con su pueblo. Le prometió a Abraham que edificaría una gran nación con sus descendientes, a pesar de que él y su esposa ya habían pasado la edad de concebir. Dios cumplió esa promesa. Le prometió a Moisés que si el pueblo de Israel guardaba las leyes que les dio, los bendeciría; pero si se alejaba de esas leyes, los disciplinaría, ya que deseaba que el pueblo viera que él era un Dios justo y recto. Y cumplió esa promesa.

Hizo una tercera promesa —esta vez a David— que se edificaba sobre las promesas a Abraham y Moisés de hacer de Israel una gran nación, pero la llevó un paso más adelante con David. Le prometió que su tribu —la tribu de Judá— sería establecida para siempre. ¿Por qué? Porque en el plan de Dios para invitarnos a volver a él, Jesús, el Mesías, vendría de la línea de David, y él reinaría para siempre como el Rey de reyes. Por causa del gran amor de David hacia Dios, la comunidad perfecta que Dios está edificando puede remontarse a la tribu de David.

En la Historia Secundaria parecía que Roboán estaba siendo disciplinado por sus acciones y la tribu de Judá, la tribu del sur, era la que había quedado debilitada y con el tiempo desaparecería. Roboán acude a las personas equivocadas, de las que obtiene el consejo errado, de modo que acaba haciendo lo que parece ser la decisión incorrecta con respecto a Israel. El ganador aquí claramente es Jeroboán y las diez tribus del norte, excepto por un pequeño problemita. Si las tribus del norte prevalecen y Judá perece, Dios queda como un mentiroso. ¿Quién podría confiar alguna vez en un Dios que no cumple sus promesas?

¿Recuerdas la famosa canción de U2, «With or Without You» [Con o sin ti]? Me viene a la mente cuando leo esta historia de Jeroboán y Roboán, porque resume la manera en que Dios va a establecer su perfecta comunión: con o sin nosotros. Los dos hombres al final le dieron la espalda a Dios, pero eso no interesa. Su plan para darnos alivio de la naturaleza pecaminosa que heredamos de Adán y Eva estaba por dar frutos a través de Judá, con o sin la cooperación de Jeroboán y Roboán.

Esta canción de U2 todavía ofrece una advertencia para nosotros hoy. En la parte del Nuevo Testamento de la historia de Dios, él nos hace otra promesa cuando declara: «Edificaré mi iglesia»[2]. No dice: «*Podría* edificar mi iglesia» o «*Espero* edificar mi iglesia». Declara una verdad innegociable. Él edificará una iglesia que demostrará las Buenas Nuevas de que todos en la familia humana —todas las razas, colores y nacionalidades— están incluidos en la comunidad perfecta que está formando. Y lo hará *con o sin ti.*

Nada daña más a la iglesia que el hecho de que su gente refleje una imagen errada de Dios. Y lo hacemos cada vez que mostramos falta de bondad hacia los demás, en especial hacia los pobres, las viudas y los extranjeros que se hallan en medio de nosotros. Lo hacemos cada vez que manejamos nuestros negocios con deshonestidad o dejamos que nuestra ira se lleve lo mejor de nosotros. Esas acciones dañan a la iglesia, pero no la detienen. Dios *edificará* su iglesia. Con o sin ti.

¿No preferirías que lo hiciera *contigo*? ¡Qué privilegio nos da Dios al poder mostrarles a los demás cómo es él! Imagina lo que sería saber que tu vida hoy puede resultar en que alguien cambie sus ideas negativas sobre Dios y comience a acercarse a la verdadera vida con él.

Tenemos la oportunidad cada día de vivir en obediencia, de modo que todas las personas que nos rodean puedan ver quién es Dios y cómo actúa. Si escojo desobedecerlo y vivir acorde a mis propios intereses egoístas, está bien. Dios no forzó a Roboán a «hacer lo correcto» y tratar a sus súbditos mejor. En cambió, permitió que la conducta de Roboán lo ayudara a cumplir la promesa que le había hecho a David. Nuestra iglesia pudo haber ignorado el acto de investidura del presidente Obama y desentenderse del asunto porque algunos no están de cuerdo con la plataforma de su partido político. Sin embargo, Dios nos llama a estar por encima de nuestros gustos o aversiones, nuestras insignificantes preferencias y las perspectivas de la Historia Secundaria. Nos llama a confiar lo suficiente en él como para obedecerle en todo momento.

Dios cumplirá su misión de llevar a las personas a establecer una relación con él en una comunidad perfecta por siempre. Y lo hará con o sin ti.

¿No prefieres que Dios te use *debido* a lo que haces por él en lugar de que lo haga *a pesar* de tu desobediencia?

CAPÍTULO 15

Mensajeros de Dios

«Yo corregiré su rebeldía
y los amaré de pura gracia,
porque mi ira contra ellos se ha calmado».
—OSEAS 14:4

¿Alguna vez tuviste uno de *esos* días? ¿Un día en el que absolutamente nada parece salir bien?

Una amiga mía recuerda las primeras vacaciones que ella y su esposo planificaron al poco tiempo de casarse. Pensaban ir en auto hasta Florida y alojarse en una tienda de campaña para ahorrar dinero. Excepto que llegaron a la misma hora que un huracán de categoría cuatro. Su campamento —el lugar completo— estaba bajo treinta centímetros de agua. Teniendo un presupuesto muy estrecho, encontraron un motel barato y se quedaron a pasar la noche, solo para despertarse unas horas más tarde con los gritos del equipo de emergencia diciendo que tenían que evacuar. El agua ya estaba entrando por debajo de la puerta. Se dirigieron al gimnasio de una escuela que se había convertido en un refugio de emergencia, pero justo cuando hallaron un pequeño espacio disponible al que llamar hogar, una voz queda procedente de un megáfono les informó que tenían que evacuar de nuevo. Unas vacaciones muy románticas, ¿no?

Algunos días parece que fuera mejor quedarse en la cama. Los hijos de Israel tenían sus propias tormentas e inundaciones con las que lidiar. Después que Dios dividió a Israel en dos reinos, las cosas fueron de mal en peor. Y no estamos hablando de un mal día o unas vacaciones estropeadas,

131

sino de años de decadencia espiritual y una inmoralidad sin precedentes. Doscientos ocho años, para ser más precisos. Según lo que dice la Biblia, durante este período de doscientos ocho años los dos reinos combinados tuvieron treinta y ocho reyes diferentes y solo cinco fueron buenos. El resto se describen como malos. Imagina lo que sería eso.

En los Estados Unidos hemos tenido cuarenta y cuatro presidentes en un período un poco más largo que los doscientos ocho años del reino dividido. Solo unos pocos de ellos han sido menos que estelares, pero no sé de nadie que pudiera describir a alguno de ellos como *malo*. En realidad, en toda mi vida solo puedo pensar en un puñado de gobernantes del mundo entero a quien consideraría malos.

No obstante, Israel era la nación especial de Dios, su pueblo escogido a través del cual se revelaría al resto del mundo como parte de su plan de crear una comunidad perfecta. Durante la mayor parte de ese período la maldad permitió que las prácticas abominables continuaran, haciendo de este un tiempo particularmente oscuro durante esta etapa de la historia de Dios. Una y otra vez leemos palabras trágicas como estas, que describen a los reyes de Israel: «Pero tú seguiste el mal ejemplo de Jeroboán e hiciste que mi pueblo Israel pecara»[1].

¿Qué harías tú si fueras Dios? ¿Qué harías si la nación que elegiste para que refleje tu carácter de forma repetida se alejara de ti, adorara a otros dioses y permitiera que la inmoralidad fuera rampante en toda la tierra? Yo creo que este sería un buen momento para un «reinicio» y así comenzar de nuevo. «Arranquemos de la faz de la tierra a esta gente rebelde y maligna que me está difamando y empecemos todo de nuevo». Sin embargo, como recordarás de la historia de Noé, Dios hizo eso una sola vez y prometió que nunca más lo volvería a hacer, porque el siguiente grupo de personas haría lo mismo[2]. Y Dios nunca rompe sus promesas.

Además, Dios ama a su pueblo escogido, aun si ellos no responden de igual forma. Esa es la parte de la Historia Primaria que nos resulta tan difícil de comprender: Dios nos ama independientemente de lo que hagamos y a pesar de nuestras rebeliones. No desea nada más que llevarnos de regreso a él y poder vivir junto a nosotros.

Así que por doscientos ocho años esperó con paciencia que sus hijos se volvieran a él, pero no lo hizo de forma pasiva. Envió mensajeros especiales o profetas que los llamaran a regresar a sus caminos. A diferencia de las voces frenéticas durante la noche que le decían a mis amigos que evacuaran, estos mensajeros usaron sus megáfonos para implorarle a Israel que regresara a las sendas de Dios y confiaran en él como el único Dios verdadero.

Solo en el reino del norte Dios levantó a nueve profetas durante el período de doscientos ocho años para tratar de convencer al pueblo de apartarse de sus caminos de maldad. Uno de los profetas, Elías, desafío al rey malvado a un duelo sobrenatural. El rey de ese tiempo era notablemente malo. Su nombre era Acab, y según la Biblia, «hizo lo que ofende al Señor, más que todos los reyes que lo precedieron»[3]. En realidad, él consideraba que los pecados de sus antecesores habían sido triviales. Un juego de niños. Y como si su depravación no fuera suficiente, se casó con una mujer llamada Jezabel, que era tan malvada que hasta el día de hoy su nombre simboliza la promiscuidad y la inmoralidad.

Fue Jezabel la que convenció a Acab de apartarse de Dios y comenzar a adorar a Baal, un dios falso muy popular entre las naciones vecinas, así como a otros dioses. Siendo claramente una enemiga de Dios, Jezabel —con todo el apoyo de Acab— ejecutó a varios profetas, lo cual parece haber desencadenado el reto de Elías a Acab: Reúnan a todos los profetas de sus dioses paganos (él tenía cuatrocientos cincuenta) y veamos cómo les va contra mí y el Dios al que sirvo[4].

El plan era que cada una de las partes construyera un altar, matara un buey como sacrificio, y luego le pidiera a su dios que enviara fuego y consumiera el holocausto. Acab lo hizo primero, liderando el primer registro bíblico de insultos y groserías. Los profetas llamaron a Baal. *Nada*. Le gritaron a Baal exigiendo que les respondiera. *Ni una sola palabra*. Empezaron a danzar alrededor del altar implorándole a Baal que se presentara, y fue en ese momento que Elías les dice con un poco de sarcasmo: «Tal vez su dios es tardo para oír y tienen que gritar más fuerte. Tal vez está demasiado ocupado para escucharlos o se fue de vacaciones. Quizás se quedó dormido. ¡Lindo dios el de ustedes, muchachos!»

¿Quién dice que Dios no tiene sentido del humor?

Sin importar lo mucho que griten, no sucede nada. ¿No puedes casi ver la carne sobre la pila de piedras con el calor del día? Las moscas revolotean alrededor, se siente el inconfundible olor a carne podrida... Sin embargo, los pobres profetas de Baal la mantienen sobre el altar por el resto del día, cortándose la piel hasta hacer chorrear la sangre por sus brazos y pechos en un esfuerzo por llamar la atención de su dios. La Biblia afirma que ellos actuaron «frenéticamente»[5].

Entonces le llega el turno a Elías.

¿Sabes lo que significa «alardear»? En los deportes, cuando un jugador estrella decide ser el centro de atención y hacer que el juego se enfoque en él y no en el equipo, se dice que está alardeando. En una película, cuando un actor a veces «le roba el show» a sus compañeros de elenco, elevando de forma dramática su personaje por encima del rol de los demás, se dice que está alardeando. Elías, este profeta de Dios profundamente espiritual, usa la ocasión para alardear un poquito de sí mismo. No conozco otra manera de describirlo. Él en esencia levantó la apuesta al ordenarles a sus asistentes que echaran agua sobre el altar. Tres veces.

Elías quería asegurarse de que todo combustible estuviera empapado. Incluso les hace cavar una zanja alrededor del altar y la llena de agua. Tanto sus seguidores como los que adoraban a Baal deben haber pensado que estaba loco. Ni siquiera una tropa de exploradores con antorchas de gas propano podría encender un fuego cerca de este altar. O tal vez se está dando a sí mismo una excusa por si nada sucede cuando clame a Dios.

No obstante, algo *ocurre*. Algo grande.

Cuando Elías clama a Dios, cae fuego del cielo, convirtiendo el charco de agua del altar en un incendio. Las llamas arden y arden, consumiéndolo todo. Aun el agua de la zanja se evapora en una ráfaga ardiente. Cuando todo el pueblo ve esta demostración dramática del poder de Dios, exclama una y otra vez: «¡El Señor es Dios, el Dios verdadero!»[6].

En nuestras vidas de la Historia Secundaria somos muy vulnerables al mismo pecado que contaminó al reino del norte: queremos adorar a los dioses de nuestra propia elección. Ninguno de nosotros jamás admitiría que adora a los ídolos, pero considera cuánto tiempo, energía y dinero gastamos en cosas que no tienen valor eterno, y luego compáralos con el tiempo, la energía y el dinero que le dedicamos a Dios. Cada noviembre me maravillo de las distancias que la gente recorre para ser el primero en la fila del «Viernes Negro» —el día después de Acción de Gracias— cuando los comercios atraen a la gente a comprar por medio de descuentos y rebajas especiales. (Trágicamente, hace un par de años un empleado que abría las puertas en una gran tienda fue arrollado por la multitud que entraba como un tropel y finalmente murió. No recuerdo a nadie que haya sido atropellado por gente que corría para entrar a la iglesia). Y no son solo las «cosas» las que se convierten en nuestros dioses. Conozco gente que ajustará sus actividades para asegurarse de estar en casa a fin de mirar un programa de televisión irónicamente llamado *American Idol*. A menudo consideramos a nuestros deportes, pasatiempos y placeres como dignos de nuestra adoración. No estoy juzgando a nadie que compra el Viernes Negro o mira *reality shows* o juega al golf tres veces a la semana. Solo hablo por mí mismo y algunos que conozco.

En la Historia Secundaria, el único Dios verdadero a menudo queda desplazado por nuestros pequeños dioses. En la Historia Primaria, Dios nos invita a disfrutar de las bendiciones de la vida que nos ha regalado, pero solo adorándolo *a él*. Y aunque ya no envía fuego del cielo para atraer nuestra atención, nos busca con la misma tenacidad. Usa lo que sea necesario para provocar nuestro interés y llevarnos de regreso a una relación con él.

Si la historia de Acab nos brinda una idea de cómo Dios usa los sucesos sobrenaturales para llamar la atención de su gente hacia él, Oseas nos muestra todo lo que Dios está dispuesto a hacer para recuperarnos. Como uno de los profetas de Dios, Oseas le implora a Israel que se vuelva al Señor, pero todo es en vano. Israel continúa adorando a otros dioses y viviendo de una forma que desagrada a Dios. No obstante, luego el Señor hace algo que nos parece extraño a nosotros que vivimos en la Historia Secundaria. Le pide a Oseas que se case con una prostituta.

He aconsejado a algunos jóvenes con respecto a su deseo de encontrar una buena esposa, y nunca consideraría pedirles que se casaran con una prostituta. En realidad, si alguna vez se los recomendara, probablemente perdería mis credenciales ministeriales y me prohibirían seguir siendo ministro para siempre. Sin embargo, esto es justo lo que Dios hace, lo cual encuentro absolutamente increíble, aunque lo que resulta más inverosímil todavía es que Oseas hace lo que él le dice.

Veamos si podemos entenderlo un poco mejor. Imagina que eres un simple muchacho que ora sinceramente a Dios y busca su guía. Le pides dirección al Señor y luego escuchas y meditas, y un pensamiento viene a tu mente: «Ve al centro de la ciudad, a la esquina de State y Division. Cuando una señorita sospechosa se aparezca vestida con una malla de leopardo y zapatos con tacón de aguja, y se acerque a tu auto preguntando si necesitas compañía, dile que quieres casarte con ella». Si algo así me sucediera cuando estoy orando, le pediría perdón a Dios por dejar que mi mente divagara hacia donde no debe y trataría de orar un poco más fuerte. Estoy casi seguro de que no creería que ese pensamiento provino de Dios.

Sin embargo, Oseas sabe que es Dios el que le habla y lo obedece. Así que se casa con una prostituta llamada Gómer.

¿Qué puede llegar a ser entonces lo que Dios está planeando en su Historia Primaria? Es posible que el Señor desee que Oseas se case con la prostituta para ayudarla a cambiar de vida y hacer de ella una seguidora de Dios. Excepto que esto nunca sucede. A pesar de casarse con Oseas, Gómer continúa con su trabajo nocturno. Y a pesar de su infidelidad descarada, él continúa apoyándola incluso cuando ella se marcha de casa por días para practicar su negocio.

Después que pasa un poco más de tiempo —no sabemos exactamente cuánto— Dios le dice a Oseas que encuentre a su esposa y le demuestre que todavía la ama. La Biblia no es muy clara en cuanto a los detalles, pero puedo imaginarme que su esposo anda por todas partes preguntando por ella y enterándose de que está trabajando en un edificio maloliente en el lado más feo de la ciudad. Al acercarse al lugar, le da algo de dinero a su «gerente administrativo» solo para poder hablar con ella. Cuando Gómer escucha que golpean a la puerta y la abre, planeando darle a su próximo cliente una mirada seductora, se sorprende al encontrar a su marido. Antes de poder decir una sola palabra él le susurra: «Ah, Gómer, te amo más de lo que puedes imaginar. Por favor, vuelve a casa conmigo».

¿Te lo imaginas? Tanto amor y perdón son muy difíciles de creer. Simplemente es algo a lo que no se le halla sentido. Según la ley judía, Oseas tiene todo el derecho del mundo de divorciarse de su esposa debido a su grave infidelidad. Esta es una de esas historias de la Biblia que parecen demasiado raras, muy entretenidas. ¿Qué quiere lograr Dios con eso? Yo entiendo el mensaje de la Historia Secundaria: Cásate con alguien con reputación de promiscua y seguirá siéndolo.

Sin embargo, ¿qué hay acerca de la Historia Primaria? ¿Dios está diciendo que debemos casarnos con prostitutas y tratar de llevarlas a él? No estoy seguro de que este sea un mensaje que esté preparado para apoyar. Es curioso que nunca sepamos por la Biblia si Oseas y Gómer llegaron a vivir felices para siempre. Tal vez sí. No obstante, Gómer también pudo haber seguido saliendo por las noches a la calle para ganar algo de plata extra. No lo sabemos, lo cual nos lleva a la pregunta: ¿Por qué se incluye esta breve historia en la Biblia?

Creo que es porque Dios quería usar el ejemplo de Oseas para mostrarnos lo lejos que él está dispuesto a llegar a fin de recobrar a los que se han vuelto en su contra. Escucha lo que el profeta le dice a Israel, y fíjate si puedes captar el paralelo:

> Escuchen, israelitas,
> la palabra del Señor,
> porque el Señor va a entrar en juicio
> contra los habitantes del país:
> «Ya no hay entre mi pueblo fidelidad ni amor,
> ni conocimiento de Dios.
> Cunden, más bien, el perjurio y la mentira.
> Abundan el robo, el adulterio y el asesinato.
> ¡Un homicidio sigue a otro![7]
>
> No les permiten sus malas obras
> volverse a su Dios;
> su tendencia a prostituirse
> les impide conocer al Señor[8].

Vuélvete, Israel, al Señor tu Dios[9].

La relación de Oseas y Gómer refleja la relación de Dios con Israel, y también con nosotros. Pese a su pacto con Dios, Israel había sido infiel. Le había prometido lealtad a Dios, pero salía por las noches a adorar a otros dioses. Dios no solo sabía esto, sino que los atrapa *in fraganti*. ¿Y qué es lo que dice?

Vuelve al hogar.

Tal vez recuerdes una vieja canción que se cantaba siempre en la iglesia: «Suave y dulcemente Jesús está llamando». El estribillo incluye una hermosa invitación: «Vengan al hogar, vengan al hogar, los que están cansados, vengan al hogar; con todo su corazón, con toda su ternura, Jesús está llamando, llamando, ah pecador, ven al hogar». Esas palabras nos invitan a experimentar las profundidades de la gracia y el amor de Dios, independientemente de lo que hayamos hecho.

Nada hiere tanto a un amante como descubrir la infidelidad del ser que amas. Israel dejó al Dios que los había sustentado por otro dios. Muchos de los que una vez invitamos a Dios a gobernar nuestra vida lo hemos desplazado por otro dios. Cualquier otro amante rechazado te llevaría a la corte, se divorciaría de ti y encima de todo te haría correr con los gastos.

Sin embargo, a pesar de tu pecado —a pesar de lo lejos que te hayas desviado de Dios— él susurra el mensaje de la Historia Primaria a tus oídos.

Vuelve al hogar

CAPÍTULO 16

El principio del fin

¡Vengan a las aguas
todos los que tengan sed!
¡Vengan a comprar y a comer
los que no tengan dinero!
Vengan, compren vino y leche
sin pago alguno.
—ISAÍAS 55:1

Una mañana de enero del año 2009 me levanté, me serví café y encendí el televisor. *The Today Show* se encontraba presentando un documental especial sobre George Washington la misma semana en que el recién electo presidente Obama estaba haciendo su juramento. El reportero explicaba que George Washington tuvo la oportunidad de convertirse en el primer rey de Estados Unidos, pero él rechazó la propuesta. El comentarista hizo la siguiente pregunta: «¿Qué hubiera sucedido de haber aceptado?».

Con la ayuda de la Internet y un experto en genealogía, el equipo de investigaciones rastreó a los ocho mil descendientes vivos de George para ver quién estaría sentado en el trono hoy. Al escalar por el árbol familiar de nuestro primer presidente, fueron a parar a la ciudad de San Antonio, Texas, donde yo vivo. La cámara de televisión hizo un paneo por el local de Burguer King solo para encontrar a Paul Washington pidiendo que le dieran una hamburguesa extra grande. Si George Washington hubiera aceptado el ofrecimiento de la monarquía, Paul ahora sería nuestro noveno rey de los Estados Unidos.

El documental terminaba con imágenes del rostro del hijo de Paul, Dick, y del hijo de Dick, Connor, los supuestos sucesores de Paul al trono. ¡Casi me atraganto con mis galletas cuando me di cuenta de que Dick y Connor asistían a la iglesia Oak Hills, donde yo soy pastor! En realidad, Connor es muy amigo de mi hijo y ha pasado las noches en casa muchas veces. Ni en una sola ocasión él mencionó ese «pequeño detalle» de ser pariente de George Washington.

Más tarde, cuando charlé con la familia sobre la razón por la que su tatara-tatara-tarabuelo George rechazó el ofrecimiento, ellos sabían la respuesta: él se había negado porque quería evitar involucrarse en la misma situación que había llevado a los peregrinos a las colonias en primer lugar. Tal vez esto se resume mejor con un lema propagado por los Comités de Correspondencia justo antes de la Guerra Revolucionaria: «Ningún otro rey más que el Rey Jesús».

Retomando nuestra historia de los hijos de Israel, una nación que debido a sus reyes se vio involucrada en un montón de problemas, nos preguntamos si tener un lema como «Ningún otro rey más que Dios» los hubiera llevado a un resultado diferente. Este era por cierto el plan ideal de Dios que ellos rechazaron cuando pidieron un rey como tenían las otras naciones. A través de los doscientos ocho años bajo treinta y nueve reyes, tanto el reino del norte (Israel) como el del sur (Judá) repetidamente le dieron la espalda a Dios, así que era tiempo de tomar medidas drásticas.

A través de sus profetas Dios advierte, suplica y persuade a las dos naciones, tratando de convencerlas sin cesar de que se vuelvan de su maldad para poder disfrutar de una gran relación con él. Eso es lo que siempre ha deseado. Es el tema general de la Historia Primaria: «Te amo y quiero que seas parte de mi comunidad perfecta, y todo lo que tienes que hacer es darme el primer lugar en tu vida». Sin embargo, en la Historia Secundaria, tanto Israel como Judá no pueden dejar de adorar a todos los dioses de las naciones vecinas. Y como no adoraron al único Dios verdadero, también rechazaron sus reglas de vida y se convirtieron en un horrible y defectuoso reflejo del carácter de Dios.

¡La Biblia relata que hasta arrojaban a sus propios hijos al fuego como sacrificio a sus dioses paganos! Se dedicaban a cometer actos impíos los unos con los otros. Ignoraban *todos* los mandamientos que Dios les había dado. Si él los dejaba continuar en sus malvados caminos, nadie jamás conocería su verdadero carácter y por lo tanto nadie se acercaría a él. Dios esperó con paciencia a que entraran en razón, pero ellos lo ignoraron. Les dio innumerables oportunidades de alinear la Historia Secundaria de su pueblo con su Historia Primaria, pero ellos estaban contentos con seguir viviendo como si él no existiera.

Era tiempo de que Dios actuara, y lo hizo de manera decidida. Según la Biblia, eligió a otra nación —Asiria, casi el equivalente de la moderna Siria— para que invadiera Israel, la derrotara y deportara a sus ciudadanos a su propia nación. Así de simple, Israel —el reino del norte— dejó de existir. Desapareció para siempre. La historia se refiere a las personas que fueron deportadas a Asiria como «las tribus perdidas de Israel», ya que sencillamente no existieron más como tribus, mucho menos como nación. Lo que probablemente sucedió fue que los asirios los separaron y enviaron a varias ciudades, donde tuvieron casamientos mixtos y finalmente perdieron su identidad cultural. Estos descendientes de Abraham, a los que se les había dado su tierra y que una vez habían adorado a Dios y gozado de su providencia, ahora eran removidos de su presencia de forma permanente, echados del jardín.

De modo que ahora todo lo que queda de la nación especial de Dios es Judá, al sur. El rey de Judá en ese tiempo era Ezequías, y justamente él fue uno de los reyes buenos. Como seguro recordarás, hubo un total de treinta y nueve reyes en Israel y Judá durante ese período de doscientos ocho años, y solo cinco honraron a Dios. Ezequías fue uno de esos cinco tipos buenos. Él quitó todos los ídolos que había dejado su malvado predecesor y condujo a sus ciudadanos al único Dios verdadero. Como resultado de su fidelidad, Dios lo recompensó con el éxito en su reinado. Durante ese tiempo Judá prosperó. El remanente de la nación especial de Dios vio un aumento en la alfabetización y la producción de grandes obras literarias. También se incrementó su poder militar.

Aun así, siendo tan pequeña, Judá era vulnerable al ataque, y los asirios acababan de aniquilar a Israel. Ahora se encontraban en la frontera de Judá, ansiosos por eliminar también a la nación de Dios, pero primero el rey de Asiria le ofrece a Ezequías una oportunidad de rendirse. No obstante, Ezequías se niega a hacerlo.

Entonces el rey intenta intimidar a los ciudadanos de Judá, advirtiéndoles que no debían confiar en el Dios de Ezequías, pero ellos permanecen fieles a su rey. Cuando la amenaza directa finalmente se acaba y el ataque parece inminente, Ezequías se vuelve a su verdadera fuente de fuerza. Se arrodilla y ora, y las palabras de su oración muestran que sabe algo sobre la Historia Primaria de Dios: «Ahora, pues, Señor y Dios nuestro, por favor, sálvanos de su mano [del rey de Asiria], para que todos los reinos de la tierra sepan que sólo tú, Señor, eres Dios»[1].

Ezequías capta el asunto. Él sabe que la manera en que vive su vida refleja el carácter de Dios, así que honra al Señor siendo un rey justo y recto y llevando a su pueblo a vivir del modo que él les ordena. Sabe que si su diminuto reino sobrevive a un ataque del muy superior ejército asirio, todos conocerán que Dios es quien dice ser y que los dioses paganos de los asirios no tienen poder. Sabe que nada de esto tiene que ver con él, sino con Dios. Y dado que Dios está detrás del asunto, sabe también que Judá sobrevivirá de algún modo al ataque del ejército más grande y poderoso, el ejército asirio.

Al final resulta que *no hubo* ataque. El ángel del Señor entró en el campamento del ejército asirio que estaba aguardando a las afueras de Judá y mató a ciento ochenta y cinco mil soldados enemigos. El rey se levantó de mañana y descubrió que su ejército estaba completamente exterminado, todos muertos en el suelo. El poderoso y arrogante rey de Asiria reunió lo que quedaba de sus ropas, se retiró a Nínive y se quedó allí. Fue una victoria decisiva que una vez más demostró el amor de Dios por su nación especial.

Pensarás que después de ver lo que le ocurrió a Israel y la forma milagrosa en que Dios los guardó de una suerte similar, Judá nunca consideraría abandonar al Señor y regresar a adorar a los ídolos. No obstante, si has estado prestando atención, sabes que a la nación escogida de Dios parece resultarle difícil vivir para él cuando todo anda de maravillas. Ezequías murió después de servir fielmente a Dios por treinta y nueve años. Luego su hijo Manasés heredó el trono, resultando ser todo lo contrario a su padre.

Mientras que Ezequías quitó los ídolos, Manasés los reinstaló, construyendo incluso altares a los dioses extranjeros en el templo de Jerusalén y demostrando así una actitud arrogante contra Dios. Él declaró su lealtad a esos dioses paganos adorándolos en público, lo cual era una insinuación directa del modo en que todos los habitantes de Judá debían vivir. En vez de buscar el consejo de Dios, consultó a los hechiceros y espiritistas, una práctica expresamente prohibida por Dios. Incluso arrojó a su hijo al fuego en uno de los altares como sacrificio a un dios pagano. La Biblia describe el estado de Judá bajo Manasés indicando que era más impía que ninguna otra de las naciones que Dios había destruido anteriormente[2].

Ten en cuenta que este era el remanente de la una vez poderosa nación que Dios había escogido para llevar a cabo su plan de crear una comunidad perfecta en la cual todos pudieran gozar de su presencia para siempre. Más específicamente, el Mesías prometido —el Rey de reyes— iba a venir de Judá. Sin embargo, la nación le había dado la espalda a Dios y estaba sumergiéndose cada vez más en las prácticas abominables de una manera que sobrepasaba la maldad de cualquier otra nación. Dios tenía que hacer algo. Él le dio a Manasés un indicio a través de un mensaje de uno de sus profetas: «Voy a enviar tal desgracia sobre Jerusalén y Judá, que a todo el que lo oiga le quedará retumbando en los oídos»[3].

Cuando alguien escucha algo así, puede ser guiado a reconsiderar sus caminos y volverse una persona religiosa enseguida. No obstante, a pesar de las advertencias a Manasés y el pueblo, «no le hicieron caso»[4]. Mala decisión. Dios levantó al ejército asirio para capturar a Manasés de la forma más humillante. Le pusieron un gancho en la nariz, le ataron las manos y los pies con grilletes, y se lo llevaron a plena vista de sus súbditos. Después lo condujeron a Babilonia y lo mantuvieron como prisionero en esa nación pagana. Con el tiempo, años después de la muerte de Manasés, los babilonios destruyeron la ciudad capital Jerusalén y deportaron a todos los residentes de Judá a Babilonia.

Manasés, el poderoso monarca que pensó que era demasiado grande para Dios (aunque estaba solo en la escuela secundaria cuando llegó a ser rey), se sentó en la celda oscura y húmeda de una prisión. Acostumbrado a los banquetes fastuosos, con suerte recibía algo de pan enmohecido y agua turbia. Los dioses que adoraba no tuvieron poder para protegerlo o rescatarlo. El Dios al que repetidamente rechazó fue quien al final lo liberó.

Para todo propósito práctico, la nación que sería tan central en el plan de Dios para toda la humanidad ya no existía, lo cual solo podía querer decir una cosa: Dios quebrantó una importante promesa que le había hecho al rey David hacía cuatrocientos años antes. ¿Cómo pudo ser que el pueblo de Judá hubiera sido deportado a Babilonia cuando Dios les había prometido que serían una nación y que de esta nación vendría el Mesías? ¿Cómo alguien podía confiar en un Dios que no cumple sus promesas?

Entonces entra en escena otro mensajero, quizás el profeta más conocido de la Biblia: Isaías. Al igual que todos los otros profetas, el primer mensaje de Isaías apunta a llamar al pueblo a regresar a Dios y apartarse de la maldad. No obstante, es probable que sea más conocido entre los cristianos por sus profecías acerca del Mesías. Aunque el Mesías no llegaría hasta después de otros setecientos años más o menos, él sabe a las claras lo que Dios está planeando en la Historia Primaria.

El mensajero de Dios, Isaías, le reasegura a Judá que Dios no permitirá que continúen cautivos en Babilonia para siempre. Después de un tiempo, él los llevará de nuevo a casa, no porque se lo merezcan, sino por guardar la promesa que le hizo a David y continuar con su plan de darles a todos una oportunidad de tener una relación con él. Cuando Isaías concluye el mensaje del Señor para Judá, él revela el propósito divino de salvar a su nación especial:

> «Sabrás entonces que yo soy el Señor,
> y que no quedarán avergonzados
> los que en mí confían [...]
>
> Toda la humanidad sabrá entonces
> que yo, el Señor, soy tu Salvador;
> que yo, el Poderoso de Jacob, soy tu Redentor»[5].

Dios *nunca* rompe una promesa.

La Historia Secundaria de Judá —como muchas de nuestras propias Historias Secundarias— es un desastre. Sin embargo, Dios se especializa en usar los desastres para hacer avanzar su grandiosa Historia Primaria. Nada puede frustrar su incesante pasión de proveer una manera de que regresemos a él. Desearía poder decir que mi propia historia con Dios ha sido una trayectoria constante de acercarme cada vez más a él. Que desde el momento en que inicié una relación con Dios fui como Ezequías, el rey bueno. No obstante, la verdad es que ha habido tiempos en los que he apartado mi enfoque del Señor y lo he puesto en otras cosas, al punto de que han sido más importantes que Dios. Al principio el objeto de nuestros afectos puede parecer inofensivo, pero rápidamente se puede transformar en un estilo de vida que nos lleva a adorar a un ídolo. Esto es lo engañoso de las tentaciones que enfrentamos cuando las cosas marchan bien.

Me puedo imaginar fácilmente a Manasés comenzando su reinado con toda la intención de ser un gran rey como su padre. Al ser ungido por los sacerdotes del templo, seguro declaró su fe en el Dios verdadero y lo hizo de veras. Pero luego su ojo captó la exótica belleza de una estatua de oro. ¿Qué tan dañino podía ser colocar esa estatua en el altar del templo de Dios? Uno podría alegar que en realidad hacía que el templo luciera más hermoso. Tal vez él razonara que todos los dioses están de algún modo conectados cósmicamente para formar una copiosa colección de deidades, ¿así que por qué no adorarlos a todos ellos?

Porque Dios nos ama tanto que no puede permitirlo. Sabe que para que tengamos una relación con él, la misma debe ser pura. Todo lo demás no será una relación en lo absoluto. En el Nuevo Testamento a los creyentes se les llama la «novia» del Hijo de Dios. ¿Qué novio quiere pararse en el altar y ver a su novia viniendo por el pasillo con otros cuatro o cinco «novios» a su lado? Dios nos promete habitar en su perfecta comunidad para siempre, y todo lo que pide de nosotros es que lo amemos solo a él y respondamos en humilde obediencia a la guía que nos ofrece.

Sin embargo, hay otra dimensión en esta historia que ronda por mi mente, y tiene que ver con el efecto que la desobediencia produce sobre las *naciones*. Dios claramente castiga a los reyes malos por su iniquidad, pero también castiga a las dos naciones, Israel y Judá. Incluso permitió que dos potencias paganas como Asiria y Babilonia jugaran roles cruciales al castigar a las naciones que fueron escogidas por él de una forma especial a fin de llevar a cabo su plan divino para toda la humanidad. No creo que esté yendo más allá al sugerir que Dios les pide cuentas tanto a los individuos como a las naciones.

Dios esperó con paciencia durante doscientos ocho años antes de decidir finalmente que no podía seguir permitiendo que su nación lo rechazara y también a sus caminos. ¿Llegará el día en que se le acabe la paciencia con los Estados Unidos y otras naciones del mundo? Los Estados Unidos han existido por casi el mismo lapso fatal de tiempo. No tengo la respuesta, pero la idea de que esto podría suceder debería motivarnos a todos los que amamos a Dios y confiamos en él a orar por nuestra nación. Y no solo a orar, sino a buscar poner a Jesús en el trono de nuestras vidas a fin de ser la clase de esposos, esposas, padres, vecinos, miembros de iglesias y ciudadanos que harán lo bueno.

Cuando los que creemos en Dios vivimos de la manera en que él nos llama a vivir, nuestra nación puede ser transformada —algo que Dios puede hacer a través de mí o de ti, junto con los descendientes de George Washington— si estamos dispuestos a enfocarnos en la Historia Primaria. En cuanto a mí y mi casa: «Ningún otro Rey más que Jesús».

CAPÍTULO 17

La caída del reino

«Bueno es el Señor con quienes en él confían,
con todos los que lo buscan.
Bueno es esperar calladamente
a que el Señor venga a salvarnos.»
—LAMENTACIONES 3:25-26

Durante la noche del 14 de abril los operadores de la radio del *Titanic* recibieron un mensaje que decía que se estaban dirigiendo hacia un peligroso campo de hielo. Los operadores estaban ocupados mandando los mensajes de los pasajeros a sus seres queridos allá en casa, contándoles qué hermoso tiempo estaban pasando a bordo del crucero más lujoso del mundo. Le restaron importancia al mensaje de advertencia para poder seguir con la larga lista de mensajes de sus pasajeros. Más tarde, esa misma noche, un operador de la radio de un barco cercano también le envió un mensaje al *Titanic* advirtiéndole sobre el campo de hielo. Uno de los operadores del crucero le respondió en código Morse: «Cállate, cállate. Estoy ocupado».

Creo que ya conoces el resto de la historia.

¿Qué es lo que nos hace tender a ignorar las advertencias hasta que es demasiado tarde?

Aparentemente se trata de un problema de larga data, porque no importa cuántos mensajeros Dios enviara para advertirle a su nación especial, ellos los pasaron por alto a todos. Cuando regresamos a la Historia Primaria de Dios, vemos que avanza rápidamente hacia el fin de un largo viaje que culminará con el regalo tan anticipado que le había prometido al mundo, un Mesías que cambiará la manera en que Dios se relaciona con su pueblo. Este viaje comenzó en un jardín con una comunidad perfecta, que era exactamente lo que él deseaba y la razón por la que descendió a la tierra. A fin de estar con nosotros. No obstante, como recordarás, Adán y Eva decidieron desobedecer la única regla que se les había puesto, y de ahí en adelante hemos visto a Dios pacientemente llamar a su pueblo a volverse a él.

Por el camino conocimos a asombrosas personalidades que confiaron en Dios y jugaron un papel primordial en su historia: Abraham, Sara, José, Moisés, Rut y David. También vimos a algunos verdaderos villanos: Faraón, Jezabel, Manasés. En la Historia Secundaria sus acciones parecen aisladas y desconectadas, pero Dios los usa —a los buenos y a los malos— para orquestar su Historia Primaria de llamarnos a volver a una relación con él.

En el último capítulo aprendimos que Manasés, el rey de Judá, fue capturado y llevado a Babilonia. Este fue el principio del fin para el remanente de la nación escogida de Dios. Todo lo que quedó de ese país fue su ciudad capital, Jerusalén, y la sucesión de reyes malos continuó hasta que Nabucodonosor, el rey babilonio, capturó a otro enorme grupo de israelitas y los deportó a Babilonia.

Como lo había hecho antes, Dios siguió advirtiéndole a la gente de lo que podría llegar a suceder si ellos no se volvían a él. Esta vez la amonestación vino de la boca de un profeta llamado Ezequiel, que estaba exiliado en Babilonia y fue específico y gráfico:

> Haré que venga contra ustedes la espada, y destruiré sus lugares de culto idolátrico. Despedazaré sus altares, haré añicos sus quemadores de incienso, y haré también que sus muertos caigan frente a sus ídolos malolientes. ¡Sí! Delante de sus ídolos malolientes arrojaré los cadáveres de los israelitas, y esparciré sus huesos en torno a sus altares [...] y así sabrán ustedes que yo soy el Señor[1].

Seguramente pensarás que un mensaje como este haría que la gente de Judá entrara en razón, pero ellos siguieron ignorando a Dios e involucrándose más en sus prácticas impías. El tiempo se le estaba acabando a Judá. ¿Cuánto más podrían ignorar a Dios antes de que él cumpliera su amenaza de castigarlos si no se volvían de su maldad?

¿Alguna vez les has hecho esta clase de amenazas a tus hijos: «Si lo haces una vez más voy a...»? Y entonces ellos hacen lo que no querías que hicieran y otra vez los amenazas: «Estoy hablando en serio. Una vez más y...». ¿Por qué no los castigaste a la primera vez que desobedecieron? Porque en realidad no querías hacerlo. Detestabas el pensamiento de llevar a la práctica tu amenaza, aunque ellos a todas luces merecían ser castigados y ya les hiciste muchas advertencias. En lo profundo de tu corazón, albergabas el deseo de que nunca tuvieras que castigar a tus hijos. Te parte el corazón pensar en ellos llorando. Todo lo que siempre has deseado desde que eran bebés era disfrutarlos y darles una vida que le permitiera abrirse paso y alcanzar todo su potencial.

Así es como Dios veía a su nación. Así es como nos ve a nosotros todavía. Nos ama y quiere disfrutar la vida con nosotros. Si tan solo se lo permitimos.

Así que pese a su rechazo total hacia él, Dios le da al pueblo que ama una advertencia final. Con la mayor parte de Judá cautiva en Babilonia y con Jerusalén a punto de ser atacada, Dios llama a otro profeta: Jeremías. En términos de la Historia Secundaria, este debe haber sido uno de los peores tiempos para representar a Dios. La anteriormente orgullosa y hermosa ciudad de Jerusalén ahora está sumida en el caos. Todos los ricos, artesanos, mercaderes y militares han sido deportados, dejando solo a los más pobres para luchar con la anarquía, el hambre y la violencia.

Ellos también le han dado la espalda a Dios, viviendo para sí mismos y sus ídolos paganos. El Señor quiere que Jeremías le diga a la gente que vive en esta sombría y peligrosa ciudad de Jerusalén que son un montón de pecadores, que la paciencia de Dios se está acabando, y que si no se vuelven a él su ciudad será destruida. Ah, y una cosa más: Dios le dice a Jeremías que nadie lo escuchará.

Jeremías trata de ganar algo de tiempo (¿y quién puede culparlo?). Esta no es exactamente una de esas misiones fantásticas de la Biblia.

—Yo no hablo bien en público —protesta Jeremías.

—Yo te diré lo que debes decir —le responde Dios.

—Soy demasiado joven —continúa—. Tengo miedo.

—No te preocupes, yo estaré contigo —le promete Dios.

La Historia Primaria de Dios está llegando a su clímax, y el Señor quiere darle a su nación escogida una oportunidad final de evitar lo que ha de suceder. Así que le entrega a Jeremías estas palabras que quiere que trasmita al remanente rebelde de Judá que vive en Jerusalén:

> Un león ha salido del matorral,
> un destructor de naciones se ha puesto en marcha;
> ha salido de su lugar de origen
> para desolar tu tierra;
> tus ciudades quedarán en ruinas
> y totalmente despobladas [...]
>
> Recorran las calles de Jerusalén,
> observen con cuidado,
> busquen por las plazas.
> Si encuentran una sola persona
> que practique la justicia y busque la verdad,
> yo perdonaré a esta ciudad [...]
>
> Pero si ustedes no obedecen,
> lloraré en secreto
> por causa de su orgullo;
> mis ojos llorarán amargamente
> y se desharán en lágrimas,
> porque el rebaño del Señor
> será llevado al cautiverio [...]
>
> Todo Judá se ha ido al destierro,
> exiliado en su totalidad[2].

Es casi como si Dios decidiera que si baja el nivel de requisitos, no tendrá que llevar a cabo su disciplina: «Solo encuéntrenme a una persona honesta en toda la ciudad. Solamente un ciudadano decente, y yo perdonaré todo y podremos reanudar nuestra relación». Si alguna vez pensaste que Dios era vengativo y estaba lleno de ira, recuerda esta escena de la Historia Primaria. Y recuerda las lágrimas que llorará porque su amada nación será alejada de la tierra que les dio. Esta es la clase de Dios que quiere estar con nosotros y provee un medio para que vivamos con él para siempre.

El pueblo de Judá desaprovechó esta última oportunidad. Era tiempo de que Dios hiciera honor a su promesa. La Biblia resume de esta manera todo este período en el que Dios permite que su pueblo tenga sus reyes:

Por amor a su pueblo y al lugar donde habita, el Señor, Dios de sus antepasados, con frecuencia les enviaba advertencias por medio de sus mensajeros. Pero ellos se burlaban de los mensajeros de Dios, tenían en poco sus palabras, y se mofaban de sus profetas. Por fin, el Señor desató su ira contra el pueblo, y ya no hubo remedio[3].

Cuando llegas al punto en que el Dios del universo dice: «Ya no hay más remedio», sabes que se acabó. Y así fue. Nabucodonosor, el rey de Babilonia, comenzó su ataque final a Jerusalén. Percibiendo lo que estaba a punto de ocurrir, el rey de Judá, Sedequías, le pide a Jeremías que le haga una súplica final a Dios, esperando que «tal vez el Señor haga uno de sus milagros, y lo obligue [a Nabucodonosor] a retirarse»[4]. Sin embargo, Jeremías le da el mensaje de Dios allí directamente: «Es demasiado tarde. Ya te he entregado en manos de Nabucodonosor, y él no tendrá piedad, misericordia o compasión de ti».

No era algo agradable. El ejército de Babilonia irrumpió a través de los muros de la ciudad cuando el rey estaba tratando de huir. Lo atraparon y lo llevaron ante Nabucodonosor, quien le aplicó una severa sentencia. Los hijos de Sedequías fueron asesinados delante de su padre. Luego le sacaron los ojos, le pusieron grillos y lo llevaron a Babilonia. Nabucodonosor más tarde le prendió fuego al templo que Salomón había edificado para la gloria de Dios. Pronto toda la ciudad estuvo en llamas, tal como Jeremías había advertido de parte de Dios: «Será entregada en manos del rey de Babilonia, quien le prenderá fuego»[5].

Desde la perspectiva de la Historia Secundaria, la destrucción de Jerusalén parece severa e innecesaria. Si amas tanto a tu pueblo, ¿por qué lo tratas de esa manera? ¿Por qué le haces pasar tanta vergüenza y devastación? No obstante, en la Historia Primaria, esta es precisamente la razón por la que Dios tuvo que actuar de la forma en que lo hizo: *los amaba demasiado.* Si Dios seguía bendiciendo a Judá mientras ellos se comportaban de maneras tan opuestas a sus mandamientos, eso enviaría un mensaje confuso acerca de quién es Dios y cómo funciona la comunidad con él.

Dios está tratando de implantar una visión de que el reino por venir, el cual será posible a través de la fe en el Mesías, va a ser restaurado. Será la restauración de la idea que tuvo en el jardín del Edén: una vida donde no existe maldad, ni iniquidad, ni maltrato de personas. Y donde hay un amor hacia Dios sin reparos. Si él permitía que Judá continuara con su horrible conducta, ¿quién querría alguna vez vivir en la comunidad de Dios? Su amor por nosotros es tan grande y su santidad tan pura que no puede negociarse.

Aunque Jerusalén cayó, Dios continuó hablando a través de sus mensajeros Jeremías y Ezequiel. Jeremías se quedó en Jerusalén para hacer duelo por su pérdida. La Biblia dice que lloró amargamente por lo que le ocurrió a la ciudad y la nación escogida de Dios, de modo que solemos referirnos a él como «el profeta llorón». Su lamento sobre Jerusalén está escrito en el libro de Lamentaciones, cuyas primeras estrofas nos dan una descripción evocadora de la que una vez fue la ciudad real:

> ¡Ay, cuán desolada se encuentra
> la que fue ciudad populosa!
> ¡Tiene apariencia de viuda
> la que fue grande entre las naciones!
> ¡Hoy es esclava de las provincias
> la que fue gran señora entre ellas!
>
> Amargas lágrimas derrama por las noches;
> corre el llanto por sus mejillas.
> No hay entre sus amantes
> uno solo que la consuele.
> Todos sus amigos la traicionaron;
> se volvieron sus enemigos[6].

Sin embargo, aun en medio de su tristeza, Jeremías continúa llamando a Judá a volverse a Dios, anunciando el nacimiento de un Mesías que cambiaría para siempre el curso de la historia. Ezequiel también nos da algunas indicaciones de lo que Dios está planeando para Israel: «Los limpiaré de todas sus impurezas e idolatrías»[7].

Dios usa a los dos profetas para repetir el mensaje singular de su Historia Primaria: «Quiero vivir con ustedes y buscaré una forma de que puedan regresar a mí». En mis primeros tiempos de ministerio, era bastante común terminar los servicio con una invitación, una oportunidad para que la gente que se había apartado de Dios regresara a él. A menudo la congregación cantaba un himno diseñado para animar a los que podían estar resistiéndose al llamado de Dios en sus vidas, y uno de mis favoritos era ese que empezaba diciendo: «Suave y dulcemente Jesús está llamando».

El propósito central del juicio de Dios sobre Judá era llamar su atención y recordarles su promesa. Un Rey vendría de su tribu, de modo que ellos debían reflejar el carácter de ese Rey. Su destierro sería temporal, mientras Dios los preparaba para ese momento magnificente de la historia:

> Los sacaré de entre las naciones, los reuniré de entre todos los pueblos, y los haré regresar a su propia tierra. Los rociaré con agua pura, y quedarán purificados. Los limpiaré de todas sus impurezas e idolatrías. Les daré un nuevo corazón, y les infundiré un espíritu nuevo; les quitaré ese corazón de piedra que ahora tienen, y les pondré un corazón de carne [...] Vivirán en la tierra que les di a sus antepasados, y ustedes serán mi pueblo y yo seré su Dios[8].

¿Te imaginas cómo cayeron estas palabras en los corazones de la gente de Judá, ahora dispersada por toda Babilonia? ¿Te imaginas cuánta gente hoy anhela escuchar la tierna invitación de Dios a volver a casa? Y lo que me parece más sorprendente es que Dios nos usa para revelar su corazón y recordarles a las personas que siempre las está esperando, ansioso de perdonarlas y restaurar sus vidas en maneras que ni siquiera se imaginan. Si tan solo se lo permiten.

En la Historia Secundaria puede tratarse de un compañero de trabajo. Una mujer con la que sales a correr. Un adolescente indiferente. Solo gente al azar que de algún modo se relaciona contigo. No obstante, en la Historia Primaria, son exiliados anhelando conectarse con Dios y encontrar su camino a casa. Muchos han ignorado las advertencias, han chocado contra el iceberg y ahora se están hundiendo en el agua congelada, deseando con desesperación que alguien les arroje un salvavidas. Aterrorizados. Confundidos. Desgastados. Solitarios. Sin embargo, preciosos a los ojos de Dios. Ellos son la razón por la que él vino a la tierra en primer lugar.

¿Podrás ser tú la voz suave y tierna de Dios que escuchen?

CAPÍTULO 18

Prodigios y maravillas

«Porque él es el Dios vivo,
y permanece para siempre.
Su reino jamás será destruido,
y su dominio jamás tendrá fin.
Él rescata y salva;
hace prodigios en el cielo
y maravillas en la tierra».

—DANIEL 6:26-27

Mientras escribo esto, nuestro hijo Austin es un estudiante de segundo año de Boerne Champion High School, una escuela pública aquí en San Antonio. Cada mañana que tiene clases se levanta mucho más temprano por propia voluntad (¡despertándome algunas veces a mí también!), va a la escuela con un grupo de otros chicos que aman a Dios, y allí oran. Oran los unos por los otros, por sus líderes y por su colegio. En ocasiones otros chicos se aparecen y se burlan, o hasta los insultan. Sin embargo, ellos no ceden. Y no tratan de explicar o defenderse o actuar como superiores. Solo oran de manera tranquila, aun por los mismos chicos que los ridiculizan.

¿Dios los honrará por defender su postura y ponerlo a él en primer lugar en sus vidas? Ya lo ha hecho. Lo que comenzó siendo un puñado de muchachitos ha crecido hasta ser un grupo de más de cuarenta estudiantes que oran por su colegio cada mañana.

Como creyentes, todos estamos en el exilio. Solíamos cantar esta letra de una vieja canción: «Este mundo no es mi casa. Simplemente estoy de paso». Al igual que la gente de la nación de Dios exiliada en Babilonia, estamos de camino a una nueva Jerusalén. Recuerda, Dios le había prometido a Judá que no los abandonaría para siempre y que un día regresarían a Jerusalén. Y en nuestra historia, nos dirigimos al momento en que ellos regresan. Dios los está preparando, y según la Biblia también está preparando un lugar especial para que tú y yo vivamos con él para siempre.

Desde la esclavitud en Egipto, pasando por el peregrinaje en el desierto, la entrada a su propia tierra, la construcción de un templo permanente para adorar a Dios, la división de la gran nación, hasta ser finalmente solo un remanente, la vergonzosa historia de Israel parece llegar a su fin. Judá está en el exilio.

Se trata del pueblo elegido de Dios, que ha sido obligado a abandonar la tierra que él les dio. ¿Puede haber algo más trágico? Uno de los desafíos para Babilonia era qué hacer con todos esos nuevos habitantes. ¿Qué hace una nación cuando captura miles de personas y las lleva a vivir a su país como prisioneros? Pocos se dan cuenta de esto, pero durante la Segunda Guerra Mundial más de cuatrocientos mil prisioneros de guerra estaban retenidos en aproximadamente quinientos campos de concentración a lo largo de toda Alemania. Aunque se encontraban cautivos, pasaban la mayor parte de sus días trabajando en los campos, ayudando con las cosechas, apilando heno y ocupándose de los cultivos. Incluso se les pagaba y recibían comida de los patrones, a menudo establecieron amistades fuertes que continuaron hasta su liberación al final de la guerra.

Los exiliados judíos que vivían en Babilonia gozaban de la misma clase de relación con sus captores. En realidad, durante ese tiempo Babilonia vivió un período de gran prosperidad y crecimiento, y muchos de los nuevos edificios y grandes piezas de arte honrando a Nabucodonosor fueron creados por los exiliados. El rey era lo bastante listo para reconocer el talento de los nuevos deportados y hasta elegía a los mejores y más inteligentes a fin de que le sirvieran como consejeros especiales. Aquí es donde nos encontramos con un joven llamado Daniel y sus tres amigos, Sadrac, Mesac y Abednego.

Incluso si no has pasado un montón de tiempo en una iglesia o leyendo la Biblia, estoy casi seguro de que has oído de estos muchachos y sabes al menos un poquito sobre sus experiencias en la Historia Secundaria. Es probable que hayas escuchado la historia de Daniel en el foso de los leones y recuerdes vagamente el viaje de Sadrac, Mesac y Abednego al horno de fuego. Así que voy a enfocarme más en cómo se vieron envueltos en esos problemas y, más importante todavía, qué tiene que ver todo esto con la Historia Primaria de Dios. Desde la perspectiva de la Historia Secundaria, Judá está acabada. El gran plan de Dios había alcanzado una barrera infranqueable. Es terriblemente difícil construir una comunidad perfecta cuando la gente con la que planeas hacerlo se encuentra cautiva de un rey pagano en un país extranjero.

Esos cuatro jóvenes (muy probablemente adolescentes) son parte de un grupo más grande de exiliados lo suficiente afortunados como para ser elegidos por el rey y preparados a fin de ejecutar servicios en el futuro dentro del palacio real. El entrenamiento que reciben es en esencia el equivalente a una maestría en cultura e idioma babilónico. Durante tres años ellos leyeron la alta literatura de Babilonia, estudiaron su arte, aprendieron sus costumbres y discutieron todas esas cosas unos con otros en su nuevo idioma. Es seguro afirmar que para el momento en que terminaron su entrenamiento eran más babilonios que la población nativa.

Desde el comienzo de la preparación, Daniel es alguien con un fuerte sentido de lo bueno y lo malo, lo que la maestra de mi hijo llama «un referente moral» para la clase. Aunque Dany ha sido seleccionado para este exclusivo programa de entrenamiento, no va a cambiar su lealtad e inclinarla por completo hacia el rey. Su primer acto de desafío viene a la hora de la cena. El rey ha provisto los mejores vinos y carnes de su propia despensa, pero Daniel se niega a comer algo de eso y en cambio pide solamente vegetales y agua. No quiere contaminarse comiendo de la mesa del rey.

Su determinación no le cae bien al oficial que le trajo la comida, ¿y quién puede culparlo por tratar de hacer que Daniel cambie de parecer? En primer lugar, nadie rechaza alguna cosa que provenga del rey, mucho menos un prisionero al que se le ha dado una tarea de lujo. Sin embargo, lo que más enoja al oficial es el hecho de que Daniel está a su cuidado, y si solo come vegetales y agua, se arrugará y enfermará... ¡y entonces el rey lo culpará *a él*! Así que le suplica a Daniel que coma la comida real y beba el vino del rey, pero Daniel le ofrece un trato: «Permítenos probar por diez días, y luego compáranos con el resto de los aprendices que han estado comiendo de la despensa del rey».

En ese momento casi puedo ver a Sadrac, Mesac y Abednego mirándose y encogiéndose de hombros: «¿Dijo eso de *nosotros* también? No, de ninguna manera. Yo estaba esperando mi costilla y un buen vino».

A regañadientes, los tres se unen a Daniel en su pequeño experimento culinario, no ingiriendo nada más que verduras y tomando solo agua. Cuando el oficial viene a verlos diez días más tarde, se sorprende al comprobar que lucen más saludables y fuertes que aquellos que comieron la rica comida del rey.

¿Acaso Dios es vegetariano?

Espero que no, porque me encanta cocinar un buen filete de vez en cuando. En realidad, la Biblia contiene buenos consejos acerca de dietas y comidas que se deben comer o evitar, los cuales podrían beneficiar a nuestra nación poco saludable. No obstante, la enseñanza de la Historia Primaria acerca de este episodio es que Dios cuida a los que lo honran. Rehusarse a comer de la despensa real porque alguien no quiere contaminarse es una buena manera de morir. O al menos de ser expulsado del programa de entrenamiento para la elite. Con todo, Daniel se niega a ceder, sin que importe cuál sea el costo. Creo que Dios quiere que demostremos esa misma devoción valiente hacia él. Que estemos dispuestos a defender nuestra postura, aun si tiene un precio muy elevado.

La «huelga de hambre» de Daniel es algo menor comparada con la manera en que sus tres amigos desairan al rey. Después que todos completan su período de entrenamiento de tres años, el rey los selecciona a los cuatro para que sean sus asistentes personales, lo cual era un gran honor. Al parecer ellos le servían muy bien en casi todos los aspectos. En realidad, solo hay una cosa que se niegan a hacer: adorar a los dioses paganos de Babilonia. Hacerlo sería deshonrar a Dios y quebrantar una de sus pautas para vivir bien: *No tengan otros dioses aparte de mí.*

El rey Nabucodonosor decide construir un enorme ídolo de oro de casi treinta metros de alto. Cuando la estatua está terminada, invita a todos los oficiales de su reino a una ceremonia donde la misma se presenta junto con esta orden: Inclínense ante ella o serán arrojados al horno de fuego.

Sadrac, Mesac y Abednego se niegan a esta práctica, lo cual enfurece al rey. Sin embargo, como le han servido tan bien, Nabucodonosor les da otra oportunidad: Adoren al dios que yo creé o vamos a ver si algún dios puede rescatarlos de ese hoyo de fuego.

Tal es su devoción a Dios que responden: «Si se nos arroja al horno en llamas, el Dios al que servimos puede librarnos del horno y de las manos de Su Majestad. Pero aun si nuestro Dios no lo hace así, sepa usted que no honraremos a sus dioses ni adoraremos a su estatua»[1].

¡Vaya! Una cosa es defender la postura de Dios si estás bastante seguro de que él te cuida las espaldas. ¿Pero hacerlo sabiendo que hay muchas posibilidades de que te quemen? En algunos países del mundo los cristianos son atacados. He oído historias de mártires del tiempo actual que tuvieron la oportunidad de retractarse de su fe en Cristo para salvar sus vidas, y muchas veces me he preguntado qué haría yo en esa situación. ¿Qué harías *tú* si una pistola estuviera apuntando a tu cabeza y te dijeran: «Niega que eres cristiano y no apretaré el gatillo»? Espero que tengamos el coraje de Sadrac, Mesac y Abednego.

Mira lo que sucede cuando Dios interviene: Nabucodonosor hace arrojar a los tres jóvenes al horno de fuego, pero luego comprueban que «el fuego no les había causado ningún daño, y que ni uno solo de sus cabellos se había chamuscado; es más, su ropa no estaba quemada ¡y ni siquiera olía a humo!»[2].

Cada vez que Dios hace algo grande, es por un propósito aun mayor. Es cierto, él honra a los tres jóvenes, pero hace algo que tiene el sello de la Historia Primaria por todas partes. Nabucodonosor queda tan impresionado con el poder del Dios de estos jóvenes que declara que será una ofensa capital decir algo en contra del verdadero Dios. El Señor rescató a Sadrac, Mesac y Abednego por la misma razón que nos pide que vivamos vidas que reflejen su carácter lleno de honestidad, compasión y justicia: *traer a otros a su perfecta comunidad*. Todo lo que Dios hace está motivado por su profundo amor por las personas y su deseo de tener una relación con ellas.

¿Dónde está Daniel mientras esto ocurre? La Biblia no lo dice, pero no se trata de que él tratara de evitar la prueba, porque más tarde en su vida exhibe la misma clase de devoción valiente hacia Dios que tuvieron sus tres amigos. En ese tiempo él está sirviendo a un nuevo rey —Darío— y en el proceso algunos de los oficiales del monarca han comenzado a ponerse celosos de Daniel. Cuando notan que Daniel no se inclina delante de los dioses del rey, tratan de convencerlo de emitir un decreto que nos suena familiar: Adoren a cualquier otro dios que no sea el rey y serán arrojados a un foso con leones hambrientos.

Como habían hecho sus tres amigos, Daniel se rehúsa a obedecer la orden. Aunque al rey le duele ejecutar su decreto porque ha llegado a amar de veras a Daniel, lo arroja con los leones al anochecer y luego pasa la noche en vela debido a la preocupación que siente por Daniel. A la mañana siguiente se levanta temprano y corre al foso. ¡Cuál es su gozo al ver que Dios ha domado a los leones y Daniel está a salvo! Y una vez más, todo esto sucede por una razón en la Historia Primaria, ya que el rey babilonio emite otro decreto: «He decretado que en todo lugar de mi reino la gente adore y honre al Dios de Daniel»[3].

En la Historia Secundaria, Judá se encuentra en el exilio. El pueblo especial de Dios está haciendo todo lo posible para salir adelante como extranjeros en una tierra extraña. Debido a sus habilidades y su ética del trabajo —y porque Babilonia está disfrutando de un período de prosperidad— tienen empleos decentes y pueden cuidar de sus familias. Se levantan. Van a trabajar. Recogen a sus hijos en la escuela. Comen juntos la cena. Se van a la cama. Y vuelven a comenzar todo de nuevo al día siguiente. Los que una vez fueron el pueblo escogido de Dios, ahora están rodeados por paganos. Anhelan algo mejor.

¿Te suena familiar? En realidad yo no creo en eso de «los viejos buenos tiempos», sin embargo, ¿en alguna ocasión te encontraste anhelando los días en que nuestra cultura parecía menos antagónica hacia la gente de fe? ¿Y alguna vez desearías que Dios descendiera e hiciera algo realmente grande para demostrar que él es Dios y que así te otorgara algo de credibilidad?

La Historia Primaria de Daniel y sus tres amigos nos da una pista de cómo esto puede suceder. Cuando ellos ponen a Dios por encima de todo lo demás —cuando obedecen el primer mandamiento— Dios obra a su favor. Creo con todo mi corazón que si tenemos ese mismo nivel de compromiso, veremos ocurrir grandes cosas. Cada vez que alguien pone a Dios primero, nunca se lamentará. Dios nunca nos falla. Tal vez no actúe de la manera que esperamos o deseamos, pero siempre nos honra cuando lo colocamos por encima de todo lo demás.

En tu cultura laboral puede estar bien inflar las cuentas de gastos. Todos lo hacen. Nadie va preso por ello. No obstante, cuando entregas un reporte de gastos honesto y preciso, estás poniendo a Dios primero porque estás reflejando *sus* valores y carácter. Y él lo honrará. Aun si nos quemamos en el fuego o nos comen los leones, Dios promete que nuestro testimonio obrará para bien. Nuestro valor puede hacer que muchas otras personas lleguen a confiar en él con más valentía o provocar la ocasión precisa que cause que un escéptico cruce la línea de fe hacia la vida eterna con Dios.

En tu cultura como hombre puede parecer que solo estás siendo «uno más de los muchachos» cuando comentas sobre una camarera muy seductora que se reclina sobre tu mesa para servir más café en tu taza. Cuando evitas unirte a ellos o incluso les dices con mucho tacto que se comporten, estás poniendo a Dios primero porque él inventó el sexo para que los hombres y las mujeres lo disfruten dentro del matrimonio. Y Dios te honrará por eso.

En tu cultura como mujer puede estar bien quejarse con tus amigas sobre tu esposo, pero cuando te refrenas y te niegas a hacerlo, aunque todas las demás lo hagan, estás poniendo a Dios primero, ya que su idea del matrimonio se construye sobre la base del respeto. Y él te honrará por eso.

En tu cultura como estudiante puede estar bien simular que no conoces a Dios para poder encajar en el grupo, pero cuando te levantas y oras con un pequeño grupo de amigos antes de que empiece la clase, estás poniendo a Dios primero, porque él adora esa actitud de dependencia. Y te honrará por eso.

A causa de que Daniel y sus tres amigos defendieron una postura, los babilonios que no conocían a Dios se volvieron a él. Dios todavía hace cosas grandiosas y poderosas para atraer a la gente hacia él. Y usa a gente como tú y yo para lograrlo. Cuando resistimos la presión de una tierra extranjera y vivimos del modo que Dios desea, nuestros amigos, vecinos, colegas y ciudades enteras —tal vez incluso naciones— se volverán a él.

Quizás el exilio no sea un lugar tan malo después de todo.

CAPÍTULO 19

Un largo camino
a casa

«¡Reflexionen sobre su proceder!
Ustedes siembran mucho, pero cosechan poco;
comen, pero no quedan satisfechos;
beben, pero no llegan a saciarse; se visten, pero no logran
abrigarse; y al jornalero se le va su salario como por saco roto».

—HAGEO 1:5-6

A veces la vida es como la comida de los cerdos.

El hijo pródigo te puede contar algo sobre eso. Él la olió, la sintió, la sirvió. Tal vez hasta la haya comido. En una de las historias más conocidas de Jesús, él describió la experiencia de un hijo obstinado en un chiquero. El muchacho, nacido privilegiado, demandó su herencia antes de la muerte de su padre. Tomó el dinero y se fue a un equivalente de Las Vegas del siglo primero a darse la buena vida. A los pocos días, estaba tuteándose con el gerente del casino, la presentadora y sus amigas, así como con un grupo de transeúntes que adoraban ir de juerga siempre y cuando no tuvieran que pagar ellos.

Unos pocos días más tarde se hallaba quebrado, buscando empleo. Encontró un trabajo alimentando a los cerdos. El salario debe haber apestado tanto como los mismos cerdos, ya que al muchacho pronto se le estaba haciendo agua la boca al observar el comedero. Consideró muy en serio la posibilidad de ocupar un lugar junto a los cerdos y empezar a comer.

Ahí fue cuando entró en razón y volvió en sí con respecto a su vida. No obstante, se necesitó algo de algarroba para atraer su atención.

El pródigo y los cerdos. Los judíos y los cimientos abandonados del templo de Dios. ¿Qué tienen en común? Ambos ofrecen una respuesta a la pregunta: «¿Qué hace Dios cuando nos descarrilamos?».

He aquí la trama que yace en el fondo. Los hijos de Israel han pasado los últimos setenta inviernos en el exilio babilónico. Su ciudad fue arrasada; su templo tan amado fue saqueado. Excepto por el valor de Daniel y sus tres amigos, esa época hubiera sido vergonzosa. Sin embargo, después de siete décadas de oscuridad, un túnel de luz penetra las nubes y sorprende al pueblo.

En el primer año del reinado de Ciro, rey de Persia, el Señor dispuso el corazón del rey para que éste promulgara un decreto en todo su reino y así se cumpliera la palabra del Señor por medio del profeta Jeremías. Tanto oralmente como por escrito, el rey decretó lo siguiente:

«Esto es lo que ordena Ciro, rey de Persia:

»El Señor, Dios del cielo, que me ha dado todos los reinos de la tierra, me ha encargado que le construya un templo en la ciudad de Jerusalén, que está en Judá. Por tanto, cualquiera que pertenezca a Judá, vaya a Jerusalén a construir el templo del Señor, Dios de Israel, el Dios que habita en Jerusalén; y que Dios lo acompañe. También ordeno que los habitantes de cada lugar donde haya judíos sobrevivientes los ayuden dándoles plata y oro, bienes y ganado, y ofrendas voluntarias para el templo de Dios en Jerusalén»[1].

¡Qué notable giro en los acontecimientos! Dios vuelve el corazón del rey de Persia, Ciro, hacia los judíos, y hace regresar a los judíos a Jerusalén. Y Dios impulsa al rey a darles a los exiliados no solo permiso, sino además los recursos con los que edificar el templo.

¿Ahora bien, por qué Dios hace esto? ¿Por qué elegiría a un rey pagano para construir su santo templo? ¿No te parece un poco raro que no levante a un líder judío para llevar a cabo esa tarea? En la Historia Secundaria, es cierto, no tiene sentido. Ciro adoraba a muchos dioses distintos, pero no reconocía al Dios de Israel. Al utilizar esta vía Dios estaba, en un cierto sentido, usando recursos contaminados para construir su habitación sagrada. Sería algo así como que un capo de la mafia, que amasó una fortuna a través de medios ilegales, haga un cheque a nombre de nuestra iglesia para que podamos edificar un nuevo centro de adoración.

No obstante, en la Historia Primaria, Dios es soberano, y eso quiere decir que él y solo él decide lo que hace. Y creo que una de las razones por las que elige a un rey pagano para ayudar a construir el templo es a fin de enviarle un mensaje a su propia comunidad: «Yo usaré lo que sea necesario para finalizar mi plan de edificar una comunidad perfecta donde pueda estar con mi pueblo para siempre, incluso a un rey que no me conoce».

Sin embargo, hay otra razón más por la que Dios escoge a Ciro: esto siempre ha sido parte de su plan. ¿Recuerdas a Isaías? Aproximadamente cien años antes él había revelado toda la historia, profetizando lo bueno, lo malo y lo feo que le ocurriría a Israel. Pero las personas no escucharon, por lo que se perdieron el excelente mensaje que tenía que ver con Ciro: Dios lo levantaría y haría de él un líder fuerte, aunque no creyera en el único Dios verdadero. Isaías incluso le llama a Ciro el «ungido»[2], que es lo mismo que llamarlo mesías. Y para estas alturas, ya sabes por qué razón Dios hace esas cosas grandes y notables en el mundo, que es exactamente la misma razón por la que llamó a Ciro a edificar su templo: «Para que sepan de oriente a occidente que no hay ningún otro fuera de mí. Yo soy el Señor, y no hay ningún otro»[3].

Que Ciro asumiera la tarea de edificar el templo de Dios es una de esas cosas grandes y notables que llaman mucho la atención.

También te preguntarás por qué Dios necesitaba un templo. Siendo Todopoderoso y capaz de estar presente en todas partes, fácilmente podría vivir con sus seguidores sin todo el embrollo de construir un templo elaborado. El templo es un lugar físico que nos recuerda que Dios quiere entrar en nuestra Historia Secundaria para vivir con nosotros. La presencia física trae un gran consuelo. Mientras escribo esto, mi esposa se está recuperando de una operación. Hace dos días que estoy en la misma habitación con ella. Los doctores y las enfermeras hacen todo el trabajo. Yo solo estoy aquí en el cuarto con ella, escribiendo mientras ella duerme.

Mi esposa afirma que mi presencia la ayuda. Sé de lo que habla, porque en varias ocasiones la suerte estuvo del otro lado y era yo el que me hallaba en cama. Para los hijos de Israel, el templo era un lugar físico que les recordaba que Dios estaba con ellos.

Piensa en la ubicación del templo. ¿Había sido construido en la cima de una alta montaña a la que nadie podía llegar? ¿Dios les dijo que lo edificaran afuera, en el desierto, donde nadie pudiera verlo a menos que hiciera un largo y difícil peregrinaje? No, estaba justo en el medio de la ciudad más poblada de la antigua Israel: en Jerusalén. Cada vez que alguien pasaba caminando frente al templo, recordaba que Dios estaba justo allí con ellos. Él quiere vivir en el vecindario. El templo les recordaba —y nos dice a todos nosotros— que Dios quiere estar con su pueblo.

Sin embargo, también nos comunica un problema: nuestro pecado. Nuestra tendencia a desobedecer a Dios pese a nuestras buenas intenciones. Por causa de este pecado la gente común no podía entrar en el Lugar Santísimo dentro del templo, donde Dios se hacía presente. Solo un sacerdote podía entrar allí, y únicamente después que se había ofrecido un sacrificio de sangre. Así que por generaciones el templo había permanecido como un recordatorio de que la única manera de tener acceso a Dios era a través de un sacrificio de sangre ofrecido por un intermediario.

Claro que desde nuestra perspectiva sabemos lo que estaba ocurriendo. Sabemos que mediante la imagen del templo Dios estaba preparando al mundo para la venida de Jesucristo, que se dio a sí mismo como sacrificio final por el pecado. Se trataba de una herramienta didáctica, para que cuando Jesús viniera, la gente pudiera conectar los puntos con más facilidad. Pero ahora, luego de todos esos años en el exilio en los que no tuvieron este templo, Dios decide que es tiempo de reconstruirlo para poder avanzar con su plan.

Así que en el año 538 a. C., cincuenta mil judíos, impulsados por Dios y patrocinados por Ciro, hicieron el recorrido de mil quinientos kilómetros desde Babilonia hasta Jerusalén y se pusieron a trabajar. La prioridad de Dios se convirtió en la prioridad de estas personas, y se arremangaron las túnicas para comenzar a construir el templo.

Algo que he aprendido en mis años de pastor es que cada vez que uno intenta hacer algo grande para Dios siempre encontrará oposición, y eso es exactamente lo que sucedió cuando los hombres empezaron a edificar el templo. Los disidentes intentaron todo lo que estaba a su alcance para bloquear sus esfuerzos, pero el pueblo escogido de Dios mantuvo su determinación. Día tras día, a pesar de la interferencia de los de afuera, perseveraron, haciendo suya la prioridad de Dios. Si le hubieras preguntado a cualquiera de ellos por qué estaban tan concentrados en la tarea, hubieras recibido la respuesta de Dan Aykroyd en la película *The Blues Brothers*: «Estamos en una misión de Dios». Nada se interponía en el camino de esta espléndida visión.

Al menos no por algunos años. Luego esto empezó a suceder. Poco a poco perdieron su enfoque. Comenzaron a prestarle menos atención a la casa de Dios y más a sus propios proyectos personales. ¿Quién sabe por qué? Tal vez apilar piedras era muy agotador. Tal vez la crítica era muy irritante. O más probablemente habían empezado a pensar en sus propias cosas: sus propios negocios, granjas, emprendimientos, casas. Uno a uno dejaron de acudir al lugar de trabajo. Y luego, un día, ya nadie vino.

La prioridad de Dios se había vuelto algo pequeño para su pueblo.

No puedo demostrarlo, pero casi podría garantizar que nunca tuvieron la intención de abandonar el proyecto para siempre. Casi puedo oír sus razonamientos bien intencionados: «Continuaremos con esto. Tal vez la semana que viene. O el mes que viene. Seguro antes del año próximo. Pero primero tengo que recoger la cosecha. Después tengo que terminar de ponerle el techo nuevo a la casa. Una vez que me ponga al día con mis tareas, continúo con esto».

Pasó una semana. Pasó un mes. Pasó un año. Pasaron dos. Pasaron cinco. Diez. Quince años transcurrieron. ¡Durante dieciséis años el proyecto del templo estuvo intacto! Se convirtió en una construcción abandonada por dieciséis años, el tiempo suficiente para que crecieran las malezas entre los cimientos. El tiempo suficiente para que todas las naciones de alrededor miraran al templo y pensaran: «Bueno, se ve que no toman a su Dios muy en serio». Suficiente tiempo para que una generación entera de hijos creciera y viera el templo abandonado y pensara: «Bueno, creo que a nuestros padres no les importa mucho ese templo después de todo».

Mientras tanto, a medida que la casa de Dios languidecía, sus casas propias prosperaban. El profeta Hageo se refiere sarcásticamente a sus «casas artesonadas»[4] al tratar de advertirles sobre su egoísmo personal. Estos antiguos exiliados afortunados que regresaron a la tierra que Dios les había prometido ahora se enfocaban exclusivamente en sus propios intereses, solo para volverse más desdichados a medida que los días pasaban.

Cuando nos rehusamos a prestarle atención a Dios, él tiene una manera de hacérnoslo ver. Envía una alerta a la oficina de los altos ejecutivos. Pone una traba en la cuenta de ahorros. Permite que se genere una sequía en el campo. Envía un viento aislado que atraviesa la enorme casa. Cuando nuestras prioridades se vuelven más importantes que las de Dios, nuestras vidas están signadas por la futilidad.

Sembramos mucho y recogemos poco. Comemos, pero no nos saciamos. Bebemos, pero nunca apagamos nuestra sed. Y ganamos el salario solo para ver desaparecer el dinero. ¿Alguna vez sentiste que estás ganando más dinero que nunca en tu vida, pero aun así no te alcanza? ¿Alguna vez te preguntaste por qué todo lo que pensaste que te haría feliz no ha surtido efecto? Cuando nuestro enfoque pasa de Dios a nosotros mismos, aun nuestros mejores esfuerzos comienzan a colapsar como un castillo de arena tragado por un tsunami.

Debo ser muy cuidadoso con este pasaje. No quiero darte la impresión de que cada pequeño error es castigado por un Dios airado. Cuando te multan por cruzar una luz en rojo o agarras un resfriado, no te apures a interpretarlo como un juicio de Dios. La Biblia nos recuerda que el sol sale sobre buenos y malos por igual, y que la lluvia cae sobre justos e injustos.[5] Las cosas suceden, y no debemos culpar a Dios por ellas.

Sin embargo, hay épocas en la vida que son tan difíciles, tan desafiantes —una dificultad tras otra nos golpea por un período de tiempo prolongado— que bien puede ser Dios tratando de llamar nuestra atención. Hay tiempos de lucha ordenados por Dios; tiempos de un vacío agotador en los que nada parece dar resultado, nada sacia nuestras necesidades más profundas, ningún logro aplaca nuestra hambre incesante. Tiempos en que plantamos, pero en verdad nunca cosechamos, cuando las sequías transforman nuestros campos en polvo y nuestra jubilación en monedas. Tiempos en que somos literalmente obligados a caer de rodillas porque nada más parece funcionar. Dios permite que vengan tiempos de dificultad para que nos aseguremos de reflexionar sobre nuestro proceder.[6]

En la Historia Secundaria, dejamos la vida en el intento y parece que nunca obtenemos lo que estamos buscando. En la Historia Primaria, Dios está prácticamente gritándonos con todas las fuerzas de sus pulmones: «Reflexionen bien en su proceder. Tengo mucho más para sus vidas si tan solo me permiten vivir con ustedes». Y él no está rogándoles a naciones, sino a individuos, así que esto no tiene que ver con Washington D.C. Dios ya tiene una nación y quiere que disfrutes de los beneficios de la ciudadanía, pero primero desea que reflexiones con cuidado en tus caminos.

Medita cuidadosamente acerca de dónde están tus pasiones. ¿Estás más ansioso por pasar tiempo conversando con Dios que por salir con tus amigos a esa cueva de hombres que pasaste construyendo el último año? ¿Has permitido que las muchas cosas buenas que te sucedieron en la vida —tus hijos, tu carrera, tus novias— acorralen a Dios en la esquina de un sótano? Muchos de nosotros los que amamos a Dios hemos sido bendecidos con hermosas familias, profesiones productivas y «casas artesonadas». Todas son cosas buenas, pero capaces de desplazar poco a poco a Dios de nuestras vidas. Como los antiguos exiliados, no queremos ignorar a Dios de manera deliberada. Volveremos pronto a él. Solo necesitamos cuidar de esas otras cosas primero.

Nunca he conocido a un seguidor de Cristo que deliberadamente se haya propuesto ignorar a Dios, pero sí he visto a muchos que se fueron alejando de él porque permitieron que todo lo demás —los hijos, el trabajo, el traslado, las demandas, el estrés, la lucha— se interpusiera en el camino de la preciosa relación que Dios nos ofrece. Llega el momento en que no nos levantamos pensando en el templo de Dios. Y con el paso del tiempo viene la disminución de la pasión. Diezmar se convierte en dar una propina, las oraciones se vuelven repeticiones de memoria, e ir a la iglesia llega a ser una obligación. No es que nos olvidemos de Dios, se trata simplemente de que lo colocamos en un closet.

El mensaje de Dios para Israel a través de Hageo, y su mensaje para ti, es: «No voy a permanecer en el closet de nadie. Quiero estar allí contigo, donde tú estás, ser parte de lo que estás haciendo». Él nos ama mucho como para dejarnos a nuestras propias expensas. Así que nos hace a un lado para tener una charla de corazón a corazón. Nos pide que reflexionemos en nuestro proceder, que nos enjuaguemos el barro del chiquero y terminemos su tarea. Sorprendentemente, eso es lo que hicieron los judíos. El Señor despertó al liderazgo y la gente volvió a la obra en la casa de Dios. Y la terminaron. Y Dios estuvo una vez más viviendo y morando entre su pueblo.

C. S. Lewis una vez escribió: «Ponga primero las primeras cosas y las segundas cosas caerán en su lugar; ponga en primer lugar las segundas cosas y se perderán tanto las unas como las otras». El hijo pródigo aprendió esto, así como los hijos de Israel también tuvieron que recordar esta verdad. Él finalmente aprendió a poner a su padre en primer lugar y recibió un puesto en la mesa. A medida que el plan de Dios continúa desarrollándose para traer su solución final por medio de Israel, prestémosle atención al desafío que tenemos ante nosotros de hacer de las prioridades de Dios las nuestras.

CAPÍTULO 20

Reina por un día

«Si ahora te quedas absolutamente callada,
de otra parte vendrán el alivio y la liberación para los
judíos, pero tú y la familia de tu padre perecerán.
¡Quién sabe si no has llegado al trono precisamente
para un momento como éste!»

—ESTER 4:14

Aunque no conozco a muchos cristianos que admitan que juegan, si la mayoría de nosotros somos honestos, algunos momentos en la vida se sienten como un día en Las Vegas. No se trata simplemente de que la fortuna pueda cambiar con una nueva baraja de cartas, otra tirada de dados o una segunda vuelta de la ruleta; es que la vida de veras puede cambiar en un abrir y cerrar de ojos. En un minuto estás arriba y al siguiente no tienes ni un centavo.

A veces parece que tu suerte, tu destino, estuviera sujeto a una tirada de dados. Sin embargo, de vez en cuando tiene lugar una serie de acontecimientos inverosímiles que se combinan para producir o un desastre colosal o una increíble mejora. Algunos lo llaman coincidencia; otros, suerte. Otros más dirán: «Alguien está trabajando detrás de bambalinas, moviendo los hilos, forjando nuestro destino. Esto tiene las huellas de Dios por todas partes».

Si te sientes identificado, entonces te vas a conectar muy bien con la historia de Ester. Su historia es acerca de aprovechar las oportunidades, y ella sabe bien lo que significa «dale duro o vete a casa».

La época no es el siglo veintiuno, sino el siglo quinto a. C. La ciudad no es Las Vegas, sino Susa, la capital del Imperio Persa. El reino de Judá había sido llevado al exilio un poco más de cien años atrás, una movida orquestada por Dios como una disciplina fundada en el amor hacia los israelitas a causa de su desobediencia recurrente. Según el plan de Dios, después de setenta años los judíos finalmente tendrían la oportunidad de volver a casa. Más o menos cincuenta mil personas lo hicieron. El resto se aclimató y se integró a la cultura persa. Se quedaron en el lugar.

Esto explica las dinámicas multiculturales que tienen lugar en nuestra Historia Secundaria aquí. Aparte de su belleza, Ester no tenía mucho de su parte. Siendo huérfana, fue criada por su primo, Mardoqueo. Y mientras que la mayoría de la gente había regresado a Jerusalén, ella y Mardoqueo eran de los que quedaron en la ciudad de Susa. Vivir como judía en el corazón del Imperio Persa no era particularmente sencillo, y llevaba aparejados los riesgos de los prejuicios, incluso la muerte misma. El rey en este tiempo, Asuero, era considerado el hombre más poderoso del mundo. Resultaba conocido por su extravagancia y temeridad, cualidades que se exhiben a las claras cuando lo conocemos por primera vez.

Durante el tercer año de su reinado, Asuero organizó una enorme fiesta que duró siete días donde desplegaba todas sus riquezas ante los líderes civiles y militares de su reino, que se extendía desde la India hasta el Mar Mediterráneo. Este acontecimiento era una gala en la que se comía y bebía todo lo que uno pudiera, la cual se llevaba a cabo en los magníficentes jardines del rey dentro del palacio real.

Después de siete días de fiesta, el rey Asuero envía a buscar a su esposa, la reina Vasti, para que conozca y salude a los invitados, pero ella se rehúsa a presentarse. Furioso, el rey consulta con sus expertos legales para determinar qué debería hacer con su comportamiento irrespetuoso, y ellos le dicen que debe darle un castigo ejemplar, pues si no lo hace, todas las esposas de toda Persia pensarían que estaba bien enfrentarse a sus maridos. Ellos le aconsejan que emita un decreto irrevocable por medio del cual la despide del palacio y busca a una nueva reina.

¡Hasta la vista, Vasti!

Y así Asuero envía a sus ayudantes por todo el reino a encontrar una mujer lo bastante hermosa como para satisfacer sus gustos. Si tú fueras una mujer joven y hermosa y uno de los ayudantes del rey te seleccionara como una candidata real, no tendrías voz ni voto, sino que te subirían a un carruaje y te entregarían en manos de un tipo llamado Jegay, cuyo trabajo sería prepararte para el proceso de selección final. Algo así como Tyra Banks y Simon Cowell erigiéndose en una especie de hada madrina que bien podría matarte o fortalecerte en tu camino a convertirte en la próxima reina principal de Persia. Y eso fue lo que le sucedió a Ester. Por alguna razón ella estuvo en el lugar correcto en el tiempo preciso, cautivando al asistente del rey con su belleza.

Su primo protector, Mardoqueo, le advierte que no le revele a nadie que es judía y se queda cerca del palacio cada día para tratar de averiguar cómo le está yendo. Resulta ser que a ella y las otras candidatas les va bien. La joven en el programa de entrenamiento para futura reina estuvo prácticamente doce meses en un centro de belleza. Máscaras faciales de aceite de mirra. Masajes profundos con lociones aromáticas. Tratamientos con perfumes y cosméticos. Pilates y yoga. Y alimentos nutritivos formulados para resaltar su belleza física. Jegai está tan entusiasmado con la belleza de Ester que le asigna siete doncellas como ayudantes y le da el mejor apartamento en el palacio.

Después de doce meses de mimos, es tiempo de que las candidatas se presenten delante del rey para que él elija a su nueva reina. ¡En el instante en que Asuero ve a Ester, se acaba el juego! De inmediato la selecciona para ser su reina, le pone una corona real en la cabeza, hace otra gran celebración, y proclama ese día como feriado en todo el reino.

¡Qué suceso fenomenal en la Historia Secundaria! Esta es la clase de romance que encontramos en *La Cenicienta*, *Mi bella dama* y *Mujer bonita*. Solo que en este caso tiene lugar un giro decididamente proveniente de la Historia Primaria. Ester estaba en el lugar justo a la hora señalada por una razón que nos supera a ti y a mí. En la Historia Secundaria las coincidencias rara vez cruzan nuestro camino para nuestra delicia y entretenimiento. En la Historia Primaria, no hay coincidencias. No es un accidente que una muchacha judía exiliada se encuentre llevando una corona de reina.

Al poco tiempo de su coronación, Asuero promueve a uno de sus oficiales, Amán, a una posición de prominencia sobre todos los otros asistentes reales, una posición que requería que todos los que estaban a las puertas del palacio se arrodillaran ante él. No obstante, Mardoqueo, que todavía seguía visitando el palacio cada día para ver cómo estaba Ester, se niega a hacerlo. Los otros oficiales lo notan y lo exhortan a cumplir la orden, pero Mardoqueo se niega rotundamente, alegando que él es judío. Cuando los oficiales le reportan a Amán lo que sucede, él decide que no será suficiente con matar a este hombre, sino que pide el permiso del rey —y lo recibe— para matar a *todos los judíos* que hay en Persia. Cada judío en las ciento veintisiete provincias persas está ahora destinado a morir, pero tiene que ser en un día específico.

Para determinar el día en que Amán y sus fuerzas cazarán a los judíos, ellos echan suertes y cae en Adar 14 (el equivalente a nuestro febrero o marzo), un día alrededor de unos once meses más tarde. El número de la suerte para Amán; una fecha fatídica para Israel. Entonces se emite un decreto con la fecha de la ejecución de todos los judíos en Persia, colocando básicamente a cada uno en un corredor de la muerte durante once meses, porque una vez que el rey estampaba su sello en un decreto, nada podía revocarlo.

Cuando Mardoqueo ve el decreto, está tan angustiado que públicamente hace duelo enfrente del palacio. Día tras día marcha delante del palacio dándose golpes en el pecho, el símbolo del luto, para lamentar el día de la aniquilación que se avecinaba. Cuando las doncellas de la reina Ester le cuentan de su primo, ella las manda a averiguar qué sucede y por qué está tan angustiado. Mardoqueo ve la oportunidad. Lo único que sabe es que la reina es una judía. Le cuenta del complot de Amán para matar a todos los judíos del reino y le suplica que se acerque al rey y le pida misericordia para su pueblo.

¿Recuerdas a Vasti? Ester sí la recordó. Aunque deseaba mucho apoyar a su pueblo, temía que todo fuera en vano. Acércate al rey sin ser llamado, y misteriosamente desaparecerás. Ahí fue cuando Mardoqueo debe haber tenido una vislumbre de la Historia Primaria. ¿Por qué se habían quedado ellos en babilonia mientras todos sus amigos judíos regresaron a Jerusalén? ¿Por qué Vasti se negó a presentarse ante el rey cuando fue llamada? ¿Por qué Ester estaba entre las candidatas a convertirse en reina del rey Asuero? ¿Y por qué Amán tenía algo contra los judíos?

La respuesta de Mardoqueo a la reina Ester revela por qué todos esos hechos casuales y aislados sucedieron: «¡Quién sabe si no has llegado al trono precisamente para un momento como éste!».

¿Qué harías *tú* si tuvieras que arriesgar todo para darle cumplimiento a la única razón por la que fuiste puesto en esta tierra?

Ester medita en la pregunta de Mardoqueo y responde: «Ve y reúne a todos los judíos que están en Susa, para que ayunen por mí. Durante tres días no coman ni beban, ni de día ni de noche. Yo, por mi parte, ayunaré con mis doncellas al igual que ustedes. Cuando cumpla con esto, me presentaré ante el rey, por más que vaya en contra de la ley. ¡Y si perezco, que perezca!»[1].

Después de tres días ella se acerca al rey. Y lo que pudo haber sido una muerte segura es recibido con otra «coincidencia» más cuando el rey le dice que puede pedir lo que sea —hasta la mitad del reino— y será suyo. ¡Qué suerte! Ella pide una cena esa misma noche con el rey y Amán, una cena en la cual Ester simplemente le pregunta al rey si él y Amán estarían dispuestos a acompañarla en otra cena a la noche siguiente. En esa velada le expone el plan de Amán para destruirla a ella y a su pueblo, revelando por vez primera que era judía[2].

El rey está tan molesto que sale de la sala como un huracán, pero Amán se queda a suplicarle misericordia a Ester. Y en un acto de mala suerte, Amán se tropieza y cae encima de Ester justo en el instante en que el rey regresa al salón. Él ve a su amada reina debajo de Amán y ordena que sea condenado a muerte por intento de abuso. También nombra a Mardoqueo para ocupar la posición vacante de Amán, otro paso «afortunado» en el desarrollo de la Historia Primaria de Dios. Recuerda, el decreto del rey de matar a todos los judíos, por ley, no podía revocarse. Sin embargo, Mardoqueo ahora tiene el poder para que se le conceda una petición hecha al rey, así que le suplica que les dé permiso a los judíos al menos de defenderse.

El día 13 del mes de Adar, las personas que no eran judías de las ciento veintisiete provincias persas atacaron a los judíos. Fue un baño de sangre, pero uno ejecutado por las manos de los judíos, que liquidaron a 75.810 de sus perseguidores en ese día, incluyendo a diez hijos de Amán. Al día siguiente celebraron una tradición que continúa hasta el día de hoy. Se le llama la Fiesta de Purim, de la palabra *pur*, que significa «suerte» (por ende, literalmente, es «la fiesta de la suerte»). Se celebra cada año el 10 de marzo como un recordatorio de que la Historia Primaria de Dios no está gobernada por la casualidad, sino por su soberano poder. Su reino no está limitado a Jerusalén, sino que se extiende hasta Babilonia y Persia, y a todo lugar donde su pueblo viva.

¿Qué sucedería si tu mayor temor, tu carga más pesada, te hubiera sido dado «precisamente para un momento como éste»?

Ester pudo haberle dicho a su primo que se ocupara de sus asuntos: «Déjame en paz. Estoy cómoda aquí en el palacio. Ser reina tiene sus privilegios. Dejemos que Dios se encargue de nuestro pueblo. Solo una necia pondría en peligro todo lo que yo tengo». ¿Y quién la hubiera acusado? ¡Mira lo que le sucedió a la última reina que se negó a obedecer las reglas del palacio!

Quizás nunca te encuentres en una posición en la que obedecer a Dios sea una cuestión de vida o muerte. Espero que jamás lo estés. Lo peor que nos puede llegar a pasar a la mayoría de nosotros por defender nuestra posición como cristianos es tan solo hacer un poco el ridículo. La gente puede pensar que somos fanáticos si marchamos en una Marcha por la Vida. Nuestros vecinos se pueden ofenderse si organizamos una Escuela Bíblica por una semana en el verano. Nuestros colegas en el trabajo podrán llamarnos los «guerreros de la Biblia» si sacamos nuestro Nuevo Testamento compacto y lo leemos en el descanso. A otros padres puede no gustarles cuando vamos a una reunión en la escuela y amablemente expresamos nuestras preocupaciones acerca de que el diseño inteligente haya sido dejado fuera del currículo educativo.

Tal vez incluso pienses que resulta un poco alocado levantarte en medio de la noche con una carga por un amigo del trabajo que va a divorciarse. Tienes esta idea absurda de que si solo pudieras hablar con él y su esposa, quizás los ayudaras a encontrar una forma de salvar su matrimonio. No eres un consejero matrimonial, pero no puedes quitarte de encima el sentimiento de que podrías hacer algo que fuera determinante en su relación. Entonces comienzas a dudar. Tal vez solo empeores la cosa. Probablemente sea demasiado tarde y ya no haya arreglo. En realidad, no conoces muy bien a su esposa.

Creo que Dios todavía nos habla en un susurro apacible, brindándonos el bendito privilegio de «salvar a su pueblo» a través de actos de obediencia locos e insensatos. Imagina los lugares a los que podríamos ir y las cosas que podríamos hacer para reflejar el amor de Dios por sus hijos. Imagina lo que podría suceder en nuestras familias, vecindarios, ciudades, naciones y el mundo si adoptáramos como nuestro el compromiso de Ester: «Me presentaré ante el rey [...] ¡Y si perezco, que perezca!».

Ester estaba dispuesta a aprovechar su oportunidad porque sabía quién controlaba la suerte. Escucha las sabias palabras de Salomón: «Las suertes se echan sobre la mesa, pero el veredicto proviene del Señor»[3]. ¿Estás dispuesto a hacer la misma apuesta?

CAPÍTULO 21

Si tú lo edificas...

«Yo estoy por enviar a mi mensajero para que prepare
el camino delante de mí. De pronto vendrá a su templo
el Señor a quien ustedes buscan; vendrá el mensajero
del pacto, en quien ustedes se complacen».

—MALAQUÍAS 3:1

El Antiguo Testamento llega a su fin con tres proyectos de edificación. Está la reconstrucción del templo bajo el liderazgo de Zorobabel. Dios una vez más tiene un lugar donde morar para estar con su pueblo. Los sacrificios por los pecados se reanudan. En segundo lugar, se lleva a cabo la reconstrucción de la muralla que rodea la ciudad de Jerusalén bajo el liderazgo de Nehemías. La gente ahora está protegida de quienes los han estado intimidando adentro y afuera a lo largo de todos esos años.

Sin embargo, el proyecto de restauración más importante es la reconstrucción de las vidas del pueblo de Dios. Como evidencia de las reparaciones en el corazón que ellos están experimentado, inician un proceso que no es idea de Zorobabel, ni de Nehemías, ni siquiera de Esdras el sacerdote. Es idea del pueblo. Ellos quieren iniciar un proceso de restauración con Dios, justo como debe ser.

Así que se reúnen todos en la puerta del Agua, miles de ellos, todos los hombres, mujeres y niños. Entonces le dicen a Esdras que traiga el libro de la ley de Moisés[1]. Han pasado ciento cuarenta años desde que oyeron a alguien leerles las palabras de Dios. Están en realidad hambrientos, espiritualmente muertos de hambre. Han pasado muchas cosas. Han sido merecidamente disciplinados por Dios y al fin están listos para escuchar. Las Escrituras nos cuentan que estaban sentados al borde de sus asientos.

Esdras planea leer el libro entero de la ley, lo cual, recordarás, es lo que hizo Josué después del pecado de Acán[2]. Esto ayuda en el programa de reconstrucción de una vida alineada con la Historia Primaria de Dios.

De manera similar, esa ha sido nuestra meta principal al leer juntos La Historia, que Dios nos vuelva a enfocar, centrar, recordar y reconstruir nuestras vidas en lo que es fundamental: su Historia Primaria.

Después Esdras comienza a leer del libro sagrado. Por varias horas —desde el amanecer hasta el mediodía— él lee, y a medida que comparte las leyes de Dios con el pueblo, ellos comienzan a llorar y gemir. Mientras más lee, más fuerte es el lamento. Cuando escuchan las instrucciones de Dios para vivir bien en comunidad con él y los demás, se les parte el corazón ante su fracaso para obedecer. A diferencia de los viejos predicadores de avivamiento, Esdras no precisa decirles que todos ellos son pecadores. Son las mismas palabras de Dios que le fueron dadas a Moisés las que los convencen, y ellos están sobrecogidos por un espíritu de arrepentimiento.

Nehemías, de pie junto a Esdras, ve esta conmovedora muestra de pesar y exclama: «Ya pueden irse. Coman bien, tomen bebidas dulces y compartan su comida con quienes no tengan nada, porque este día ha sido consagrado a nuestro Señor. No estén tristes, pues el gozo del Señor es nuestra fortaleza»[3].

Nehemías recordaba que Dios no solo les había dado la ley para ayudar a su pueblo a vivir bien, sino también a fin de proporcionarles una manera de hacer expiación por sus pecados cuando la quebrantaran. Sabía que la comunidad que Dios había creado era una que se caracterizaba por el gozo y el contentamiento, no por las lágrimas.

Nehemías sabía que todo lo que el pueblo de Dios había experimentado era parte de un plan para edificar una nación perfecta e incluir en ella a tantas personas como fuera posible. Cuando el pueblo que estaba llorando entendió esto, «se fue a comer y beber y compartir su comida, felices de haber comprendido lo que se les había enseñado»[4]. ¡Qué hermoso cuadro de lo que Dios quiere para nosotros! *Disfruta de las mejores bendiciones de la vida. Compártelas con otros. ¡Y celebra!*

El pueblo de Dios por fin parecía entenderlo. Levantaron sus manos al cielo y gritaron: «Amén, amén», una palabra hebrea que literalmente significa «así sea». ¡Qué actitud tan diferente a la de los días de los reyes!

Los levitas, que servían en el templo, formaron pequeños grupos entre la gran multitud y se aseguraban de que todos entendieran lo que se estaba leyendo. La Biblia a veces resulta difícil de entender, así que necesitamos que otros nos ayuden para estar seguros de que captamos el mensaje de Dios para nosotros.

Después se nos dice que el pueblo comenzó a llorar. No simplemente con lágrimas que rodaban por sus mejillas, sino con un llanto desconsolado. ¿Por qué? Porque estaban escuchando la Palabra de Dios, experimentando su amor, su deseo de estar con ellos, su promesa, su plan para hacerlos volver, y sin dudas estaban cargados de remordimiento y gozo al mismo tiempo.

Nehemías, el gobernador, tiene que intervenir y consolarlos. Les dice que es un día santo. Los llama a volver a casa y celebrar, a comer juntos. ¿Por qué? Porque estaban «felices de haber comprendido lo que se les había enseñado»[5].

La misma emoción viene sobre la gente hoy en día cuando finalmente entiende lo que dice la Biblia. La Palabra no consiste en un montón de pinturas antiguas sin relación entre sí. No, es un hermoso mural todo unido para contarnos del gran amor de Dios por nosotros y lo lejos que él irá con tal de hacernos regresar. Cuando nuestra alma al fin entiende este mensaje, resulta tan maravillosamente abrumador que lágrimas de gozo saltan de nuestros ojos.

Sin embargo, todo no termina ahí. Cuando las personas oyen la ley, se dan cuenta de que hay cosas que no están haciendo. No quieren ser de aquellos que meramente escuchan la palabra; desean ser de los que practican lo que ella dice[6]. Así que descubren que se supone que deberían estar observando una festividad llamada la Fiesta de los Tabernáculos. Ellos buscan reinstaurarla, de tal modo que se nos dice: «Como los israelitas no habían hecho esto desde los días de Josué hijo de Nun, hicieron una gran fiesta»[7]. Obedecer la Palabra de Dios y alinear nuestra vida a su plan trae gozo a nuestra existencia como ninguna otra cosa lo puede hacer.

Tal vez hayas pasado por alto esto… yo ciertamente lo hice cuando leí la Biblia por primera vez. Al final del Antiguo Testamento, parece que la gente por fin aprendió algo acerca de quién manda. No se hace mención alguna de reinstaurar a su rey. Esta figura real nunca fue la idea perfecta de Dios, sino que solo la permitió. Aunque hubo unos pocos reyes buenos, mayormente descarriaron al pueblo. Al final el pueblo no pidió más reyes. «Ya lo viví, ya pasé por esto, ya tengo la camiseta real».

La última persona en hablar antes de que el Antiguo Testamento arribe a su fin es Malaquías. Él nos dice que el próximo profeta que va a hablar en nombre de Dios nos presentará a aquel que hemos estado esperando, aquel que nos dará de una vez y para siempre la solución para volvernos a Dios[8]. Él nos va a presentar al Mesías. ¿Quién es este mensajero al que se refiere? Cuando vamos a las páginas del Nuevo Testamento, nos enteramos de que está hablando de Juan el Bautista. Mateo nos dice: «En aquellos días se presentó Juan el Bautista predicando en el desierto de Judea. Decía: "Arrepiéntanse, porque el reino de los cielos está cerca". Juan era aquel de quien había escrito el profeta Isaías»[9]. Isaías había predicho el rol de Juan el Bautista, y ahora Malaquías lo vuelve a declarar[10]. Malaquías predice que la próxima vez que Dios hable —lo cual sucederá cuatrocientos años después— será a través de los labios de Juan el Bautista, el que prepararía el camino para la venida de Cristo.

Cuando leo esos pasajes, recuerdo la Navidad y la Pascua, así como las épocas en el calendario a las que llamamos Adviento y Cuaresma. En todas estas épocas se nos llama a preparar nuestros corazones para la llegada de Jesucristo, primero a través de la encarnación del niño Jesús en el pesebre y luego mediante su resurrección de la tumba. Como exploraremos con mayor detalle en el Nuevo Testamento, preparar el camino para que Cristo regrese nunca está fuera de época.

Espero que hayas disfrutado nuestro peregrinaje por el Antiguo Testamento, un volumen de treinta y nueve libros llenos de historias de aventura, amor, tristeza, triunfo, poder, decepción, lucha, guerra y paz. Sin embargo, debes recordar que no se trata tan solo de una colección de relatos y registros históricos inconexos. Cada historia que hemos encontrado ha contribuido al desarrollo de la única Historia de Dios.

En realidad, como muchos de los sucesos y personas nos han revelado, cada una de las historias del pueblo de Dios y la nación de Israel apuntan hacia la primera venida de Jesucristo, el Mesías. Ahora que avanzamos al Nuevo Testamento, es finalmente el momento de que nos encontremos con aquel al que hemos estado esperando: nuestro Salvador. Como los hijos de Israel, nosotros también debemos preparar el camino para el Señor. Debemos preparar nuestros corazones para recibir al que nos devuelve la vida que Dios soñó y nuestro destino con él.

¿Estás listo para encontrarte con Jesús? Entonces, junto con los israelitas, que lo proclamaron miles de años atrás, digamos: «¡Amén! ¡Amén! ¡Que así sea!».

EL NUEVO TESTAMENTO

Un regalo escandaloso

«Mi alma glorifica al Señor,
y mi espíritu se regocija en Dios mi Salvador,
porque se ha dignado fijarse en su humilde sierva».
—LUCAS 1:46-48

Para la mayoría de los niños, la noche más larga del año es la Nochebuena. Una vez que se acuestan, el sueño viene despacio. La emoción y la expectativa por lo que les espera a la mañana siguiente son casi insoportables. En esta noche particular del año, el tiempo parece detenerse.

Para mamá y papá, la Nochebuena es la noche más corta del año. Las madres aun tienen regalos que envolver y los padres tienen que reunir las piezas de ese «gran regalo» elaborado que requiere algún tipo de ensamble. Sin embargo, antes tienen que esperar a que los hijos estén dormidos para que un viaje «accidental» a la planta baja no arruine la sorpresa. Si todo marcha bien, se irán en la cama a eso de las tres de la mañana, solo para que los despierten dos horas más tarde con un: «¿Ya es la hora?».

No conozco a nadie que le guste esperar. Si estás apurado en el almacén, por favor, no te pongas en la fila detrás de mí, porque yo parezco congelar la marcha en cualquier fila en que me encuentre. El cajero se detiene y llama para verificar un precio al menos tres veces. Y cuando llega el momento de que la buena ancianita que está delante de mí tiene que pagar, ella toma su bolso, saca una larga tira de cupones y comienza a buscar los que sirven para pagar sus compras. Cuando por fin es mi turno, la caja registradora se queda sin papel y el cajero no puede encontrar un rollo nuevo por ninguna parte. ¿Dices que a ti te sucede lo mismo?

Si eres mujer y alguna vez estuviste embarazada, es muy probable que esta sea la pregunta que despierta la ninja que tienes dentro: «¿Cuánto tiempo te falta? ¿Estas últimas semanas andas a paso de tortuga, no es cierto?». Es casi como si fuera tu culpa que el bebé no llegue cuando todos piensan que debería hacerlo. ¡No obstante, la verdadera diversión empieza cuando te pasas de la fecha de parto y todavía el bebé no llega! Nueve meses es un largo tiempo para esperar un bebé.

También lo son cuatrocientos años.

Ese fue el tiempo que el pueblo de Dios tuvo que esperar después que el templo había sido reedificado. Excepto que ellos no estaban esperando a un bebé; estaban esperando a un rey y la promesa de que «gobernará sobre el trono de David y sobre su reino»[1].

No obstante, en vez de eso tuvieron un escándalo.

Al menos eso es lo que parecía desde la Historia Secundaria. Una joven pareja —José y María— estaba comprometida para casarse. Entonces María le da a José la noticia: «Estoy embarazada». Ponte en los zapatos de José. Te enamoras de una bella jovencita que todavía es una adolescente. Le propones casamiento y ella acepta. Han venido pensando que el sexo es un regalo reservado para el matrimonio, así que honras al amor de tu vida y no duermes con ella. ¡Y después viene y te dice que está embarazada!

La mayoría de los chicos estarían furiosos. Eso la acusaba de haber andado por ahí con otro. Pero José es un hombre sensible. No quiere causarle a María más problemas enojándose con ella y decide que lo mejor es finalizar la relación de manera tranquila y seguir adelante con su vida.

Lo que él no podría haber sabido era que Dios ve las cosas de manera distinta en la Historia Primaria. Lo que era un escándalo para José, representaba una solución según Dios. Recuerda, la Historia Primaria tiene un tema principal: «Quiero darles una manera de volverse a mí para que podamos vivir juntos». Y José tenía un rol principal que jugar en este plan. Dios no puede dejarlo marchar, así que le envía a uno de sus ángeles para que pudiera vislumbrar algo de la Historia Primaria. En un sueño el ángel le dice: «José, hijo de David, no temas recibir a María por esposa, porque ella ha concebido por obra del Espíritu Santo. Dará a luz un hijo, y le pondrás por nombre Jesús, porque él salvará a su pueblo de sus pecados»[2].

Cuando el ángel le recuerda que él no era cualquier israelita, sino uno de la línea de David, José de algún modo supo que ese era un dato muy importante. Probablemente él sabía de las profecías leídas cientos de veces en el templo: el Mesías tan esperado vendría de la tribu de Judá, la tribu de David. ¡*Su* tribu!

¿Y qué del bebé que estaba en el vientre de su prometida, concebido por el Espíritu Santo? Naturalmente, José se sintió aliviado de saber que María le había sido tan fiel como él lo había sido con ella, pero eso no era algo en lo que Dios pensara para ayudar a José y María a salvar las apariencias. ¿Recuerdas cuando aprendimos en la historia de Caín y Abel que la naturaleza pecaminosa se transmitió a toda la descendencia de Adán y Eva a través de la semilla de la humanidad, todo porque Adán y Eva eligieron desobedecer a Dios y el pecado está arraigado literalmente en nuestro ADN?

Por esa razón comenzar todo de nuevo con la familia de Noé no dio resultado. Aunque Noé era en realidad un hombre justo y de veras trataba con todo su corazón de hacer lo correcto, también él era portador del virus. Y esa es la razón por la cual, independientemente de lo mucho que tú y yo lo intentemos, no podemos tener éxito por nuestros propios medios. Más tarde o más temprano, el pecado gana la batalla sobre nuestras buenas intenciones, separándonos de Dios.

El Mesías prometido, que proveería para cada uno de nosotros un camino de regreso a Dios a fin de vivir con él para siempre en su perfecta comunidad, tenía que estar libre de ese virus. El hijo de María no podía ser engendrado por ningún hombre, ni siquiera por un hombre tan piadoso como José. El bebé que estaba en el vientre de María había sido puesto allí por el mismo Espíritu Santo. Lo que parecía ser escandaloso en la Historia Secundaria constituía en esencia las grandiosas «Buenas Nuevas» de la Historia Primaria.

En lo que debe ser la primera ecografía de la que se tiene registro, el ángel le dice a José que «es un niño» y que su nombre será Jesús, una forma del nombre Josué, que significa «el Señor salva». Y entonces, solo para asegurarse de que realmente entiende lo que está ocurriendo, el ángel conecta los puntos para José: «él salvará a su pueblo de sus pecados»[3].

Las Buenas Nuevas estaban a punto de llegar. El pueblo de Dios había estado esperando por más de dos mil años, desde que Dios le prometió a Abraham que sería el padre de una gran nación. La Biblia nos dice: «Todo esto sucedió para que se cumpliera lo que el Señor había dicho por medio del profeta: "La virgen concebirá y dará a luz un hijo, y lo llamarán Emanuel" (que significa "Dios con nosotros")» [4]. Lo que le estaba sucediendo a María había sido profetizado por Isaías setecientos años antes. Todo en la vida y la historia de Israel había estado apuntando a la llegada de Jesús... ¡todo!

El bebé que crecía dentro del vientre de María era Dios mismo. El Hijo de Dios estaba dejando la Historia Primaria para descender no solo a fin de estar *con* nosotros, sino para ser *uno* de nosotros. Para caminar con nosotros, hablar con nosotros, vivir con nosotros. Nos referimos a eso como la *encarnación*, que literalmente significa «en la carne». A través de Jesús, Dios descendió y se hizo carne para estar entre nosotros. Para ser nuestro representante, nuestro avatar final. Vino a fin de hacer por nosotros lo que no podíamos hacer por nosotros mismos: borrar nuestro pecado que nos aleja de Dios.

¿Y qué acerca de María? Los historiadores dicen que ella era tan solo una adolescente (era común que una jovencita de ese tiempo se casara en la adolescencia). Ella amaba a José y se guardaba pura para él, pero de repente descubre que estaba embarazada. Confusa y asustada, se debe haber preguntado cómo podía haber sucedido eso. Sabía que aquello era un escándalo y que José probablemente la abandonaría. ¿Qué haría como una madre adolescente sola?

En su Historia Secundaria, su vida se está derrumbando. No obstante, como hemos aprendido a través de cada historia hasta este momento, la Historia Primaria de Dios tiene como objeto cambiar nuestro caos y confusión —aun nuestros errores— en algo hermoso. Este no es un embarazo no previsto, sino el despliegue milagroso del plan final de Dios para proveerles un camino a todos a fin de vivir en su perfecta comunidad por siempre.

José —el chico siempre correcto— se despierta de su sueño y va directo a la casa de María para reafirmarle que todo iba a estar bien. Que no está enojado con ella y sabe que no ha dormido con nadie. Le cuenta todo sobre su sueño y que ella pronto dará a luz al Hijo de Dios. Le reafirma su deseo de ser su esposo, y poco después se casan.

Tú conoces el resto de la historia. Casi todos la conocen. Incluso aunque las empresas traten de evitar la palabra *Navidad* y nos den la bienvenida a sus comercios diciendo que se trata simplemente de «días feriados». Aunque las municipalidades hagan todo lo posible para reemplazar las escenas del pesebre con muñecos de nieve, Papá Noel y Rodolfo, el reno de la nariz roja. Casi todos pueden decirte qué pasó en la Historia Secundaria.

María y José viajaron a Belén, la ciudad de sus antepasados, para ser contados en el censo que César Augusto, el emperador de Roma, había mandado[5]. Cuando llegan a Belén, María entra en trabajo de parto. Menciona la frase: «No hay lugar en el mesón», y casi todos te dirán cómo José trató de encontrar un buen lugar para que María tuviera a su bebé, pero todos los «mesones» estaban llenos. Todo lo que pudieron encontrar fue algo parecido a una cueva en la parte posterior de uno de los mesones. Al parecer, lo mejor que podíamos hacer para la llegada de Dios a nuestro mundo era proveerle la suite en el corral del Motel Pesebre. En la Historia Secundaria, eso no es lo que esperábamos. En realidad, es algo totalmente desacertado.

No soy el único que piensa de este modo. Una escuela primaria se estaba preparando a fin de organizar un gran festival de Navidad para los padres. Todas las partes importantes de la obra central las representaban los estudiantes más listos. La niña más inteligente fue elegida para hacer de María; el niño más brillante personificaba a José. El siguiente grupo de los niños más hábiles representaba a los tres reyes, los ángeles y los pastores.

Había un solo papel que nadie quería interpretar: el del mesonero. ¿Quién quería ser el malo que echaba a María y José a la calle? Le dieron el papel a un niño que era un poco más lento que los demás, pero tenía un gran corazón.

Cuando llegó el gran día del festival, el niño que hacía de mesonero se empezó a preocupar. No podía imaginarse diciéndole a María y José que no había lugar en su mesón. ¿Qué iba a hacer?

Finalmente se abrió el telón. Los padres, parientes y amigos llenaban el auditorio. Con orgullo miraban la historia que se representaba y a sus hijos actuando sus importantes papeles. Mientras tanto, el mesonero se ponía cada vez más ansioso. La presión aumentaba a medida que María y José se iban acercando. Él no sabía qué hacer, pero de algún modo vislumbró la Historia Primaria.

Cuando la pareja golpeó, el pequeño y desaliñado mesonero abrió la puerta y exclamó con una gran sonrisa: «Pasen. Los he estado esperando». Luego la multitud ovacionó y aplaudieron hasta que se cerró el telón.

Tal vez esto esté más en línea con lo que Dios tenía en mente. Para que la profecía se cumpliera, Jesús tenía que nacer en Belén en circunstancias humildes. El César piensa que él es quien está a cargo del mundo, pero no lo está. Dios sabía lo que estaba haciendo al usar incluso algo tan sencillo como un censo a fin de lograr que su plan de la Historia Primaria se cumpliera.

Para los hijos de Israel la espera ha finalizado. Jesús nace en un establo rodeado por animales de granja. Los cielos se regocijan y los ángeles anuncian su nacimiento. Los pastores y los magos acuden al humilde pesebre para adorar al nuevo Rey. En la ciudad de David. Un Salvador. El Mesías. El Señor.

Exactamente como estaba planeado. No para salvar la reputación de María y José, sino para salvar a una nación.

Para salvarnos a ti y a mí.

CAPÍTULO 23

El nuevo comienzo

Tan pronto como Jesús fue bautizado, subió del agua. En ese
momento se abrió el cielo, y él vio al Espíritu de Dios bajar
como una paloma y posarse sobre él. Y una voz del cielo decía:
«Éste es mi Hijo amado; estoy muy complacido con él».

—MATEO 3:16-17

Si alguna vez has pasado tiempo caminando por las áreas céntricas de las grandes ciudades, probablemente los hayas visto: son los predicadores callejeros. En voz alta, determinados, fervientes, se rehúsan de forma definitiva a ocultar su luz bajo una mesa. Son mensajeros incondicionales del evangelio que a veces llevan un letrero colgado que dice: «¡Arrepiéntete!» o «Prepárate para encontrarte con tu Dios». Como predicador, tomo en serio el asunto de ayudar a la gente a experimentar el perdón de Dios, pero esos tipos están dando su mensaje las veinticuatro horas del día, los siete días de la semana, frente a las multitudes más resistentes posibles.

Sospecho que esto es lo que mucha gente pensaba sobre Juan el Bautista. Como los predicadores callejeros de hoy, Juan estaba un poco «alocado»: un tipo desaliñado, un hippie excéntrico que vivía de la tierra, comiendo bichos y miel, y vistiendo ropas rústicas hechas de pelo de camello. Y sí, él caminaba esforzadamente por todo el desierto con su mensaje para todo aquel que quisiera oírlo: «¡Arrepiéntanse!».

En la Historia Secundaria parece ser tan solo otro extraño que piensa que habla en nombre de Dios, y habría sido fácil de ignorar si no fuera por el hecho de que su mensaje sonaba conocido. Cuando los líderes judíos le preguntaron quién era, él respondió: «Yo soy la voz del que grita en el desierto: "Enderecen el camino del Señor"» [1]. Eso es exactamente lo que los profetas Isaías y Malaquías decían que diría, y todo judío devoto sabría que algo grande estaba ocurriendo aquí. Algo *realmente* grande.

Tal vez resultara un poco raro según los estándares de la Historia Secundaria, pero en la Historia Primaria, Juan tenía un propósito divino. Está por presentarnos la solución de Dios para restaurar nuestra relación con él —una manera de que vivamos en su perfecta comunidad para siempre— aunque el enfoque que le dé a su tarea sea un poco reticente. Una cosa es ser un predicador callejero, ¿pero bautizar al Mesías? Como le dice a Jesús: «Yo soy el que necesita ser bautizado por ti» [2]. No al revés.

Sin embargo, Jesús insiste. Así que Juan, el desgreñado vestido de pelo de camello y con una mirada salvaje en sus ojos, bautiza a Jesús, el Mesías largamente prometido. Y en ese momento los cielos se abren y el Espíritu de Dios desciende sobre él como una paloma. Entonces una voz desde los cielos declara: «Éste es mi Hijo amado; estoy muy complacido con él» [3]. Esta es una de las pocas veces en toda la Historia en que el Padre, el Hijo y el Espíritu Santo —la Trinidad— se presentan a la misma vez. Juan el Bautista, excéntrico como es y todo, se halla en medio de un suceso histórico. Y el primero en revelar la identidad de Jesús es Dios mismo.

Después de capacitarme en el seminario para ser ministro, tuve que ser ordenado, es decir, consagrado o apartado por un cuerpo religioso oficial para el servicio a Dios. No solo se trata de un requisito espiritual para el ministerio, sino que es uno legal también. Para mí y cualquier otro ministro, este hecho solemne marca el comienzo oficial de una vida dedicada a servir a los demás en el nombre de Dios. El bautismo de Jesús por medio de Juan tuvo este efecto, señalando el comienzo del ministerio de Jesús.

¡Y aunque él solo ministró por casi tres años, qué gran ministerio tuvo!

Justo después del bautismo el Espíritu de Dios lleva a Jesús al desierto, donde pasa cuarenta días y cuarenta noches sin comer. Nosotros no solemos hablar mucho del ayuno, pero es una disciplina que nos obliga a depender totalmente de Dios. Jesús está hambriento y vulnerable a las tentaciones de Satanás, pero ante cada tentación, responde citando las Escrituras.

Si alguna vez te has preguntado si memorizar las Escrituras es de vital importancia, la experiencia de Jesús en el desierto argumenta a favor de ello. Conocer la Palabra de Dios nos protege de las tentaciones que enfrentamos cada día. No obstante, Jesús posee una ventaja añadida en la batalla contra el mal. Él no tiene pecado. Su vida es intachable. Aunque vino a vivir con nosotros como un ser humano, también es Dios, incapaz de pecar.

Al principio de su ministerio, Jesús se cruza una vez con Juan el Bautista, quien enseguida que lo ve exclama: «¡Aquí tienen al Cordero de Dios, que quita el pecado del mundo!»[4]. Ningún judío podía haber pasado por alto el significado de esa declaración. En el Antiguo Testamento, solo la sangre de un cordero joven, sin mancha, inocente, podía ser usada como sacrificio para la expiación de los pecados.

En esos días la gente le llevaba un cordero al sacerdote, que ponía sus manos sobre la cabeza del animal inocente, transfiriendo oficialmente todos los pecados y la culpa de esa persona al cordero. El sacerdote entonces cortaba el cogote del animal, recogiendo su sangre en un tazón que se encontraba en el altar para el perdón de los pecados. Juan estaba anunciándole al mundo que Jesús era ese cordero supremo —el Cordero de Dios— el último sacrificio por nuestros pecados.

La mayoría de nosotros sabemos que Jesús al final sacrificó su vida a favor de nosotros, pero aquellos que oían la extravagante declaración de Juan no tenían idea de lo que sucedería en tres años. Con todo lo que cuentan es con la palabra de un predicador bastante poco convencional. Hasta donde saben, él es simplemente otro chiflado más, ¿y quién los culparía por pensar así? No obstante, durante los próximos años, el ministerio de Jesús validaría las palabras de Juan.

Por ejemplo, poco después de su bautismo, Jesús asiste a una boda en la aldea de Caná. Su madre, María, también está allí. Casi a la mitad de la fiesta al anfitrión se le acaba el vino. María, evidentemente consciente de la identidad de su hijo, le pide que haga algo para salvar a los anfitriones de la desgracia de no tener suficiente vino para sus invitados. Jesús les pide a los sirvientes de la casa que llenen seis enormes jarrones de piedra con agua. Luego les dice que le lleven un poco al encargado del banquete para que lo pruebe[5].

No solo el agua se convierte en vino, sino que este es mejor que todo el otro vino que se había servido antes ese día. Los invitados piensan que el novio astutamente había guardado el mejor vino para el final. Sin embargo, los sirvientes y algunos otros que sabían lo que había pasado, se dieron cuenta de que este hombre al que Juan llamaba el Mesías era por cierto alguien especial.

En realidad, no pasa mucho tiempo antes de que otras personas comiencen a notar la forma en que Jesús se relaciona con la gente. Después de seleccionar a doce hombres como discípulos, comienza a enseñar y sanar a la gente por dondequiera que va. Israel no es una nación grande, así que pronto se corre el rumor sobre sus poderes en toda la región. Algunos llegan a la conclusión de que es el Mesías; otros —en general los líderes religiosos— se molestan por sus declaraciones.

En un punto, mientras Jesús estaba en Jerusalén, recibe la visita inesperada en medio de la noche de un fariseo llamado Nicodemo. Los fariseos eran líderes judíos que no solo interpretaban las leyes religiosas, sino que además eran rápidos para juzgar a todo el que las violaba. Hoy describimos a las personas así como «legalistas», más preocupados por las reglas que por una relación con Dios. Así que no es de sorprender que la mayoría de los fariseos estuvieran muy preocupados por Jesús y su ministerio, ya que él no encajaba en su libro de reglas. Con todo, Nicodemo se dirige a él de una forma particular, reconociendo que todo el que hace esa clase de milagros debe venir de parte de Dios.

Durante su conversación, Jesús le revela el plan de Dios para restaurarnos a una relación con él cuando le dice a Nicodemo que para ser parte de esta divina comunidad debemos «nacer de nuevo». Luego hace una de las declaraciones más claras de quién es él y por qué vino a estar con nosotros: «Porque tanto amó Dios al mundo, que dio a su Hijo unigénito, para que todo el que cree en él no se pierda, sino que tenga vida eterna»[6].

Esta declaración —probablemente el versículo más memorizado de toda la Biblia— describe en los términos más simples la intersección entre nuestra Historia Secundaria y la Historia Primaria de Dios. Vivimos «aquí abajo», en todo el desorden común que es la vida, limitados por lo que podemos ver y experimentar de primera mano, incluyendo lo que parece ser el punto final, la muerte. Pero Jesús, que estaba «allá arriba», descendió para vencer a la muerte por nosotros, de modo que podamos vivir eternamente con él. No tenemos que matar y sacrificar más animales, eso fue una solución temporal. Ya no tenemos que tratar con todas nuestras fuerzas de ser buenos, porque eso nunca funcionará debido a nuestro pecado inherente. Todo lo que tenemos que hacer es creer.

Para un fariseo, este es un mensaje difícil de digerir. Ellos —como también muchos de nosotros— habían llegado a creer que todo se trataba de seguir las reglas. Esa es una imagen falsa de Dios que ha causado que mucha gente —tal vez hasta tú mismo— se mantuviera tan alejada de Dios como le fuera posible. Ellos tienen esta imagen de un viejo severo sosteniendo en su mano una larga lista de reglas imposibles de cumplir, llevando la cuenta de todas las veces que las han quebrantado para poder hacerlos añicos. Sin embargo, Jesús dice: «Solo cree».

No sabemos cómo le respondió Nicodemo a Jesús durante esa conversación, pero lo que sí sabemos es que después que Jesús murió, Nicodemo ayudó a un creyente, un hombre llamado José de Arimatea, a enterrar el cuerpo. ¿Mi teoría? Creo que Nicodemo tiró su libro de reglas a la basura y siguió a Jesús.

Y él no es el único que fue transformado por el simple mensaje de Jesús.

De camino a Galilea, Jesús decide pasar por Samaria. La mayoría de los judíos despreciaban a la gente que vivía allí y se desviaban de su camino para no tener que atravesar esa región. Jesús no lo hizo. Alrededor del mediodía, Jesús va a un pozo y se sienta a descansar cuando nota que una mujer está llegando a fin de sacar agua. Al preguntarle si podía darle algo de agua para beber, la mujer se sorprende y se asusta un poco. Sabe que él es un judío y ella una samaritana.

En otras palabras, conoce su lugar. Sin embargo, Jesús la involucra en una conversación, al punto de decirle que sabe que ella tuvo cinco maridos y que ahora está viviendo con un hombre que no es su esposo. Le explica lo que significa adorar a Dios en espíritu y en verdad, pero la mujer trata de quitárselo de encima: «Sé que viene el Mesías, al que llaman el Cristo [...] Cuando él venga nos explicará todas las cosas»[7].

Imagina su sorpresa cuando Jesús le responde: «Ése soy yo, el que habla contigo»[8]. Entonces ella corre de vuelta a su aldea y les cuenta a todos lo sucedido, y muchos samaritanos se convierten ese día en seguidores de Jesús, cumpliéndose así más profecías. Estas buenas noticias, como se le prometió a Abraham, no eran solo para Israel. Dios quiere que todos tengan una oportunidad de volver a él.

Dondequiera que Jesús iba, las multitudes venían a verlo y él sanaba a la gente de una variedad de enfermedades: ceguera, desfiguraciones, dolencias. Hasta resucitó a un hombre que había muerto. Cada vez que hacía un milagro, validaba aun más que era quien decía ser: el Mesías prometido.

No obstante, también alimentaba el odio de aquellos que querían matarlo. En una ocasión, Jesús sana a un leproso y le dice que sus pecados han sido perdonados. Los líderes religiosos legalistas lo escucharon y se pusieron furiosos: «¡Está blasfemando! ¿Quién puede perdonar pecados sino sólo Dios?»[9]. No lo entendieron. Él *era* Dios, pero ellos se negaron a aceptar esta verdad y continuaron con sus esfuerzos por deshacerse de Jesús.

Comenzamos este capítulo con Juan, y es justo que lo terminemos con él. Siendo alguien que nunca iba a retractarse ante las autoridades, finalmente termina en una celda por causa de su predicación. Sabiendo que está por ser ejecutado debido a su valiente proclamación de que Jesús es el Mesías, le envía un mensaje a Jesús, preguntándole: «¿Eres tú el que ha de venir, o debemos esperar a otro?»[10]. Una duda un poco incomprensible tal vez, pero tenía que asegurarse. Él necesita estar seguro de que se trataba del tipo correcto.

Jesús le envía la respuesta que le reasegura que en efecto él es quien dice ser. Esto es todo lo que Juan precisa escuchar. Es todo lo que en realidad cada uno de nosotros precisamos escuchar. Al poco tiempo, Juan es decapitado, pero muere sabiendo que su vida no convencional como «predicador callejero» no fue en vano.

La Historia Secundaria tiene todo que ver con cosas que hacer. Ir al trabajo. Volver a casa. Tratar de ser buenos padres y madres. Ponernos metas y tomar decisiones. Tratar de hacer todo lo bueno esperando que nuestros esfuerzos sean recompensados. La Historia Primaria es acerca de creer. Creer que Jesús es quien dice ser. Que es la única solución a nuestro principal problema, la separación de Dios.

Di lo que quieras acerca de los predicadores callejeros. Pueden ser raros. Sus métodos pueden hacerte sentir incómodo. Pero al igual que Juan el Bautista, ellos saben que sirven al único que quita el pecado del mundo.

¡Y eso no es nada alocado después de todo!

CAPÍTULO 24

Ningún hombre común

«Yo soy la vid y ustedes son las ramas. El que permanece
en mí, como yo en él, dará mucho fruto; separados
de mí no pueden ustedes hacer nada».

—JUAN 15:5

¿Alguna vez has conocido a una persona y sabido casi al instante que él o ella era alguien especial?

Estoy hablando de alguien que conoces por primera vez que posee una personalidad increíble, una presencia dominante que te atrae con cierto magnetismo.

Ese es el efecto que Jesús causaba sobre la gente cuando entraba en sus aldeas u hogares. Desde el principio de su ministerio quedó claro que a pesar de ser el hijo de un humilde carpintero de Nazaret, era alguien especial. Y una de las cualidades que sobresalieron y llamaron la atención fue que le enseñaba a la gente acerca de Dios.

La mayor parte de los judíos fieles estaban acostumbrados a ir al templo y escuchar a los rabíes leer del libro de la ley. Imagina ir a la iglesia todos los domingos y que tu pastor abra su Biblia en el libro de Levítico, del Antiguo Testamento, y comience a leer las instrucciones detalladas de lo que puedes comer, vestir y qué clase de corte de cabello debes usar.

Sin embargo, cuando Jesús enseñaba, contaba historias o parábolas; historias que comunicaban la verdad de maneras que no se comparaban a la lectura de la ley. Por ejemplo, Jesús quería que sus seguidores entendieran que para ser parte de la nación de Dios, tenían que vivir de manera diferente a aquellos que pertenecían solo a una nación terrenal (en este caso, gobernada por el César). Como les estaba enseñando a personas que vivían de la agricultura, les contaba una historia acerca de agricultores:

«¡Pongan atención! Un sembrador salió a sembrar. Sucedió que al esparcir él la semilla, una parte cayó junto al camino, y llegaron los pájaros y se la comieron. Otra parte cayó en terreno pedregoso, sin mucha tierra. Esa semilla brotó pronto porque la tierra no era profunda; pero cuando salió el sol, las plantas se marchitaron y, por no tener raíz, se secaron. Otra parte de la semilla cayó entre espinos que, al crecer, la ahogaron, de modo que no dio fruto. Pero las otras semillas cayeron en buen terreno. Brotaron, crecieron y produjeron una cosecha que rindió el treinta, el sesenta y hasta el ciento por uno. »El que tenga oídos para oír, que oiga», añadió Jesús[1].

Si no eres sembrador, esta pequeña parábola puede parecerte confusa o enigmática. ¿Qué puede tener que ver esto con mi vida? Gracias a los supermercados, no atiendo la huerta (al menos no tengo que hacerlo para alimentar a mi familia). No obstante, para la gente rural de Israel, esta parábola se conectaba con sus vidas. Ellos conocían muy bien el desafío de sembrar su trigo y su cebada en el campo rocoso y polvoriento. Y por eso si visitas el área en la actualidad, puedes mirar a lo largo de los campos y ver terrenos exuberantes de las mejores frutas y verduras que crecen en los valles. El buen suelo hace toda la diferencia.

Jesús está diciéndoles a sus oyentes que si quieren crecer en su fe —si quieren alimentarse como miembros de la nación de Dios— deben plantarse a sí mismos en el buen suelo de la comunidad de Dios. Traducido al lenguaje actual, significa que nos unimos con otros cristianos en la adoración, la fraternidad y el estudio bíblico. Significa vivir más de acuerdo a los valores de Dios que a los valores de los humanos.

Sin embargo, como Jesús les contaba esta verdad en la forma de una historia que llegaba a las personas donde ellas vivían, atraía su atención. Ellos sabían que este no era un maestro común y corriente.

Con todo, Jesús también hacía uso de un estilo más directo. En su único sermón registrado en la Biblia —el Sermón del Monte— Jesús literalmente pone al mundo patas arriba para su «congregación».

Imagina la escena. Jesús acababa de hacer un milagro de sanidad. Las noticias corrieron a toda velocidad, y las multitudes de personas se reunieron para ver a este increíble maestro y tal vez aprender algo de él. Jesús se pone de pie y habla, y un silencio cae como un manto sobre la gente que está sentada en la ladera de una gran colina que formaba un anfiteatro natural cerca del Mar de Galilea:

> Dichosos los pobres en espíritu [...]
> Dichosos los que lloran [...]
> Dichosos los humildes [...]
> Dichosos los que tienen hambre y sed de justicia [...]
> Dichosos los compasivos [...]
> Dichosos los de corazón limpio [...]
> Dichosos los que trabajan por la paz [...]
> Dichosos los perseguidos por causa de la justicia [...][2]

En algunas versiones la palabra *dichosos* se traduce como «benditos», pero en la Historia Secundaria ser pobre o humilde nunca se asocia con ser bendito o dichoso. Nadie quiere llorar o ser perseguido, y la pureza de corazón es para los mojigatos.

No obstante, Jesús está tratando de demostrar lo que es la vida en la Historia Primaria. Quiere darles a ellos —y a nosotros— una visión de cómo el reino de Dios es diferente, y cómo el carácter es más importante que las posesiones y las circunstancias. El reino de Dios que él describe será un nuevo jardín —una versión restaurada del jardín que conocimos en el comienzo de su Historia— al que Dios una vez más descenderá y donde habitará con todos los que creen en él.

Estas «bendiciones» a las que llamamos Bienaventuranzas eran solo la introducción, pero resultaban suficientes para que todos se dieran cuenta de que había algo extraordinario en este hombre llamado Jesús. Él desafió las prácticas de los líderes religiosos contemporáneos: «Cuando oren, no sean como los hipócritas, porque a ellos les encanta orar de pie en las sinagogas y en las esquinas de las plazas para que la gente los vea». Atacó el materialismo: «No acumulen para sí tesoros en la tierra [...] Más bien, acumulen para sí tesoros en el cielo». Advirtió sobre el poder seductor del dinero: «No se puede servir a la vez a Dios y a las riquezas». Y aun los preparó para combatir la ansiedad: «¿Quién de ustedes, por mucho que se preocupe, puede añadir una sola hora al curso de su vida? [...] Por lo tanto, no se angustien por el mañana, el cual tendrá sus propios afanes. Cada día tiene ya sus problemas»[3].

Este sermón entero encierra la sabiduría de la Historia Primaria para ayudarles a vivir mejor en sus vidas de la Historia Secundaria. No por causa de ellos mismos, sino por el bien del reino de Dios al cual pertenecían. Jesús quiere que sus seguidores vivan de tal manera que otros sean atraídos a ellos, así como eran atraídos a Jesús: «Hagan brillar su luz delante de todos, para que ellos puedan ver las buenas obras de ustedes y alaben al Padre que está en el cielo»[4].

Naturalmente, alguien con un mensaje tan fuera de lo convencional, que también tenía la habilidad de hacer milagros, llamaba demasiado la atención. A veces las multitudes lo empujaban tan fuerte que se le hacía difícil moverse. En una ocasión así, una mujer que había luchado con una enfermedad crónica pensó que si tan solo podía arrimarse a Jesús en medio de la multitud, sería sana. Ella esperaba escurrirse sin que nadie se diera cuenta, pero tan pronto como lo toca, para su desgracia, Jesús se da la vuelta y pregunta: «¿Quién tocó mi ropa?». Sus seguidores trataron de convencerlo de que en una muchedumbre tan grande un montón de gente lo estaba tocando, pero él persiste hasta que la mujer finalmente confiesa que había sido ella. Jesús le responde con compasión: «Tu fe te ha sanado»[5].

¿Qué hacer con alguien así? Alguien que no encaja en tu imagen de un líder religioso. Más tarde o más temprano, todos los que al inicio siguieron a Jesús tuvieron que tomar una decisión. Él es el Mesías prometido o no lo es. Una vez, después de alimentar a una multitud de cinco mil personas con solo cinco panes y dos peces, algunos lo siguieron hasta una aldea vecina porque querían aprender más de este maestro inusual. Deseaban saber qué podían hacer para servir a Dios, y Jesús les dijo: «Crean en aquel a quien él envió»[6]. En otras palabras: «Vayan y crean que yo soy el Mesías». Luego les dijo que solo él era la fuente de contentamiento, y agregó algo que los tomó por sorpresa:

Ciertamente les aseguro [...] que si no comen la carne del Hijo del hombre ni beben su sangre, no tienen realmente vida. El que come mi carne y bebe mi sangre tiene vida eterna [...] El que come mi carne y bebe mi sangre, permanece en mí y yo en él [...] Los antepasados de ustedes comieron maná y murieron, pero el que come de este pan vivirá para siempre[7].

Si había alguna duda acerca de que Jesús era diferente, esto prácticamente la disipó. Jesús pone todas las cartas sobre la mesa, llamando a sus seguidores a identificarse con él de tal manera que pareciera como si hubieran participado de su cuerpo. Deseaba que llegaran literalmente a ser uno con él. Esta era su forma de decir algo que no todos querían oír en ese momento, y que muchos todavía no desean oír hoy: «Yo soy el único camino».

La Biblia nos dice que algunos de sus seguidores se alejaron después de este desafío. Estaba pidiendo mucho de ellos. Estas personas querían a Jesús *y* sus propios caminos. Querían el pan ordinario, no el Pan de Vida. ¿Te suena familiar? ¿Cuántas veces vimos que los seguidores de Dios querían adorarlo a él *y* a los otros dioses de las naciones vecinas? ¿Cuántas veces *nosotros* queremos a Dios junto con los ídolos de la riqueza, el estatus, el poder y la fama?

Jesús no era un maestro común y corriente. Era la clase de persona que todos notaban cuando entraba a un lugar. Su ministerio estaba validado por sus notables enseñanzas e intervenciones milagrosas. No obstante, él demanda nuestra singular devoción. En un cierto punto, después de observar todo lo que hizo, tenemos que tomar nuestra propia decisión. Tenemos que determinar si es el único al que en realidad queremos seguir.

Una vez los discípulos de Jesús estaban pasando la noche en una barca en el medio del lago, cuando de pronto se levantó una tormenta. No podían regresar a la costa por causa de las altas olas, y poco antes de que el sol saliera vieron a Jesús que venía caminando hacia ellos sobre el agua. Pedro no estaba tan seguro de que fuera Jesús, así que gritó: «Señor, si eres tú [...] mándame que vaya a ti sobre el agua»[8]. Jesús respondió: «Ven», así que Pedro salió de la barca y empezó a caminar... hasta que miró hacia abajo y comenzó a hundirse.

Jesús extendió su mano para salvarlo y luego lo reprendió por haber dudado.

Cuando Jesús y Pedro entraron a la barca, los discípulos lo alababan e hicieron esta profunda declaración: «Verdaderamente tú eres el Hijo de Dios»[9].

No es suficiente con pensar de Jesús como un gran hombre. En la Historia Secundaria podemos conocer a grandes hombres y mujeres: celebridades, políticos, actores, atletas profesionales. Sin embargo, si queremos elevarnos por encima de las circunstancias del presente en nuestras vidas, debemos estar preparados para conocer a alguien que redefine la palabra *extraordinario*. Tenemos que asumir el mismo compromiso que Jesús les pide a todos sus seguidores.

Cree en aquel a quien el Padre ha enviado.

CAPÍTULO 25

El hijo de Dios

«Yo soy el camino, la verdad y la vida —le contestó Jesús—.
Nadie llega al Padre sino por mí. Si ustedes realmente
me conocieran, conocerían también a mi Padre. Y ya
desde este momento lo conocen y lo han visto».

—JUAN 14:6-7

Cuando era niño, teníamos un televisor en blanco y negro. Unos pocos de mis amigos tenían televisión a color (sus familias deben haber tenido más dinero, algo de lo que yo no me daba cuenta en ese momento). No fue hasta mucho después que me enteré de que los uniformes de los Boston Celtics eran de color verde. Siempre había creído que eran, bueno, grises.

Los programas televisivos de concursos eran lo último por ese entonces —no durante el día, sino durante el tiempo de mayor audiencia, en la noche— y uno de mis favoritos era *What's My Line?* [¿Cuál es mi línea?]. Unos panelistas famosos entrevistaban a los participantes con ocupaciones inusuales o logros extraordinarios. Solo se permitían preguntas que pudieran responderse con un sí o un no. Después de unos pocos minutos de hacer preguntas, los panelistas trataban de adivinar la ocupación del participante:

—¿Eres un atleta profesional?

—Sí.

—¿Juegas al fútbol?

—No.

—¿Juegas al béisbol?

—Sí.

—¿Eres lanzador?

—Sí.

—¿Ganaste treinta y un juegos la temporada pasada?

—Sí.

—¿Eres Denny McClain?

—¡Sí! (Aplausos de la audiencia, ovaciones, música, flashes en tonos de grises).

Supongo que tenías que estar allí (y si no sabes quién es Denny McClain, no me lo digas... ¡ya me siento bastante viejo!). Pensábamos que el programa era bastante divertido.

Al continuar siguiendo a Jesús durante su breve tiempo en la tierra, entramos en una parte de su historia que bien podríamos titular *What's My Line?* Él es el invitado sorpresa con la ocupación inusual, mientras que los panelistas son sus discípulos, los líderes religiosos y la gente común desde Galilea hasta Jerusalén. Por supuesto que se trata de algo más que un concurso. Toda la Historia es acerca de regresar a Dios, y solo podemos hacerlo si conocemos el único camino de regreso: Jesús.

La gente que se encontraba con Jesús sabía que él no era un hombre común. No obstante, la pregunta que permanecía en la mente de todos era: «¿Quién es él en realidad?» Y esta es una de las preguntas más importantes que todos nosotros podemos hacernos. Una cosa es quedar fascinados por todas las enseñanzas de Jesús, pero su ocupación primordial no es la de un maestro. La gente quedaba impresionada con todas las sanidades y milagros que hacía, pero su ocupación principal no era la de un médico o siquiera un milagrero. Uno puede hasta sentirse inspirado por cómo vivía y amaba a las personas, pero su ocupación primaria no era la de ser un buen tipo. Todas esas cosas son importantes y añaden a la evidencia de su verdadera ocupación. Sin embargo, él es mucho más que la suma de todos esos atributos maravillosos.

Probablemente los más cercanos a Jesús fueron los seguidores que había elegido, los discípulos. Esos doce hombres viajaban con él a dondequiera que iba, y provenían de diferentes trasfondos. Eran su séquito, si se quiere, y si alguien debía saber quién era Jesús en realidad, eran ellos. Así que cuando Jesús les pregunta si saben quién es él, no es de sorprender que Pedro le responda con rapidez: «Tú eres el Cristo»[1].

Respuesta correcta. Expectativas incorrectas acerca de lo que eso significa.

Jesús le advierte a Pedro y sus amigos que guardaran este secreto por ahora y luego prosigue explicando que el Mesías tiene que «sufrir muchas cosas y ser rechazado por los ancianos, por los jefes de los sacerdotes y por los maestros de la ley. Es necesario que lo maten y que a los tres días resucite»[2].

Pedro no puede creer lo que oyen sus oídos. Él se había imaginado al Mesías como «el ungido» que venía a la tierra a rescatar a los fieles. Según la Biblia, Pedro reprende a Jesús por decir todas esas cosas acerca de ser rechazado y asesinado. Cuando oyes la palabra *reprende*, piensas en un buen regaño, pero estoy adivinando que se sentía tan incrédulo que dijo algo así: «¡No puede ser! Deja de hablar necedades. ¡Tú eres el Cristo, el Mesías!».

Jesús estaba hecho para la tarea de ayudar a la gente a redefinir sus expectativas acerca de él como Salvador. Al principio, en realidad tuvo que confrontar a Pedro en su misma cara, regañándolo por pensar en el Mesías solo desde su perspectiva de la Historia Secundaria, pero después usa ese incidente como una oportunidad para enseñarles a Pedro y a la multitud que se había reunido el verdadero costo del discipulado desde el punto de vista de la Historia Primaria:

«Si alguien quiere ser mi discípulo —les dijo—, que se niegue a sí mismo, lleve su cruz y me siga. Porque el que quiera salvar su vida, la perderá; pero el que pierda su vida por mi causa y por el evangelio, la salvará. ¿De qué sirve ganar el mundo entero si se pierde la vida?»[3]

Al ayudar a sus seguidores a aprender exactamente quién es él, Jesús también les está explicando lo que conlleva ser uno de sus seguidores. Es el mismo mensaje de la Historia Primaria que hemos visto desde el mismísimo comienzo de la Historia: o te juegas todo o estás fuera. Los discípulos no solo saben quién es Jesús, sino que saben quiénes tienen que ser *ellos* si quieren ser sus seguidores.

En otra escena de esta historia los líderes religiosos y los ciudadanos comunes también están luchando con la importante cuestión de quién es

Jesús. En ese tiempo él por casualidad se encontraba en Jerusalén durante una festividad religiosa popular llamada la Fiesta de los Tabernáculos.

¿Recuerdas la Fiesta de los Tabernáculos en nuestra historia de Judá regresando a casa después de la cautividad en Babilonia? Luego de que Esdras les lee el libro entero de la ley, ellos reconocen que había prácticas que no estaban observando, y una de ellas era la Fiesta de los Tabernáculos, una observancia que conmemoraba el tiempo en que vivían en «tabernáculos» o tiendas provisionales en el desierto. De manera que en ese festival que duraba una semana, el pueblo judío construía tiendas en sus propiedades y vivía en ellas por toda la semana. También agarraban hojas de palmera y las agitaban, muy parecido a cuando los estadounidenses agitan bengalas el cuatro de julio.

Cuando Jesús estaba en Jerusalén durante la Fiesta de los Tabernáculos, la gente comenzó a jugar a *What's My Line?* con él. Algunos decían: «Es un buen hombre». Otros decían: «No lo es, engaña a la gente». Más o menos a la mitad del festival, Jesús comenzó a enseñar, creando aun más especulaciones. «¿De dónde sacó éste tantos conocimientos sin haber estudiado?»[4] Gran pregunta, una que llevó a conclusiones como estas: «Verdaderamente éste es el profeta». Otros afirmaban: «¡Es el Cristo!»[5].

Aún otros preguntaban: «¿Cómo puede el Cristo venir de Galilea? ¿Acaso no dice la Escritura que el Cristo vendrá de la descendencia de David, y de Belén, el pueblo de donde era David?»[6]. Cualquiera que hiciera esta pregunta no estaba prestando atención. Si hubiera tenido acceso a Google, habría podido hacer una búsqueda rápida y descubrir que Jesús ciertamente era del linaje de David y había nacido en Belén. Algo que sabemos con seguridad es que Dios siempre le presta atención a los detalles.

Jesús empieza entonces a dar algunas señales de su identidad. Declara, por ejemplo: «Yo soy la luz del mundo»[7]. Los judíos sabían que solo Dios es la fuente de vida, de modo que este es un indicio importante. Más tarde, Jesús dice: «Ustedes son de aquí abajo; yo soy de allá arriba. Ustedes son de este mundo; yo no soy de este mundo»[8], lo cual podemos traducir así: «Yo soy de la Historia Primaria; ustedes son de la Historia Secundaria». Les estaba diciendo a sus oyentes que él residía en el cielo, el cual ellos sabían era el lugar de residencia de Dios.

Alguien preguntó con sarcasmo: «¿Acaso eres tú mayor que nuestro padre Abraham?». Estaban cansándose un poco de las declaraciones de Jesús y trataron de ponerlo en su lugar. Sabiendo cómo los judíos honraban a Abraham y conocían su historia, Jesús hizo una declaración que puede parecernos algo curiosa, pero que para ellos estaba cargada de significado. «Ciertamente les aseguro que, antes de que Abraham naciera, ¡yo soy!»[9].

¿Recuerdas allá en el Antiguo Testamento cuando Dios comisionó a Moisés para ir ante el Faraón y sacar a su pueblo de Egipto? Moisés se pregunta qué debía decirles a los israelitas que cuestionaran su llamado. Dios le responde: «Yo soy el que soy [...] Y esto es lo que tienes que decirles a los israelitas: "Yo soy me ha enviado a ustedes"»[10]. Estos escépticos judíos sabían exactamente lo que Jesús estaba diciendo, y les enfureció que se considerara a sí mismo Dios. Aunque muchas personas habían elegido seguirlo por sus enseñanzas, este grupo comenzó a tirarle piedras, pero él enseguida se escapó.

En la Historia Secundaria, un hombre nos confronta, una figura histórica. El hecho de que Jesús vivió en la tierra y dejó grandes enseñanzas no se puede discutir. Sin embargo, su afirmación de ser el Hijo de Dios requiere que aquellos que se sienten confrontados por él tomen una decisión. Jesús es quien dice ser, o un mentiroso, o como explicara C. S. Lewis, un lunático. Esencialmente esas son nuestras tres opciones: Señor, mentiroso o lunático. Por otra parte, en la Historia Primaria, se está preparando el escenario para un suceso dramático que tendrá implicancias eternas. Una misión divina establecida allá en el jardín está a punto de ser completada.

Avancemos rápido hasta el festival de la Pascua, una importante celebración que conmemora el día en que el ángel del Señor pasó por las casas cuyos dinteles habían sido rociados con la sangre de un cordero, salvando a los primogénitos de esos hogares. Antes de que Jesús fuera a Jerusalén para su celebración, les dio instrucciones a sus discípulos de traerle un asno. Evidentemente no estaban al tanto de las palabras del profeta Zacarías del Antiguo Testamento, de otro modo hubieran captado ese indicio que Jesús estaba dándoles:

¡Alégrate mucho, hija de Sión!
¡Grita de alegría, hija de Jerusalén!
Mira, tu rey viene hacia ti,
justo, salvador y humilde.
Viene montado en un asno,
en un pollino, cría de asna[11].

No obstante, la gente común de Jerusalén debía haberlo sabido, porque cuando Jesús entra a la ciudad cabalgando sobre ese asno, lo saludan como si fuera, bueno... ¡el Mesías! Arrojan ramas de palmeras delante de él en el camino. También agitan ramas en sus manos mientras Jesús pasa frente a ellos. Según la cultura judía, la rama de palmera es un símbolo de victoria, el equivalente a un desfile triunfal con confeti en los Estados Unidos. Cuando el hombre que nació en un humilde establo entra en Jerusalén montado sobre un pequeño burro, las multitudes que bordeaban las calles gritan exactamente de la manera en que el profeta Zacarías dijo que lo harían:

—¡Hosanna!
—¡Bendito el que viene en el nombre del Señor!
—¡Bendito el reino venidero de nuestro padre David!
—¡Hosanna en las alturas![12]

El pueblo de Dios había escuchado que el Mesías —el Ungido— vendría. Que un nuevo rey del linaje de David reinaría sobre ellos. Este desfile atravesando la ciudad debe haberse percibido como el Día de la Inauguración. Finalmente ellos tendría su rey, que le devolvería a Israel la grandeza (tal vez incluso los lideraría para atacar y conquistar Roma). Este era el día que ellos habían estado esperando por tanto tiempo, el día en que su opresión llegaría al final y por fin serían libres.

Lo que no pueden haber sabido es que Dios tenía algo más grande en mente. Sí, pronto tendrían una manera de vencer toda opresión. Sí, una vez que la misión divina de Dios estuviera completa, ellos gozarían de una libertad como nunca nadie había experimentado. Si tan solo podían soportar un poquito más y seguir creyendo en este Rey, aun cuando no pareciera muy de la realeza.

Una cosa es creer que Jesús es el Mesías cuando todos lo están ovacionando al entrar cabalgando en la ciudad. Sin embargo, ¿qué sucedería cuando las cosas no salieran de la manera que ellos esperaban? Los judíos saben lo que es abandonar a Dios cuando él no concuerda con su idea de quién es Dios. Esa era la razón de por qué resultaba tan importante que supieran quién era Jesús.

En la Historia Secundaria, Jesús es un hombre notable en la historia, cuyas enseñanzas continúan hasta el día de hoy brindándonos una base para el comportamiento ético y moral. Es un buen hombre que tiene un lugar especial en su corazón para los pobres y oprimidos. Alguien que resulta fácil de querer. No obstante, si hemos de encontrar nuestro lugar en la Historia Primaria, él tiene que ser más que solo un buen tipo. Todo lo que hizo durante su breve estadía en la tierra fue convencer a la humanidad de que él era la única solución a nuestra separación de Dios. Que él era Dios mismo, viviendo entre nosotros y dispuesto a morir por nosotros.

Esto era más que justo su línea.

Es quién él *es*.

CAPÍTULO 26

La hora de las tinieblas

Uno de los doce, el que se llamaba Judas Iscariote,
fue a ver a los jefes de los sacerdotes.
—¿Cuánto me dan, y yo les entrego a Jesús? —les propuso.
Decidieron pagarle treinta monedas de plata. Y desde
entonces Judas buscaba una oportunidad para entregarlo.

—MATEO 26:14-16

No me involucro mucho en la política. Atesoro el privilegio de poder votar, y al igual que la mayoría de las personas le presto atención a las posiciones de los candidatos en temas que son importantes para mí. Sin embargo, no paso mucho tiempo estudiando los pros y los contras de lo que sucede en Washington o en la capital de mi estado. Excepto en la noche de las elecciones.

Todo el drama de esperar para ver a los ganadores me cautiva. No obstante, lo que encuentro aun más fascinante es la reacción de los que apoyan al candidato que va perdiendo. Evidencian una desilusión tan grande, a veces hasta derraman lágrimas. En unas pocas horas el ánimo pasa de las grandes esperanzas y expectativas a la más absoluta devastación. Después de tanto trabajo, gastos y emoción, todo se acaba. Todo se resume a ese momento, el cual no resulta como ellos creyeron.

Así debe haber sido como la gente de Jerusalén se sintió a los pocos días de haberle dado la bienvenida a Jesús con palmeras y gritos de alabanza. Ellos pensaban que habían encontrado a su rey enviado por Dios, que establecería su reino todopoderoso sobre la tierra, pero no resultó ser de esa manera.

Cada historia en la vida de Israel señalaba a la venida del Mesías. El Dios de la Historia Primaria creó la Historia Secundaria completa para poder venir y estar con nosotros. Esto es todo lo que él deseaba. Dentro de la inmensidad del universo y más allá, creó un hermoso jardín. Después de crear a las primeras dos personas, Adán y Eva, descendió para comenzar a vivir con ellos. Una hermosa vida junto a su pueblo que debía extenderse por toda la historia hasta llegar a ti y a mí. Sin embargo, dado que ellos eligieron su propio plan en vez del de Dios, Adán y Eva fueron echados del jardín. El pecado —básicamente el egoísmo y el desprecio por Dios y los demás— se convirtió en la herencia de la humanidad.

Dios nunca quiso estar separado de su pueblo, de modo que prometió proveer un camino para hacernos volver, a fin de reunirse con su pueblo en una perfecta comunidad. Él puso un plan en marcha, uno que se ha estado desarrollando por toda la historia. A los judíos que estaban a cada lado de la calle de Jerusalén agitando sus hojas de palmera les parecía que este plan tenía su punto culminante en la entrada triunfal de Jesús. ¿Pero qué hay después? ¿Qué va a hacer Jesús, el Hijo de Dios, para proveer un camino de regreso a Dios?

Va a morir. No va a pelear con los romanos. No va a establecer una base militar desde la cual gobernar como David o Salomón lo hicieron. No va a crear un reino en el sentido que ellos esperaban.

Todo comienza con la traición de Judas, uno de los doce discípulos. Por unas simples treinta piezas de plata les dice a las autoridades judías dónde encontrar a Jesús. Lo arrestan y los discípulos se dispersan, dejando a Jesús solo. Aun Pedro, su mano derecha, se niega a admitir siquiera que *conoce* a Jesús. Tres veces.

Los captores lo llevan ante Caifás, el sumo sacerdote. Organizan una especie de «tribunal arbitrario», completado con «testigos» ensayados que levantan falsos cargos contra él. Está claro que quieren encontrar la suficiente cantidad de evidencias como para sentenciarlo a muerte. Con todo, Jesús —el Cordero de Dios— no se defiende contra esos cargos fabricados. Inocente y sin mancha, les permite tender su trampa. Eso es parte del plan. Tiene que suceder de esa manera.

En un punto, el sumo sacerdote le pregunta a Jesús si es el Mesías. Jesús responde diciendo que desde ahora en adelante estará sentado a la diestra de Dios en el cielo[1]. Eso es todo. El sumo sacerdote lo acusa de blasfemia, mientras que los maestros judíos y los ancianos comienzan a golpearlo y escupirle en la cara.

Es el principio del fin.

Para poder matarlo de manera legal, necesitan la aprobación de Pilato, el gobernador designado por Roma para supervisar y tratar con los líderes judíos. Pilato no tiene interés en el asunto. Solo está intentando salvar su pellejo político y supone que la mejor manera de hacerlo es dejando decidir a los líderes judíos. No obstante, por si acaso, hace que azoten a Jesús, llevando a cabo una brutal costumbre romana en la cual el acusado se ata a un poste y se le azota con un látigo que tiene objetos filosos en las puntas. Se le llamaba «el látigo con nueve correas» y literalmente arrancaba la carne hasta el hueso.

Una vez que los sádicos soldados romanos empezaron, rápidamente escalaron en su crueldad. Un soldado le hizo una corona con una enredadera espinosa —la corona de espinos— y la hundió en la cabeza de Jesús, perforándole el cráneo. Otro le colocó una túnica color púrpura para burlarse de su afirmación de realeza. Después lo trajeron ante los líderes judíos y les preguntaron que querían hacer con Jesús, mientras la multitud gritaba una y otra vez: «¡Crucifíquenlo!».

La crucifixión era una forma de castigo horripilante reservada para los criminales más viles. Fue diseñada para asegurar una muerte lenta y dolorosa. El acusado era clavado a una cruz de madera, la cruz se elevaba y se plantaba en un hoyo en la tierra, y después todos esperaban. A veces varios minutos. A veces varias horas. El alivio llegaba únicamente con el suspiro final.

Para burlarse aun más de Jesús lo crucificaron entre dos criminales comunes. Y mientras él estaba muriendo en la cruz entre estos hombres, los soldados romanos y los líderes judíos continuaban propinándole insultos. Cuando pide agua, ellos ponen vinagre de vino en un trapo y se lo ofrecen. Mientras cuelga de la cruz, desfalleciendo, los soldados juegan un juego de azar para ver quién ganará el derecho a llevarse su ropa.

Después de algunas horas de tortuoso dolor y sufrimiento brutal, Jesús muere. Para sus seguidores, ahora se ha acabado todo. «Tal vez no era el Mesías después de todo», deben haber pensado para sí mismos. «¿Cómo nos podría llegar a salvar si ahora está muerto? ¿Es que todo esto fue solo una farsa?»

A aquellos que una vez se apilaron en las callen para darle la bienvenida a su Mesías esto debe haberles parecido una pesadilla, un acto cruel de un Dios caprichoso que quizás ni siquiera exista, después de todo. Ellos habían oído el increíble mensaje de que todo lo que debían hacer era creer. Con una fe sencilla, a pesar de las críticas provenientes de sus líderes religiosos, hicieron precisamente eso: creyeron.

Y ahora Jesús se había ido. En la Historia Secundaria era un desastre, un fracaso de dimensiones colosales. En la Historia Primaria, implicaba el comienzo de la mayor victoria que había sido planeada desde el comienzo de los tiempos. ¿Cómo lo sabemos? Consideremos los indicios.

Todo esto sucedió durante la semana de la Pascua. En la antigua Israel, era la sangre de un cordero la que los salvaba. Juan el Bautista presentó por primera vez a Jesús como el Cordero de Dios. El derramamiento de su sangre era necesario para nuestra salvación y Dios había seleccionado con todo cuidado el tiempo exacto para que eso sucediera. Jesús fue aun más preciso cuando oró: «Miren, se acerca la hora»[2]. Después estaba Judas, que no podía saber que su rol en la Historia había sido planeado por Dios y predicho por el profeta Jeremías seiscientos años antes. Jesús hasta predijo su traición en presencia de sus discípulos cuando indicó: «Ciertamente les aseguro que uno de ustedes me va a traicionar»[3], y luego identificó a Judas. Este no era un acto al azar para tener un poco de plata extra, sino un paso crítico en el plan de Dios a fin de llevarnos de regreso a él.

Cuando Jesús se hallaba en Getsemaní la noche anterior a su muerte, oró al Padre: «Padre mío, si es posible, no me hagas beber este trago amargo. Pero no sea lo que yo quiero, sino lo que quieres tú»[4]. En la Historia Secundaria, Jesús sabía lo que traía el mañana. Dolor y humillación. Una muerte física tortuosa. No obstante, el asunto más importante, el clímax de la Historia Primaria de Dios, ocurriría cuando estaba colgando de la cruz y todos los pecados de la humanidad le fueran transferidos.

A pesar de su anhelo de que existiera alguna otra forma que no fuera enfrentarse con la cruz, Jesús alinea su vida con la Historia Primaria. Más tarde ese día, cuando Judas y una banda de soldados vienen a arrestarlo, Jesús le dice a Pedro: «¡Vuelve esa espada a su funda! [...] ¿Acaso no he de beber el trago amargo que el Padre me da a beber?»[5]. Dios había respondido. No había otra forma de proveer una senda para que regresáramos a él.

Todo acerca de esos días finales había sido planificado y profetizado. Cuando Jesús se negó a defenderse ante Pilato, estaba siguiendo el plan profetizado por Isaías: «Maltratado y humillado, ni siquiera abrió su boca; como cordero, fue llevado al matadero; como oveja, enmudeció ante su trasquilador; y ni siquiera abrió su boca»[6]. Cuando un soldado romano clavó una espada en el costado de Jesús mientras pendía de la cruz, ese hombre estaba siguiendo el plan que había sido escrito setecientos años antes: «Él fue traspasado por nuestras rebeliones»[7]. ¿Y quién hubiera pensado que Pedro, el incondicional y leal discípulo, negaría conocerlo? Solo Jesús, que predijo que eso iba a suceder. Nada de lo que ocurrió tomó a Jesús por sorpresa. Todo estaba siendo orquestado por el autor de la Historia Primaria.

Cuando Jesús finalmente muere, los líderes religiosos declaran: «Él está acabado». Sin embargo, desde la cruz, Jesús clamó al dar su último suspiro: «*Todo* se ha cumplido»[8].

Desde la perspectiva de la Historia Secundaria, derrota; pero desde la Historia Primaria, victoria. Jesús sabía que había cumplido su misión en la tierra. Como el Cordero de Dios, había sido inmolado. El último sacrificio para pagar por los pecados de todos, incluyendo los tuyos y los míos. No solo por el pueblo judío, sino por los gentiles también; esclavos y libres, hombres y mujeres, todos.

Tengo un amigo que cría ovejas como pasatiempo. Empezó con eso cuando sus hijos eran chicos, pero aun hoy que ellos han abandonado el nido el padre sigue cuidando las ovejas. Él me dijo que criar ovejas lo ha ayudado a entender mejor por qué a Jesús se le llamaba el Cordero de Dios. Cualquier otro animal pelearía cuando se le acorrala, pero si un predador ataca a un cordero, el animal manso espera su deceso humildemente. Jesús no podía devolver el golpe porque simplemente no era parte del plan. No podía correr y escaparse de su cruel castigo, ya que si lo hacía, nunca sería capaz de volver a Dios.

Dios tenía que hacer algo con respecto al problema del pecado. Eso lo mantenía lejos de la gente que amaba. Él tuvo que darle a su Hijo las características de un cordero para que pudiera aceptar el castigo que

EL CORAZÓN DE LA HISTORIA

deberían recibir aquellos que lo merecían. El derramamiento de sangre en los altares de antaño era solo una reparación temporal. La única manera de demoler la barrera entre Dios y la humanidad era proveyendo un sacrificio aceptable por todos nuestros pecados, y Jesús se convirtió en el Cordero inocente cuya sangre nos limpia y nos hace nuevas criaturas. Para ilustrar la destrucción de esta barrera, en el momento en que Jesús murió, la gruesa cortina del templo que nos separaba del Lugar Santísimo, el lugar de la morada de Dios, se rasgó en dos[9].

El escritor de Hebreos lo expresa mejor:

> Así que, hermanos, mediante la sangre de Jesús, tenemos plena libertad para entrar en el Lugar Santísimo, por el camino nuevo y vivo que él nos ha abierto a través de la cortina, es decir, a través de su cuerpo [...] Acerquémonos, pues, a Dios con corazón sincero y con la plena seguridad que da la fe, interiormente purificados de una conciencia culpable y exteriormente lavados con agua pura[10].

Por supuesto, en ese momento, los fieles seguidores de Jesús no tenían idea de lo que acababa de ocurrir. El hombre que ellos pensaban que era el Mesías había justo acabado de morir. Uno de sus seguidores, José de Arimatea, recibió permiso de Pilato a fin de retirar el cuerpo de Jesús y prepararlo para la sepultura. En uno de esos momentos que conforman el «resto de la historia», otra persona ayudó a José a enterrar a Jesús. Trajo setenta y cinco libras de mirra y aloe, ricas especias y lociones para aplicarle al cuerpo de Jesús entre las capas de lino fino, según la costumbre judía[11]. ¿Y quién era este hombre que amorosamente preparó a Jesús para la tumba?

Su nombre era Nicodemo, el hombre que había visitado a Jesús tarde en la noche para preguntarle lo que significaba nacer de nuevo. Creo que lo entendió, pero si todavía tenía algunas dudas, pronto desaparecerían.

En tres días.

CAPÍTULO 27

La resurrección

«No se asusten —les dijo—. Ustedes buscan a Jesús
el nazareno, el que fue crucificado. ¡Ha resucitado! No
está aquí. Miren el lugar donde lo pusieron».
—MARCOS 16:6

¿Alguna vez estuviste junto a la tumba de alguien a quien amabas? Yo muchas veces, y estar allí siempre nos recalca la realidad de que para el fallecido la vida tal como la conocemos se ha terminado. Cuando estoy junto a la tumba de un amigo, puedo recordar momentos con esa persona, los buenos tiempos que vivimos o las etapas difíciles que enfrentamos juntos. No obstante, siempre me quedo con un sentimiento de vacío porque se ha ido y no hay nada que yo pueda hacer para traerlo de vuelta a la vida. Aun si le pertenece a Dios, lo cual me llena de esperanzas al saber que lo veré de nuevo en el reino venidero, no me puedo deshacer de los sentimientos de que nuestra relación se ha terminado. Los seguidores de Jesús ciertamente conocían este sentimiento.

Pensarás que matar a Jesús había sido suficiente para los líderes religiosos que se sentían amenazados por él. Que arrestarlo, juzgarlo por falsos cargos y después colgarlo en una cruz pondría fin a sus preocupaciones acerca de este pequeño movimiento de gente que creía que Jesús era el Mesías largamente esperado. Sin embargo, no fue así, todavía estaban preocupados por la insurrección política de esta pequeña banda de agitadores. Les preocupaba que esos mismos seguidores «armaran» una resurrección —robando el cuerpo de su líder— solo para mantener viva la memoria de Jesús y sus enseñanzas.

Los esquivos maestros de la ley estaban convencidos de que Jesús nunca se levantaría de la tumba como había dicho que lo haría, ¿pero qué tal si sus fanáticos seguidores abrían la tumba y tomaban su cuerpo? Ciertamente *se vería* como si Jesús hubiera escapado de la muerte, lo cual solo alimentaría más el fervor de sus seguidores y muy probablemente crearía un movimiento imparable. Jesús ya había causado muchos problemas; no iban a permitir que continuara haciéndolo desde la tumba.

Para asegurarse de que nadie tratara de forzar el sepulcro que contenía su cuerpo, las personas que convencieron a Pilato de crucificar a Jesús le pidieron que colocara guardias en la tumba. Pilato se los concedió y luego agregó una medida adicional de seguridad al ordenar que la piedra que estaba a la entrada fuera sellada, de modo que si acaso alguien intentaba violar la tumba, ellos tendrían las pruebas. Un golpe final a toda esta estupidez de que Jesús era el Mesías.

Aunque querían creer que Jesús regresaría, sus seguidores estaban perdiendo las esperanzas. Habían experimentado el día más triste de sus vidas, viendo a alguien que se había identificado a sí mismo como el Hijo de Dios morir junto con otros dos criminales comunes. En numerosas ocasiones, Jesús les había dado una vislumbre de la Historia Primaria diciéndoles que moriría, pero que resucitaría al tercer día. No obstante, ellos se encontraban atascados en la Historia Secundaria, donde la muerte era el final. Muchos de sus seguidores probablemente se sentían un poco tontos por haber creído todo ese sinsentido acerca del Mesías. Tal vez sus maestros religiosos tenían razón. Quizás era cierto que Jesús era un simulador. El antiguo profeta había dicho que el Mesías sería un «Dios fuerte, Padre eterno»[1]. No un hombre humilde con túnica y sandalias que no podía siquiera salvarse a sí mismo, mucho menos a otros.

El día después de la crucifixión era el Sabbat judío, un día en que la gente iba al templo y después se quedaban en sus casas. Sin embargo, al siguiente día, dos mujeres —las dos llamadas María— fueron a la tumba a presentar sus respetos. Mientras iban de camino, ambas llevaban la misma carga de pesar al saber que Jesús se había dio. Para siempre. De modo que podrás imaginarte su asombro cuando llegaron a la tumba y vieron que la piedra había sido corrida. Su pensamiento inmediato fue que se habían robado el cuerpo. Uno pensaría que, recordando todas las veces que Jesús había dicho que iba a morir y después a resucitar, ellas habrían saltado de alegría. Pero esto era esperar demasiado después de todo lo que habían pasado los dos días previos.

Menos mal que un ángel sentado junto a la tumba les contó lo que había ocurrido. Al principio, cuando el ángel se apareció, los soldados romanos que vigilaban la tumba se desmayaron. La piedra había sido removida y Jesús no estaba en la tumba. «No está aquí, pues ha resucitado, tal como dijo [...] vayan pronto a decirles a sus discípulos»[2].

Aun después de escuchar estas buenas noticias, María no puede aceptar lo que está ocurriendo. Se sienta en la tumba llorando cuando un hombre se le acerca. En su dolor, no reconoce a Jesús. Él le pregunta por qué está llorando y ella le explica que alguien se ha robado el cuerpo de Jesús. Pensando que el hombre sería un sepulturero que cuidaba esas tierras, María le dice: «Señor, si usted se lo ha llevado, dígame dónde lo ha puesto, y yo iré por él»[3].

Jesús entonces simplemente pronuncia su nombre, y en ese instante ella sabe que es él. María está rebosando de gozo y naturalmente se acerca para abrazarlo, pero Jesús le dice que vaya y les cuente a los discípulos lo que acababa de descubrir.

Ah, los discípulos. Los amigos más íntimos que Jesús tenía en la tierra, un grupo de hombres que lo conocían mejor que nadie. Y aun así... El mismo día que Jesús se le apareció a María Magdalena, dos discípulos estaban caminando hacia Emaús, aproximadamente a doce kilómetros de Jerusalén. Al igual que María, se sentían devastados y confundidos por la serie de hechos que se habían sucedido en los días pasados, y estaban tratando de digerir lo que habían visto y oído.

Jesús se les acerca, pero como sucedió con María, ellos no lo reconocen, ni siquiera cuando les pregunta de qué estaban hablando. Ellos le explican cómo habían conocido a este Jesús y que ellos creían que era un gran profeta y habían tenido la esperanza de que fuera el Mesías, pero ahora se había ido. Te podrás imaginar a Jesús riéndose y pensando: «¿Qué hay que hacer para que estos muchachos entiendan?».

Al final, los desafía con una breve lección de historia para que ellos puedan ver que todo lo sucedido había sido profetizado cientos de años antes. Les contó la Historia Primaria de Dios. Una vez que se dieron cuenta de que estaban hablando con Jesús, corrieron a Jerusalén a contarles al resto de los discípulos. «¡Es cierto! El Señor ha resucitado»[4]. Cuando estaban celebrando esta gran noticia, Jesús se aparece delante de todos ellos y continúa enseñándoles que su misión en la tierra está llegando a su fin y que ellos debían llevarla a cabo luego de que él regresara a los cielos.

Desafortunadamente, un discípulo —Tomás— no estaba allí cuando Jesús explica esto. Él se aparece después de que Jesús se ha ido, y aunque sus amigos procedieron a contarle todo sobre su encuentro con Jesús, su respuesta le otorga el inevitable título que usamos hasta hoy para describir a alguien que le cuesta creer las cosas: *Tomás el incrédulo*. «Mientras no vea yo la marca de los clavos en sus manos, y meta mi dedo en las marcas y mi mano en su costado, no lo creeré»[5]. No fue sino hasta dentro de una semana, cuando Jesús se le apareció a Tomás y lo invitó a examinar sus heridas, que él finalmente declaró: «¡Señor mío y Dios mío!»[6].

El momento en que Jesús abandonaría sus experiencias humanas en la Historia Secundaria y regresaría a su Padre, el autor de la Historia Primaria, se acercaba con rapidez. Al parecer todo estaba en orden para finalmente proveer un camino a fin de que todos puedan regresar a Dios, pero la misión ahora sería conjunta, comenzando con un puñado de hombres y mujeres. Personas comunes y corrientes, de diferentes condiciones sociales.

Jesús acompañó a sus discípulos a las montañas para un último retiro con el objetivo de darles tanto una misión como una promesa. Aunque este mensaje se dirigió a sus discípulos, nos habla claramente a todos los que han decidido seguir a Jesús, y el mismo ha llegado a ser llamado la Gran Comisión. Dios desea que regresen a él tantas personas como sea posible, y su modo primordial de hacerlos volver es a través de ti y de mí:

Se me ha dado toda autoridad en el cielo y en la tierra. Por tanto, vayan y hagan discípulos de todas las naciones, bautizándolos en el nombre del Padre y del Hijo y del Espíritu Santo, enseñándoles a obedecer todo lo que les he mandado a ustedes. Y les aseguro que estaré con ustedes siempre, hasta el fin del mundo[7].

Sus enemigos creían que habían acabado con Jesús. No obstante, a pesar de todo el esmero que pusieron para desacreditarlo y mantenerlo dentro de la tumba, él regresó, tal como lo había dicho. Tal como los profetas lo habían dicho. Su victoria sobre la muerte nos da a todos la misma oportunidad de vivir para siempre con Dios, lo cual ha sido el plan desde el comienzo. La misión de Jesús sobre la tierra se ha completado. Ahora depende de un pequeño grupo de hombres y mujeres que han creído.

Solo queda una pregunta: ¿Cómo puede Jesús estar con nosotros, como prometió, si ha regresado al cielo?

CAPÍTULO 28

Nuevos comienzos

«Todo esto lo digo ahora que estoy con ustedes. Pero el Consolador, el Espíritu Santo, a quien el Padre enviará en mi nombre, les enseñará todas las cosas y les hará recordar todo lo que les he dicho. La paz les dejo; mi paz les doy. Yo no se la doy a ustedes como la da el mundo. No se angustien ni se acobarden».

—JUAN 14:25-27

A principios del siglo diecinueve, un predicador bautista predijo que Jesús regresaría en algún momento entre el 21 de marzo de 1843 y el 21 de marzo de 1844. Aunque le dio a Jesús un año entero para decidir cuándo regresar, para el 22 de marzo de 1844 hasta *él* tuvo que admitir que estaba equivocado, y posteriormente cambió la fecha al 22 de octubre de 1844.

En 1910, unos astrónomos observaron correctamente que el cometa Haley aparecería, llevando a muchos líderes eclesiásticos a creer que esto coincidiría con el regreso de Jesús. Los sucesos astronómicos parecen precipitar predicciones similares. En 1919, seis de los planetas del sistema solar se alinearon de una manera inusual, una clara señal de la venida de Jesús, ¿no es cierto? Tal vez no.

Hace algunos años, un pastor predijo que Jesús regresaría el 28 de junio de 1981. Así que su congregación vendió todas sus posesiones y esperó ese día en vano. ¿Quién necesita muebles si se va a ir a vivir al cielo? Después, en 1988, un antiguo ingeniero de la NASA escribió un pequeño folleto demostrando que Jesús volvería ese mismo año. Vendió cuatro millones y medio de copias. Y mientras se acercaba el año 2000, muchos líderes cristianos populares y respetados predijeron que Jesús regresaría cuando comenzara el nuevo milenio. Se estima que han existido más de doscientas predicciones específicas del regreso de Jesús, y todas ellas han resultado erradas.

Sería sencillo desestimar a los que trataron de ponerle una fecha a la venida de Jesús diciendo que son locos extremistas o al menos almas desequilibradas, pero en su mayoría han sido muy normales y sobre todo sinceros. En realidad, este deseo de saber la fecha exacta del regreso de Jesús data de una de las primeras reuniones de Jesús con sus seguidores.

Jesús sabía que estaba por regresar a su hogar en el cielo y quería reafirmarles a sus discípulos que no se quedarían solos por mucho tiempo. Cuando les explicaba lo que sucedería en su ausencia, los discípulos pensaron que se estaba refiriendo al tiempo en que regresaría a la tierra para restaurar su reino, lo que a menudo llamamos la Segunda Venida. La respuesta de Jesús explica por qué todas esas fechas establecidas, aunque bien intencionadas, están equivocadas; por qué ninguno de nosotros puede predecir cuándo regresará Jesús: «No les toca a ustedes conocer la hora ni el momento determinados por la autoridad misma del Padre»[1]. En realidad, ni el mismo Jesús sabe cuándo regresará, y si él no está preocupado por fijar una fecha, ¿por qué deberíamos estarlo nosotros?

Lo que es más importante para Jesús es la misión que les asigna a sus seguidores, y él sabe lo difícil que será para ellos llevarla a cabo por sus propios medios. Así que les cuenta el resto del plan. Ellos se habían reunido en un gran salón para apartarse de las multitudes, y Jesús les habla acerca del Espíritu Santo: «Cuando venga el Espíritu Santo sobre ustedes, recibirán poder y serán mis testigos tanto en Jerusalén como en toda Judea y Samaria, y hasta los confines de la tierra»[2].

Durante su ministerio en la tierra, Jesús había enseñado el evangelio o las «Buenas Nuevas», las cuales esencialmente describían la forma de regresar a una relación auténtica y personal con Dios. Sin embargo, su ministerio de enseñanza está ahora por terminar, así que les queda a sus seguidores asumir la tarea y ser «testigos» de estas maravillosas noticias.

En los primeros años de mi ministerio, «testificar» era un verbo activo, uno de suma importancia. Era algo que salías a la calle y hacías. Se organizaban campañas enteras para que la gente de la iglesia saliera a sus vecindarios, yendo de puerta en puerta a hablarles a otros de Jesús. No hay nada de malo en eso, excepto por alguna que otra puerta que se cerraba en tus narices. No obstante, Jesús dijo que *fuéramos* testigos, no que *diéramos* testimonio. Ser testigos es algo integral. Es lo que hacemos las veinticuatro horas de los siete días de la semana. Es quiénes somos.

Por supuesto que incluye contarles a otros acerca de Jesús. No obstante, también se evidencia en la manera en que vivimos, en cómo tratamos a otros. La clase de testigo a la que Jesús se refiere se expresa en vidas que reflejan los valores de la perfecta comunidad de Dios, algo que puede resultar sencillo un domingo por la mañana, pero difícil de poner en acción durante la semana, cuando las realidades de la Historia Secundaria desplazan a nuestras intenciones en cuanto a la Historia Primaria.

Esta es en definitiva la razón por la cual necesitamos ese poder que Jesús prometió.

El Espíritu Santo, la tercera persona de la Trinidad, desciende a nuestra Historia Secundaria justo cuando Jesús regresa a su lugar en la Historia Primaria de su Padre. Y el Espíritu va a entrar en las vidas de todos los que creemos en Jesús, dándonos el valor y la guía necesarios para cumplir nuestra misión como testigos. La fuerza de nuestro mensaje será nuestra vida cambiada, las personas en que nos estamos convirtiendo en nuestra nueva relación con Dios. Estas noticias, oídas con los oídos y percibidas con los ojos, llevarán a las personas a Jesús, y el Espíritu Santo está justo allí con nosotros a cada paso del camino.

Jesús incluso les da a sus seguidores instrucciones para que sepan que las Buenas Nuevas son para todos, no solo para el pueblo judío que contaba con ventaja porque conocía y adoraba al único Dios verdadero. Él los instruye para que comenzaran en Jerusalén y luego salieran a la región más amplia de Judea. Desde allí partirían rumbo a la siguiente región y luego seguirían andando hasta que *todos y cada uno* en el planeta hayan tenido la oportunidad de saber de Jesús y unirse a la comunidad perfecta que él está preparando en el cielo.

Después de una charla motivadora como esta, o estaban listos para romper la puerta y salir o se encontraban muertos de miedo. Es muy probable que sintieran un poco de ambas sensaciones. En lo que a ellos concernía, toda esta cosa del reino de Dios descansaba ahora sobre sus hombros. Así que hicieron como Jesús les mandó y esperaron al Espíritu Santo en Jerusalén. Mientras tanto, Jesús se fue, tal como había dicho que haría, y por un breve tiempo los discípulos estuvieron solos.

Entonces ocurrió. Jerusalén estaba una vez más llena de gente que había venido de todas partes para celebrar la festividad de Pentecostés, la cual tenía lugar cincuenta días después de la Pascua. Los discípulos estaba reunidos en un cuarto y el Espíritu Santo vino sobre ellos como fuego esparcido sobre paja seca. De inmediato fueron llenos de un nuevo valor y coraje para llevar a cabo la misión que Jesús les había encomendado.

Ellos abrieron de par en par las puertas del pequeño y húmedo lugar y salieron a las calles de Jerusalén, las cuales rebosaban de gente. Pedro comienza a decirle a todo aquel que escucha que este Jesús de Nazaret es el Mesías que han estado esperando, y aun más importante, que pueden establecer una relación con él y por tanto estar con Dios para siempre. No más sacrificios y ofrendas quemadas. No más reglas complicadas. Todo lo que debían hacer era arrepentirse, creer y bautizarse. Sus pecados les serían perdonados y ellos serían salvos del castigo que merecían por esos pecados. Para el tiempo en que Pedro termina de hablar, se habían añadido tres mil seguidores.

La novia de Cristo, su iglesia, había nacido. Y no estamos hablando acerca de una megaiglesia de tres mil miembros. Esos seguidores de Jesús llenos del Espíritu Santo se reunían en los hogares por toda Jerusalén. Los historiadores nos cuentan que cada iglesia hogareña probablemente tenía alrededor de treinta personas que se reunían. ¡Si esto es cierto, eran más de cien iglesias que formaban un gran panal en toda la ciudad!

¿Qué hacían estos nuevos seguidores de Jesús cuando se juntaban? Al igual que las abejas laboriosas, hacían muchas cosas:

Se mantenían firmes en la enseñanza de los apóstoles, en la comunión, en el partimiento del pan y en la oración. Todos estaban asombrados por los muchos prodigios y señales que realizaban los apóstoles. Todos los creyentes estaban juntos y tenían todo en común: vendían sus propiedades y posesiones, y compartían sus bienes entre sí según la necesidad de cada uno. No dejaban de reunirse en el templo ni un solo día. De casa en casa partían el pan y compartían la comida con alegría y generosidad, alabando a Dios y disfrutando de la estimación general del pueblo[3].

¡Eso es lo que yo llamo iglesia! Se dedicaban a la hermandad, a la fraternidad. Este primer servicio de la iglesia se hacía durante el tiempo de la comida de la noche, alrededor de la cena. Era allí que no solo tenían un gran banquete, sino que comían el pan y bebían de la copa a fin de recordar la muerte de Jesús y todo lo que eso había logrado para cambiar el rumbo de sus vidas.

Constituían una familia. Oraban juntos y estudiaban la Palabra de Dios juntos. Cuidaban de sus vecinos, vendiendo sus posesiones para poder suplir las necesidades propias y de los demás. Su ofrecimiento de cuidado era diferente; resultaba incondicional. Cuando ayudaban a alguien, no esperaban nada a cambio. Dios ya les había dado todo en Jesucristo. Ellos nada más estaban devolviéndolo.

Esos nuevos discípulos eran personas agradables, convincentes y llenas de gozo por lo que Jesús había hecho por ellos, y cuando otros veían lo que estaba sucediendo, querían ser parte de ello. Estas pequeñas iglesias crecían a diario con gente nueva que deseaba ser salva de sus pecados para disfrutar de la misma fraternidad que veía en esas iglesias hogareñas. ¿Quién no querría ser parte de una familia así, un movimiento de Dios de este tipo?

Esta parte de la historia es tan emocionante porque aquí es donde nuestras vidas se entrecruzan con la Historia Primaria. Los que hemos aceptado el don de la salvación en Cristo Jesús no solo hemos sido perdonados, sino que además hemos recibido el Espíritu Santo que nos da poder para vivir esta vida nueva y mejor. Nos hemos vuelto parte de esta nueva comunidad. Todo lo que esos primeros seguidores experimentaban está a disposición de nosotros hoy. Este nuevo comienzo que empezó con un puñado de gente común continúa hasta este día.

Nada puede detenerlo.

Jesús no nos deja solos para llevar a cabo su misión. Nos dio el Espíritu Santo para que nos guíe y nos dé la fortaleza necesaria a fin de ser testigos del poder transformador de Cristo en nuestras vidas. También nos dio la maravillosa promesa de que un día regresará. Hablaremos de eso más tarde, pero no podré darte una fecha exacta de su regreso. Y está bien así, ya que en realidad no importa.

Nuestra misión no es saber cuándo regresará Jesús. Más bien debemos vivir como si esto fuera a suceder mañana mismo. Y solo para asegurarse de que sabemos cómo vivir en esta nueva comunidad de gente llena del Espíritu Santo, Dios nos ha dado un guía inmejorable. Aunque esta persona comenzó usando el mismo nombre que un notorio rey que vimos en el Antiguo Testamento, lo conocemos mejor como Pablo.

CAPÍTULO 29

Supermisionero

Siempre doy gracias a Dios por ustedes, pues él, en Cristo Jesús, les ha dado su gracia. Unidos a Cristo ustedes se han llenado de toda riqueza, tanto en palabra como en conocimiento. Así se ha confirmado en ustedes nuestro testimonio acerca de Cristo.

—1 CORINTIOS 1:4-6

Me encantan las películas de acción, en especial esas donde los héroes tienen que descubrir quiénes son en realidad y qué tanto poder poseen. Ya se trate de Superman descubriendo que es un poco más fuerte que los otros chicos en el gimnasio, o el Hombre Araña aceptando la gran responsabilidad que viene con sus increíbles poderes, o Jason Bourne descubriendo quién era antes de que los agentes del gobierno le complicaran la vida, todos ellos tienen que aceptar quiénes se supone que son.

De igual manera, me encantan las historias de conversiones, las cuales pueden ser el equivalente cristiano de las historias de esos superhéroes que descubren sus poderes. Son las historias de cómo la gente pasó de no conocer a Jesús a invitarlo a entrar en sus vidas. Si tuviera que pasar mucho tiempo contigo, probablemente te preguntaría en algún momento: «¿Cuál es tu historia?». Para mí, esas son las *mejores* historias de todas. Resultan reales y verdaderas, y mejores que cualquier película de aventuras de héroes o agentes encubiertos en una misión secreta.

Mucha gente cree que las personas que tienen mi ocupación han creído en Jesús desde el momento en que nacieron. Y aunque es cierto que muchos ministros han sido bendecidos con unos padres fieles que los llevaban a la Escuela Dominical y les enseñaban a amar a Jesús, esa no es mi historia. Mis padres eran gente buena, seria, humilde y sin pretensiones, que no profesaban creer en Jesús hasta donde yo sé. Ellos me amaron y me prepararon bien para muchas áreas de mi vida; sin embargo, tuve que encontrarme con Jesús por mi propia cuenta y recibir directamente su experiencia radical y transformadora de vida.

Lo bueno de las historias de conversión es que son tan singulares como las huellas digitales de cada individuo. Algunos tienen dificultades para identificar un tiempo específico en el que creyeron en Jesús por primera vez, ya que crecieron en una iglesia. Otros recuerdan a un padre o un maestro de la Escuela Dominical preguntándoles si querían invitar a Jesús a ser parte de sus vidas. Aun otros pueden señalar un hecho dramático —una enfermedad seria, un accidente trágico, la pérdida de una relación— que los despertó a la invitación de Dios. Lo que todas esas historias tienen en común es que el hecho de aceptar a Jesús cambió la vida de estas personas, porque cuando decides seguirlo, también aceptas su misión. Estás tan agradecido de experimentar el amor de Dios que quieres compartirlo con otros.

Pocos individuos en la historia tienen una conversión tan dramática o un impacto tan poderoso en la fe cristiana como el que tuvo este hombre judío que experimentó un giro de ciento ochenta grados en su vida. Saulo era un judío celoso que se responsabilizó de forma personal por detener este nuevo movimiento que Jesús había comenzado. Cuando uno de los seguidores de Jesús, Esteban, resultó apedreado hasta morir por enseñar acerca de Jesús, fue Saulo el que le dio la aprobación a la muchedumbre para que lo mataran. Desde ese momento en adelante, «Saulo, por su parte, causaba estragos en la iglesia»[1]. Como un cazador de recompensas, recorría la tierra «respirando aún amenazas de muerte contra los discípulos del Señor»[2].

En una de sus «misiones» para localizar a los seguidores de Jesús, experimentó un decisivo obstáculo en el camino, literalmente en la forma de una bofetada de alto voltaje. Un rayo de luz lo tiró al suelo, cegándolo por completo mientras una voz le decía: «Saulo, Saulo, ¿por qué me persigues?»[3].

Era Jesús, que le dio un nuevo nombre —Pablo— y una nueva misión, la cual llevaría adelante con el mismo celo y fervor que había tenido en su misión anterior. ¡Hablando de descubrir tu identidad secreta! En realidad, fue tan efectivo en la tarea de enseñar sobre Jesús que se convirtió en el objetivo de los no creyentes, los cuales querían matarlo. Una suprema ironía que a Pablo no se le pasó por alto. En el curso de su misión sería golpeado muchas veces, arrojado a la cárcel y finalmente muerto por su extremo compromiso con la causa de difundir las Buenas Nuevas de Jesús.

Para sostenerse y sostener su nueva misión, Pablo hacía tiendas, lo que nos ha proporcionado el concepto del misionero «hacedor de tiendas».[4] Hoy en día, cientos de personas se ofrecen de manera voluntaria para ir a otros países a llevar las Buenas Nuevas de Jesús, sosteniéndose con su labor de carpinteros, maestros, enfermeras y otros trabajos.

Pablo respondió al llamado de Dios de continuar la tarea de llevar el mensaje de salvación hasta «los confines de la tierra», donde vivían mayormente gentiles. Esta no es solo la comisión que Jesús le dio a la iglesia, sino que además se trata de algo que está incluido en la promesa que Dios le hizo a Abraham desde el comienzo de esta Historia. Él le dice a Abraham que será a través de su descendencia que todas las naciones serán benditas[5]. Jesús representa esta descendencia, y Pablo es el que le lleva la promesa a las naciones más allá de Israel. No ha de sorprendernos entonces que a menudo se hable de Pablo como «el apóstol a los gentiles».

Pablo vivía en Antioquía, y desde allí emprendió tres largos viajes en el curso de aproximadamente ocho a diez años. Viajar en esos días no significaba hacer un clic en un sitio en la Internet y conseguir una buena oferta para un vuelo próximo. Hasta los viajes cortos representaban un peligro físico importante. Caminabas, o montabas sobre un camello o un burro, o navegabas por las traicioneras aguas del Mar Mediterráneo en un barquito primitivo. Pablo hizo las tres cosas, y un poco más... Al igual que Pedro antes que él, sus energías provenían de la presencia del Espíritu Santo en su vida.

Ya en su primer viaje estableció el patrón de acudir a la sinagoga judía en cada ciudad que visitaba y hacer allí su presentación. Por ejemplo, cuando estaba en Antioquía de Pisidia, tuvo la oportunidad de hablar sin haberlo acordado antes. Explicó las Buenas Nuevas de manera sencilla para que los oyentes pudieran entender:

«Los habitantes de Jerusalén y sus gobernantes no reconocieron a Jesús. Por tanto, al condenarlo, cumplieron las palabras de los profetas que se leen todos los sábados. Aunque no encontraron ninguna causa digna de muerte, le pidieron a Pilato que lo mandara a ejecutar. Después de llevar a cabo todas las cosas que estaban escritas acerca de él, lo bajaron del madero y lo sepultaron. Pero Dios lo levantó de entre los muertos. Durante muchos días lo vieron los que habían subido con él de Galilea a Jerusalén, y ellos son ahora sus testigos ante el pueblo. »Nosotros les anunciamos a ustedes las buenas nuevas respecto a la promesa hecha a nuestros antepasados. Dios nos la ha cumplido plenamente a nosotros, los descendientes de ellos, al resucitar a Jesús [...]

»Por tanto, hermanos, sepan que por medio de Jesús se les anuncia a ustedes el perdón de los pecados. Ustedes no pudieron ser justificados de esos pecados por la ley de Moisés, pero todo el que cree es justificado por medio de Jesús»[6].

Él básicamente estaba conectando los puntos para los judíos, a fin de que pudieran ver que sus propias escrituras —el Antiguo Testamento— apuntaban a Jesús. Todo lo que le había sucedido a Jesús estaba dicho de antemano en esos textos antiguos, incluyendo lo que sufriría en la cruz.

Luego Pablo simplemente invitó a los oyentes a creer sus profecías y aceptar el don de salvación que Jesús ofrecía.

La gente de Antioquía de Pisidia invitó a Pablo a regresar al sábado siguiente para que hablara de nuevo. Se anunció la noticia, y ese día casi toda la población de la ciudad se reunió en la sinagoga, pero los líderes religiosos locales se pusieron celosos y comenzaron a crearle problemas a Pablo y sus compañeros de viaje, por lo cual ellos decidieron dar el mensaje en la calle. Pablo le explicó a la gente de esta ciudad:

«Era necesario que les anunciáramos la palabra de Dios primero a ustedes. Como la rechazan y no se consideran dignos de la vida eterna, ahora vamos a dirigirnos a los gentiles. Así nos lo ha mandado el Señor:

"Te he puesto por luz para las naciones,
a fin de que lleves mi salvación hasta
los confines de la tierra" »[7].

Más de setecientos años antes, el profeta Isaías sabía del plan y cómo se extendería más allá de Israel:

«Yo te pongo ahora como luz para las naciones,
a fin de que lleves mi salvación
hasta los confines de la tierra»[8].

Llevar las Buenas Nuevas a sus compatriotas judíos era una cosa; tratar de venderles este mensaje a los gentiles —los no judíos— era algo mucho más difícil. Los gentiles no tenían el mismo trasfondo religioso. Ellos no conocían las historias clásicas del Antiguo Testamento. No distinguían a Abraham de Moisés. No adoraban a Jehová y no estaban esperando un Mesías.

Nosotros a menudo enfrentamos el mismo desafío, seamos conscientes de ello o no. Con los años he notado que a veces los cristianos presuponemos que todos saben acerca de nuestras tradiciones religiosas. De modo que tratamos de compartir las Buenas Nuevas usando un lenguaje que en realidad nadie más entiende, sino solo nosotros, y hablamos acerca de conceptos que deben hacernos parecer como si recién llegáramos de otro planeta. Nada puede finalizar una conversación más rápido que las palabras *sacrificio animal* y *expiación sustitutiva*. Aquí es donde Pablo puede enseñarnos algunas cositas sobre la buena comunicación.

Cuando él llegó a Atenas, bien podría haber sido Superman llegando a la tierra desde su planeta nativo, Krypton. Los ciudadanos de esta gran ciudad no sabían nada de la ley, los profetas ni los salmos. Ellos eran conocidos por su gran intelecto y su habilidad para razonar. No eran particularmente religiosos, pero al menos trataban de compensarlo erigiendo una estatua sobre un altar que llevaba esta inscripción: «AL DIOS NO CONOCIDO»[9]. Pablo expuso de manera brillante y elocuente los argumentos para creer, remontándose a los comienzos desde la historia de la creación hasta llegar a la resurrección de Jesús. Algunos rechazaron su mensaje, pero muchos otros se sintieron intrigados y quisieron saber más. Al adaptar su mensaje para suplir las necesidades e intereses de su audiencia, Pablo al menos tiene la posibilidad de ser escuchado y hasta de convencer a muchos de creer.

Durante los viajes de Pablo, la iglesia creció con rapidez, ya que muchos judíos y gentiles abrazaron la fe en Jesús. Él literalmente estaba cambiando el clima espiritual de la región. En la ciudad de Éfeso, por ejemplo, una gran cantidad de personas aceptaron a Jesús —gente que antes practicaba la brujería— y juntaron sus rollos paganos y los quemaron en público[10]. ¡El valor calculado, cincuenta mil dracmas, sería el equivalente a cuatro millones de dólares en la actualidad!

En la Historia Secundaria, Pablo era un judío devoto que pensaba que era justificado al tratar de frenar el avance de esa tontería acerca de Jesús. No obstante, en la Historia Primaria, Dios tenía un plan diferente. Era el mismo plan que había estado forjando desde los primeros tiempos en el jardín: *traer a mi pueblo de regreso a mí*. Y él sabía que Pablo jugaría un papel importante en este plan.

Por la gracia de Dios y la fuerza del Espíritu Santo, Pablo hizo precisamente eso. Plantó numerosas iglesias en ciudades altamente pobladas por los gentiles. Escribió muchas cartas (trece se encuentran en nuestra Biblia) para ayudar a fortalecer las iglesias en todo el mundo. Y nos dio un ejemplo de cómo darle las Buenas Nuevas a gente que puede no estar inmediatamente inclinada a aceptarlas.

Creo que por eso me gustan las películas de superhéroes y las historias de conversiones. La conversión, después de todo, implica un *cambio*, y es el cambio en la vida de una persona lo que encuentro tan emocionante. Pablo experimentó un cambio impresionante, y como resultado otras miles de personas también cambiaron.

¿Le has permitido a Dios que te revele quién eres en realidad?

CAPÍTULO 30

Los días finales
de Pablo

*Ahora bien, sabemos que Dios dispone todas las
cosas para el bien de quienes lo aman, los que han
sido llamados de acuerdo con su propósito.*
—ROMANOS 8:28

¿Alguien escribe cartas todavía hoy? No me refiero a esquelas de negocios o notas rápidas, sino a cartas personales, escritas a mano para alguien que te interesa. En esta era del correo electrónico, el mensaje de texto y Tweeter, recibir una carta a la vieja usanza es tan frecuente como encontrar un mensaje en una botella.

Sin embargo, me encanta cuando llega una carta al buzón. No aparecen con mucha frecuencia, pero de vez en cuando, junto con las cuentas por pagar, el correo basura y los folletos de los nuevos centros de estética a la vuelta de la esquina, aparece un sobre escrito a mano con una carta adentro. Casi siempre es de alguien mayor, alguien que considera a Facebook como una linda forma de ver fotos de sus nietos, pero no la manera adecuada de mantener correspondencia con alguien acerca de temas significativos. No puedo explicarte cómo me salta el corazón cuando veo una carta así dirigida a mí. ¡Me siento increíblemente especial!

Un amigo me contó que cuando su hija estaba en la universidad, él regularmente le escribía cartas. Hoy ella es una mujer casada con hijos pequeños y está al frente de una profesión legal… justo en medio de una generación que creció en la era digital del correo electrónico en vez del correo común. Sin embargo, cuando su padre dejó de enviarle las cartas, ella lo llamó y le pidió: «Papi, por favor continúa enviándome esas cartas de verdad».

Cartas *de verdad*. Me gusta eso.

Es esta clase de cartas de verdad las que nos han ayudado como seguidores de Jesús a aprender a vivir de una manera que refleje los valores de Dios. Cuando Pablo viajaba a través de toda Asia, el sur de Europa y el Medio Oriente, les escribía cartas a los nuevos creyentes que dejaba atrás. Muchos de esos creyentes —en especial los gentiles— no tenían idea de Dios y cómo él quería que vivieran. Pablo sabía que si ellos simplemente profesaban una creencia en Jesús, pero no vivían de acuerdo a sus valores, ninguno de sus amigos o vecinos se motivaría a unirse a ellos adoptando su nuevo sistema de creencias.

La manera en que vivimos es a menudo nuestro mensaje más convincente, y esos nuevos creyentes tenían que cambiar algunas cosas para vivir conforme a las normas de Dios. Esto no siempre es sencillo. Como un escultor que tiene una visión de una hermosa estatua dentro de un bloque de mármol, debemos ver nuestras vidas como obras de arte en progreso que requieren algo de tallado.

El objetivo para nosotros como seguidores de Cristo es dejar que el Maestro Artesano nos moldee y elimine todo lo que no se asemeja a Cristo de nuestras vidas. Pablo lo expresa de este modo: «Por tanto, imiten a Dios, como hijos muy amados, y lleven una vida de amor, así como Cristo nos amó y se entregó por nosotros como ofrenda y sacrificio fragante para Dios»[1]. Queremos ser más parecidos a Jesús como una respuesta apasionada a la increíble altura y profundidad del amor que Dios siente por nosotros. Tan grande como para enviar a su Hijo unigénito a morir por nosotros. Tan grande como para obrar en los incontables detalles y millones de hilos que entretejen nuestra Historia Secundaria con su Historia Primaria a fin de darle forma a una Épica Divina.

Al menos de cierta forma, la época que Pablo pasó en prisión fue una bendición, ya que le proporcionó tiempo para escribir. Una vez, cuando estaba bajo arresto en una prisión domiciliaria en Roma, escribió cuatro cartas que ahora conocemos como «las epístolas de la prisión» (*epístola* es una palabra antigua para «carta»). Una, llamada Filipenses porque estaba dirigida a los creyentes en la ciudad de Filipo, brinda una guía práctica sobre la actitud y la conducta del creyente, conteniendo instrucciones como estas:

> Compórtense de una manera digna del evangelio de Cristo.
>
> No hagan nada por egoísmo o vanidad; más bien, con humildad consideren a los demás como superiores a ustedes mismos.
>
> La actitud de ustedes debe ser como la de Cristo Jesús.
>
> Háganlo todo sin quejas ni contiendas.
>
> Ustedes brillan como estrellas en el firmamento.
>
> Alégrense siempre en el Señor.
>
> Que su amabilidad sea evidente a todos[2].

¿Cómo puede alguien que está en la cárcel escribir desde una perspectiva tan positiva? Pablo podía hacerlo porque había sido moldeado para parecerse a Jesús. En Cristo, nuestras circunstancias no dictan nuestro gozo; nuestra relación con Cristo y la esperanza en él son las que lo determinan. En realidad, la forma en que vivimos cuando nuestras circunstancias están en su peor estado es lo que atrae o repele a los demás.

En otra carta a los creyentes de la ciudad de Éfeso, Pablo les advierte contra los tipos de comportamientos que no reflejan los valores de la comunidad de Dios: mentiras, amargura, ira, calumnias, inmoralidad sexual, avaricia, conversaciones necias, borracheras[3]. Él sabe que si los seguidores de Jesús viven del mismo modo que aquellos que no lo conocen, nadie querrá ser parte de la comunidad de Dios. Para ayudar a esos nuevos creyentes a entender, Pablo habla acerca de asumir una nueva actitud, como si nos pusiéramos una ropa nueva: «Con respecto a la vida que antes llevaban, se les enseñó que debían quitarse el ropaje de la vieja naturaleza, la cual está corrompida por los deseos engañosos [...] y ponerse el ropaje de la nueva naturaleza, creada a imagen de Dios, en verdadera justicia y santidad»[4].

En la misma carta, se refiere a un problema que afectaba a la iglesia primitiva y continúa creando problemas para nosotros en la actualidad: llevarse bien con los demás. En el tiempo de Pablo, las peleas eran entre creyentes judíos y creyentes gentiles. Hoy en día a veces no nos portamos bien tampoco en nuestras denominaciones y otras agrupaciones de creyentes. Esto es lo que Pablo tiene que decir:

> Él mismo constituyó a unos, apóstoles; a otros, profetas; a otros, evangelistas; y a otros, pastores y maestros, a fin de capacitar al pueblo de Dios para la obra de servicio, para edificar el cuerpo de Cristo. De este modo, todos llegaremos a la unidad de la fe y del conocimiento del Hijo de Dios, a una humanidad perfecta que se conforme a la plena estatura de Cristo.
>
> Así ya no seremos niños, zarandeados por las olas y llevados de aquí para allá por todo viento de enseñanza y por la astucia y los artificios de quienes emplean artimañas engañosas. Más bien, al vivir la verdad con amor, creceremos hasta ser en todo como aquel que es la cabeza, es decir, Cristo. Por su acción todo el cuerpo crece y se edifica en amor, sostenido y ajustado por todos los ligamentos, según la actividad propia de cada miembro[5].

Todos somos parte del mismo cuerpo, el cuerpo de Cristo. Tenemos que llegar a ser uno, en completa unidad. Debemos valorarnos unos a otros y usar nuestros dones singulares, como un cuerpo usa sus diferentes partes, para lograr alcanzar los propósitos de la Historia Primaria de Dios.

La misión de Pablo sobre la tierra llegó a su fin demasiado pronto. Una de las mayores tragedias de la iglesia primitiva es que a muchos de sus fundadores los mataron por causa de su fe. La mayoría de los once discípulos restantes fueron martirizados por enseñarles a otros sobre Jesús. Según la tradición, Pedro fue crucificado cabeza abajo para mofarse de su confianza en Jesús. Durante su tercera y última visita a Roma, Pablo fue arrestado y lanzado a un calabozo oscuro y húmedo. Él sabía que no iba a salir con vida de allí, así que era tiempo de pasarle la batuta a la siguiente generación para que corriera la carrera que estaba por delante. De modo que empezó a escribir más cartas.

Dos de esas cartas fueron para Timoteo, un joven que había acompañado a Pablo en su primer viaje misionero y era como un hijo para el apóstol. En esas breves letras podemos sentir el urgente deseo de Pablo de asegurarse de que Timoteo siguiera firme en la fe. Le insta a pelear la buena batalla, a contender por la fe, así como él mismo había «peleado la buena batalla [...] acabado la carrera [...] guardado la fe»[6]. A medida que el recuerdo de Jesús se iba desvaneciendo, muchos falsos maestros aparecían en escena para tratar de iniciar sus propios movimientos, y Pablo sabía que Timoteo sería desafiado.

Aunque Timoteo era en extremo talentoso, también parece haber sido algo tímido y propenso a retraerse del liderazgo por causa de su juventud. Así que Pablo lo alienta desde su celda: «Pues Dios no nos ha dado un espíritu de timidez, sino de poder, de amor y de dominio propio»[7].

Tal vez también estaba pensando en lo que le esperaba a Timoteo, porque el joven ciertamente pagaría caro el hecho de seguir enseñando las Buenas Nuevas, al igual que su mentor. Así que Pablo trata de prepararlo para lo que le podría suceder:

> Tú, en cambio, has seguido paso a paso [...] las persecuciones que soporté. Y de todas ellas me libró el Señor. Así mismo serán perseguidos todos los que quieran llevar una vida piadosa en Cristo Jesús, mientras que esos malvados embaucadores irán de mal en peor, engañando y siendo engañados[8].

Desde la perspectiva de la Historia Secundaria, seguir a Jesús puede ser riesgoso. No todos quieren lo que estás vendiendo, e incluso en la actualidad hay gente que sigue a Jesús y enfrenta persecución, la cárcel y hasta la muerte. Pablo perseveró porque sabía lo que le esperaba en la Historia Primaria. En uno de los pasajes más conmovedores de esta carta, nos ofrece esta hermosa explicación de por qué no debemos permitir que nada nos aparte de servir a Dios:

Yo, por mi parte, ya estoy a punto de ser ofrecido como un sacrificio, y el tiempo de mi partida ha llegado. He peleado la buena batalla, he terminado la carrera, me he mantenido en la fe. Por lo demás me espera la corona de justicia que el Señor, el juez justo, me otorgará en aquel día; y no sólo a mí, sino también a todos los que con amor hayan esperado su venida[9].

Según los historiadores, no mucho tiempo después de que Pablo finalizara su carta fue decapitado.

Al parecer, las cartas de Pablo a Timoteo le dieron todo el ánimo que necesitaba. Él no solo llevó adelante la misión encomendada por Pablo de compartir las Buenas Nuevas con otros, sino que también fue a parar a la cárcel por hacerlo. No sabemos con seguridad si Pablo se enteró de las experiencias de su joven compañero en el ministerio, pero si lo hizo, estoy seguro de que mostraba una sonrisa en su rostro cuando se sentó en su calabozo a esperar su ejecución. Si Timoteo fue a la cárcel, significaba que se había levantado en defensa de su fe. Timoteo iba a estar bien. Dios había levantado a la próxima generación para llevar la antorcha del gran amor de Jesús con gran valentía.

Él siempre lo hace.

Como veremos en el próximo capítulo, aunque estamos cerca del final de la Historia según se nos cuenta en la Biblia, eso no significa que la historia se haya acabado. Dios no ha terminado aún. Necesita agregar más capítulos a su Historia Primaria de llamar a las personas de regreso a él. A ti. A mí. A todos nosotros los que hemos abrazado el evangelio de Jesucristo y nos hemos convertido en parte de esta nueva comunidad llamada iglesia. Mientras que el propósito de la comunidad de Israel era señalarle a la gente la primera venida del Mesías, nuestro propósito es señalarle a la gente la Segunda Venida de Jesús.

Por lo tanto, debemos ser como la iglesia de Éfeso. Tenemos que ser uno. Precisamos estar unidos en la misión común de Cristo. Necesitamos desarrollar nuestro rol tanto individual como colectivamente según el plan de la Historia Primaria de Dios.

Y también tenemos que ser como Timoteo, pararnos firmes en nuestras creencias, a pesar de los esfuerzos de otros por desacreditarnos a nosotros y nuestro mensaje. Al igual que el mentor, Pablo, precisamos ser capaces de decir: «No me avergüenzo del evangelio»[10] y vivir con valentía según los valores de Dios, siempre preparados para explicar el evangelio cuando la gente nos pregunta por qué somos diferentes.

Sin embargo, más que todo, necesitamos crecer. Día a día precisamos ser más como Jesús. Tenemos que dejar que Dios nos moldee y cincele todo lo que no se parece a Jesús en nuestras vidas, hasta que otros sean capaces de verlo en nosotros y decidan seguirlo también.

¿No estás contento de que Pablo haya escrito esas cartas *de verdad*?

CAPÍTULO 31

El tiempo se acaba

«Estas palabras son verdaderas y dignas de confianza. El Señor, el Dios que inspira a los profetas, ha enviado a su ángel para mostrar a sus siervos lo que tiene que suceder sin demora».
—APOCALIPSIS 22:6

¿Has leído alguna vez un libro o escuchado una historia que no querías que terminara? Una historia que estaba tan buena que deseabas que siguiera y siguiera y siguiera... Estamos a punto de terminar la última página de la Historia de Dios según está recopilada en la Biblia. Sin embargo, lo que sabemos hasta ahora es que la Historia Primaria no termina ahí. Sigue andando y andando y andando. *Para siempre.*

El último libro de la Biblia se llama Apocalipsis o «El libro de la revelación» porque nos revela cómo termina la vida en la tierra tal como la conocemos ahora. No obstante, bien podría llamarse «El nuevo comienzo», dado que trata sobre cómo será la vida en la perfecta comunidad de Dios. Este libro puede marcar el final de la Biblia, pero es en realidad el comienzo de una aventura totalmente nueva.

Recibimos este libro de Juan el discípulo, el mismo que escribió el Evangelio de Juan y las cartas 1, 2 y 3 de Juan. Él fue uno de los discípulos originales de Jesús, conocido como «el discípulo amado». En la última cena, Juan se sentó al lado de Jesús, y fue él quien estaba tan emocionado por la tumba vacía que corrió más rápido que Pedro para llegar primero[1].

Cuando escribió su libro, Juan probablemente ya no podía correr tan rápido, pues era un anciano. Los historiadores nos dicen que es el único apóstol al que no mataron por profesar su fe en Jesucristo. En cambio, fue exiliado a una isla llamada Patmos a fin de pasar los días de vida que le quedaban aislado por completo, rodeado de agua, como si estuviera en la filmación de la película *Náufrago*. Los líderes políticos y religiosos pensaban que su habilidad de seguir haciendo daño se controlaría si lo mantenían apartado de todo el mundo. ¡Vaya que calcularon mal!

Es en esta isla que Dios visita al amado Juan y le da una visión clara de lo que ha de venir, incluyendo la mejor imagen que tenemos de cómo va a ser el reino de Dios. Este último libro de la Biblia les ha dado esperanza a los creyentes de todas las épocas. Nos mantiene andando en los tiempos de oscuridad. Pese a lo difícil que la vida pueda ser en un momento, a través del sacrificio de Jesús tenemos este hermoso lugar que anhelar. Sabemos que algún día nos «retiraremos» a esta perfecta comunidad.

Si esta nueva comunidad te suena algo conocida, es por su diseño. No el mío, sino el de Dios, porque cuando leemos esta parte final de la Historia, regresamos a donde empezamos. Génesis 1 y 2 son notablemente parecidos a Apocalipsis 21 y 22, con varias diferencias notables.

Por ejemplo, Juan escribe: «Después vi un cielo nuevo y una tierra nueva, porque el primer cielo y la primera tierra habían dejado de existir, lo mismo que el mar»[2]. ¿Recuerdas como comenzó la Historia? «Dios, en el principio, creó los cielos y la tierra»[3]. Nuestro futuro hogar será una tierra completamente nueva, una que no está gimiendo ni se está muriendo por la maldición del pecado.

Juan continúa describiendo la visión del futuro que Dios le da: «Vi además la ciudad santa, la nueva Jerusalén, que bajaba del cielo, procedente de Dios, preparada como una novia hermosamente vestida para su prometido»[4]. Cuando todavía estaba en la tierra, Jesús hizo referencia a esta ciudad al decir: «Voy a prepararles un lugar»[5]. De manera que tendremos un lugar nuevo para vivir en una tierra nueva por completo, pero eso no es todo para Dios. ¿Recuerdas por qué nos creó en primer lugar? ¿Recuerdas el tema principal de la Historia Primaria? Tal vez lo que Juan describe a continuación refresque tu memoria: «Oí una potente voz que provenía del trono y decía: "¡Aquí, entre los seres humanos, está la morada de Dios! Él acampará en medio de ellos, y ellos serán su pueblo; Dios mismo estará con ellos y será su Dios"» [6].

Conocí a un viejo predicador que estaba predicando y de repente se detenía y exclamaba: «Si estabas buscando un buen lugar donde decir amén, te lo acabas de perder». Este versículo es uno de esos lugares. ¡Asombroso! Dios está descendiendo otra vez a la Historia Secundaria para estar *con* nosotros, justo como lo hizo con Adán y Eva. ¡Él va a vivir con nosotros de una forma tan maravillosa que ni siquiera podemos empezar a imaginarla! No en un tabernáculo con un salón donde estamos separados por cortinas, sino allí mismo con nosotros, como en el jardín original. Caminando con nosotros. Hablando con nosotros. Esto es todo lo que él siempre ha deseado. Esto solo sería suficiente para hacernos ansiar con todo nuestro corazón estar allí con él, pero hay más.

En esta comunidad que Dios ha estado edificando, no habrá lágrimas. No habrá necesidad de ellas, porque no existirá la muerte, ni el dolor, ni la tristeza. Todas estas son cosas propias de la Historia Secundaria. Dios ha estado ansioso de secar todas esas lágrimas que hemos derramado durante nuestra vida en la Historia Secundaria. Una de las primeras cosas que quiero hacer cuando llegue allí es sentarme junto a mi madre. Ella falleció de cáncer, y no puedo expresarte lo mucho que lloré mientras sufría por esta enfermedad, ni las lágrimas de soledad que derramé más tarde cuando nos dejó. Dios usará el mismo dedo que está retratado en la pintura de Miguel Ángel dándole vida a Adán, y secará la última lágrima de mis ojos cuando mi madre me salude con un cuerpo perfectamente restaurado.

¿Recuerdas el jardín del comienzo de la Historia? Dios lo está reconstruyendo para nosotros, con unos mínimos cambios para hacerlo aun mejor:

> Luego el ángel me mostró un río de agua de vida, claro como el cristal, que salía del trono de Dios y del Cordero, y corría por el centro de la calle principal de la ciudad. A cada lado del río estaba el árbol de la vida, que produce doce cosechas al año, una por mes; y las hojas del árbol son para la salud de las naciones. Ya no habrá maldición. El trono de Dios y del Cordero estará en la ciudad. Sus

siervos lo adorarán; lo verán cara a cara, y llevarán su nombre en la frente. Ya no habrá noche; no necesitarán luz de lámpara ni de sol, porque el Señor Dios los alumbrará. Y reinarán por los siglos de los siglos[7].

Allí está ese árbol de la vida de nuevo. Fue en el jardín del Edén que lo vimos por última vez. Era el árbol que daba el fruto de la vida eterna. Adán y Eva —y posteriormente toda la humanidad— fueron echados de ese jardín, pero ahora tenemos acceso irrestricto a él una vez más. Y no hay solo un árbol, sino muchos, bordeando un río claro como el cristal, cuyas aguas dan vida. Esos árboles llevan fruto no una vez al año, sino una vez al mes. Todo en esta nueva comunidad es acerca de la vida abundante y eterna.

No obstante, un árbol está faltando en este jardín reconstruido: el árbol del conocimiento del bien y del mal. Ese es el árbol que Dios puso en el primer jardín para que Adán y Eva escogieran abrazar o no la visión divina de la vida. ¿Por qué no se encuentra en este nuevo jardín? Porque no es necesario. Ya habremos tomado la decisión de vida cuando aceptamos el ofrecimiento del perdón de Jesús.

Y lo más importante de todo es que cuando regresemos a este jardín, veremos el rostro de nuestro Señor Dios. Veremos el intenso amor que hay en sus ojos, capaz de llegar tan lejos para recuperarnos. Este amor nos inundará cada día por la eternidad y nos impulsará a adorarlo. Nos uniremos a los ángeles que cantan:

«Santo, santo, santo
es el Señor Dios Todopoderoso,
el que era y que es y que ha de venir»[8].

Finalmente llegamos a casa. El hogar definitivo que siempre hemos anhelado, un lugar de descanso, gozo, paz, consuelo, vida y amor. Un hogar de plenitud, de completitud con nuestro Creador, nuestro Abba Padre que nos ama de un modo tan incesante, tan firme, que no hay nada que no haría con tal de salvarnos.

Dios conoce cómo son nuestras vidas en la Historia Secundaria. Algunos días son buenos; otros no lo son tanto. Hacemos lo mejor que podemos como hombres y mujeres, esposos y esposas, padres e hijos, jefes y empleados, así como en los muchos otros roles que desempeñamos. No obstante, las cosas no siempre salen como esperamos. Y no importa cuánto intentemos hacer lo correcto o ser buenos, nunca parece ser suficiente, ni para los demás ni para nosotros. En realidad, independientemente de lo mucho que lo intentemos, no somos capaces de estar a la altura de lo que se requiere. Nuestros mayores esfuerzos son como trapos inmundos ante la resplandeciente santidad de Dios. Sin embargo, no nos toca a nosotros hacer que eso suceda. Dios proveyó otro camino a través de su amado Hijo Jesús.

Es por eso que está escribiendo una Historia Primaria infinitamente más magnificente (por no decir complicada, ¿te imaginas lo que es hacer un seguimiento de cada una de las personas que ha vivido por siempre?) que cualquier capítulo aislado de la Historia Secundaria. Su tema continuo nos dice cuánto nos ama y cómo ha provisto un camino para que volvamos a casa a vivir con él en perfecta comunión. Nos muestra cómo regresar al verdadero hogar de nuestro corazón, la nueva Jerusalén. Sin importar cuántas veces su pueblo se desvió de él, continuó llamándolos hasta que finalmente dio a su precioso Hijo como el sacrificio supremo por nuestra desobediencia.

Si eres un seguidor de Jesucristo, no importa lo difícil que se haya vuelto tu vida, no importa lo oscura que sea tu senda ni cuán intenso resulte tu cansancio: cobra ánimo. Tu Historia Secundaria no termina aquí. Debido a que crees en Jesús, tu historia recién ha comenzado y será fenomenal. Además, tienes un rol garantizado en la Historia Primaria, donde vivirás para siempre con Dios.

Si todavía no has respondido al llamado de seguir a Jesús, puedes perderte todo lo que Dios tiene para ti, aquí en la tierra y especialmente en su perfecta comunidad llamada cielo. Si has llegado hasta aquí conmigo, sabes que no importa cuántas veces lo intentes, no dará resultado. Sabes que ni yo ni nadie más puede darte una lista de reglas que te hagan volver a Dios.

¿No estás cansado de intentarlo una y otra vez, en especial porque en lo profundo de tu corazón sabes que nunca funcionará? ¿No quieres venir a casa para dejar reposar tu cansado corazón? Lo único que Dios pide de ti es que abras tus manos y aceptes el regalo de su perdón por tus pecados. Ese simple acto de fe reserva un lugar para ti en este hogar eterno. ¿No te gustaría ir a casa? Puedes hacerlo ahora mismo.

En un simple acto de fe, inclina tu cabeza y haz esta oración a Dios:

Querido Dios, sé que he heredado una naturaleza pecaminosa de Adán. Y actúo según esta naturaleza de muchas maneras egoístas que me hacen indigno de tu perfecta comunidad. Ahora conozco que no hay nada que pueda hacer por mí mismo para cambiar esta realidad. Y aunque a menudo es algo difícil de entender para mí, sé que quieres mantener una relación conmigo. El punto hasta el que has llegado con tal de proveerme un camino hacia ti me asombra. Enviaste a tu único Hijo, que murió en la cruz por mis pecados. Por fe humildemente acepto tu ofrecimiento de perdón. Hoy por tu gracia estoy abrazando tu visión de la vida, que nos lleva de nuevo a estar juntos. Alinearé los días restantes de mi vida en la tierra con el plan de tu Historia Primaria empleando el poder de tu Espíritu Santo, el cual está viniendo a mi vida ahora mismo. En el nombre de Jesús, amén.

¡Bienvenido a la familia de Dios!

Dios descendió en el principio porque quería vivir con nosotros. Regresó en la forma de un bebé, según el plan de su Padre, para de una vez por todas crear un camino a fin de que *todos* puedan vivir con él para siempre. Él regresará a establecer una nueva comunidad para todos los que hemos recibido su perdón. Y en respuesta, nos hacemos eco de las palabras con las que Juan termina la Biblia... las palabras que continúan la Historia:

Ven, Señor Jesús[9].

Tu parte en la Historia

Volvamos a la asombrosa Capilla Sixtina en Roma. Tú ahora conoces la historia de los trescientos personajes que Miguel Ángel pintó en el cielorraso y cómo ellos encajan en la historia de amor de Dios. Sabes que cada uno jugó un rol en el desarrollo del plan de la Historia Primaria de Dios a fin de recuperarnos.

Miras hacia arriba y en una esquina, para tu sorpresa, ves la espalda de un hombre que se parece a Miguel Ángel. Está pintando una escena en un espacio en blanco en el cielorraso. Cuando te acercas a la pintura que está en progreso, enseguida reconoces que es una interpretación de nuestros días. Al acercarte un poquito más, el paisaje te parece conocido. Incluye todos los lugares y rostros de *tu* mundo. La adrenalina corre por todo tu cuerpo tan pronto como te percatas de la realidad: ¡El artista está pintando un retrato tuyo!

¡Eres parte de la grandiosa Historia de Dios! Sabes cómo termina la historia, pero todavía hay cosas que hacer, cosas que decir. ¿Cómo retratará el artista tu vida en el cielorraso, en medio de toda esa gente acerca de la que hemos leído?

¿La pintura mostrará que a diferencia de Adán y Eva elegiste comer del árbol de la vida y no del árbol del conocimiento del bien y del mal?

¿Te representará como una persona que confía en Dios aun contra todo pronóstico, como hicieron Abraham y Sara?

¿Te dibujará como una persona igual a José, que perdonó a los que lo hirieron en la Historia Secundaria porque entendió y abrazó el plan mayor de Dios?

¿El cuadro mostrará que pusiste la sangre del cordero sobre el dintel de tu vida, como hizo Moisés y el pueblo hebreo en Egipto?

¿La pintura reflejará que tu cuerpo es un tabernáculo para que Dios more, como lo era la tienda para Israel en el desierto?

¿Exhibirá que te escapaste de los gigantes de tu vida, o que los enfrentaste como hizo Josué?

¿Interpretará creativamente tu cuerpo como un vaso de barro que contiene la luz de Jesucristo, igual que vimos en la historia de Gedeón?

¿Te mostrará invitando a los extranjeros, los refugiados y los marginados a tu vida, como Booz hizo con Rut?

¿Te representará como alguien que desea ser igual a todos los demás, como Saúl, o como una persona conforme al corazón de Dios, así como lo fue David?

¿Dibujará un momento en tu vida cuando hiciste lo malo, pero luego, con un corazón de verdadero arrepentimiento, te pusiste a cuenta con Dios y las personas a las que ofendiste, como hizo David?

¿El dibujo mostrará una vida llena de adoración a Dios, o se verá obligado a trazar un retrato de alguien condescendiente como Salomón?

¿Retratará una casa unida con tu familia y Dios, o una casa dividida contra Dios y la familia, como vimos en las vidas de Roboán y Jeroboán?

¿Serás representado como alguien que hizo lo malo a los ojos de Dios, como treinta y dos de los reyes de Israel y Judá, o serás recordado como uno que siguió al Señor valientemente, igual que el joven rey Josías?

¿Tu pintura será acerca de una persona que proclamó el mensaje de Dios no solo con palabras, sino también con su vida, como el profeta Oseas?

¿Serás pintado como una persona que pelea con espadas de odio y venganza, o con las rodillas dobladas en oración, como el rey Ezequías?

¿El pintor te mostrará como uno que conocía el llamado de Dios sobre su vida y caminó con fidelidad ante los obstáculos, como hizo Jeremías?

¿Serás retratado con la determinación de Daniel a no contaminarte con el menú que tu cultura te ofrece, sino a presentarte plenamente consagrado a Dios?

¿Tu pintura te presentará como alguien que le dio prioridad a la gran idea de Dios, como hizo Judá después que regresó del exilio?

¿El retrato de tu vida estará lleno del coraje de Ester?

¿Tus ojos contendrán las lágrimas del que ama profundamente la Palabra de Dios, como Esdras y el pueblo de Judá?

¿En la escena de la Navidad, mientras celebras el nacimiento de Jesús en este mundo, estarás cantando con los ángeles: «Gloria a Dios en las alturas...»?

¿Serás retratado como alguien «nacido de nuevo», al igual que Nicodemo?

¿La obra te mostrará llevando un cartel que proclame la declaración de tu corazón de que Jesús es el Hijo de Dios, el Mesías, la Luz del mundo, el gran YO SOY, como los discípulos indicaron?

¿El dibujo de tu historia tendrá tu mano colocada sobre la cabeza de Jesús, transfiriéndole toda tu culpa y tu vergüenza mientras colgaba de la cruz?

¿La escena te incluirá de pie junto a la tumba vacía con tus manos levantadas a los cielos, celebrando la resurrección de Jesús, igual que María y Juan?

¿Te dibujará como un miembro de muchos en tu comunidad que entregaron sus vidas a fin de ser la presencia de Jesús en la tierra, como lo hicieron aquellos en la iglesia primitiva?

¿El artista escogerá una escena de tu vida en la que estás compartiéndole las Buenas Nuevas de Jesús a un vecino o un extranjero que vive lejos, igual que Pablo?

¿La obra te capturará trasmitiéndole tu fe a la próxima generación, como lo hizo Pablo con Timoteo?

¿Te mostrará orando hacia los cielos: «¡Ven, Señor Jesús!», ya que estás tan apasionado por el regreso de Jesús como lo estaba Juan?

Las decisiones que tomes hoy proveerán el contenido que el artista usará para crear tu retrato en el mural de la gran Historia de Dios. Te aliento a amar a Dios y alinear tu vida con el plan de su Historia Primaria. Si lo haces, Dios promete que todos los hechos de tu vida resultarán para bien.

Sin embargo, la imagen más importante de todas es la pintura donde tú y Dios están dando un paseo en el frescor del día por el jardín que vendrá. Si se dibuja esta pintura, eso significa que has capturado en verdad la Gran Idea de Dios: ¡Él quiere estar contigo!

Notas

INTRODUCCIÓN

1. Mateo 10:39 (Traducido de la versión *The Message*).
2. Mateo 6:9-10.
3. Mateo 6:11-13.
4. Mateo 26:39.
5. *Ibid.*

CAPÍTULO 1

1. Génesis 1:2.
2. Véase «An Overview of the Solar System», *Nine Planets*: http://ninepla-nets.org/overview.html, 4 de marzo de 2011.
3. Génesis 1:26-27.
4. Génesis 2:16.
5. Génesis 3:6.
6. Génesis 4:7. Esta es la primera vez en que a las malas acciones se les llama pecado.
7. Génesis 3:22-24.
8. Génesis 6:5.
9. Salmo 139:5.

CAPÍTULO 2

1. Génesis 12:4.
2. Génesis 22:2.
3. 2 Crónicas 3:1.

CAPÍTULO 3

1. Génesis 37:4.
2. Génesis 37:28.
3. Génesis 39:2.
4. Génesis 39:6.
5. Génesis 39:7.
6. Génesis 39:9.
7. Génesis 39:20-21.
8. Génesis 46:29.
9. Génesis 45:4-8.
10. Génesis 50:20.
11. Romanos 8:28.

CAPÍTULO 4

1. Éxodo 1:8: «Pero llegó al poder en Egipto otro rey que no había conocido a José».
2. Éxodo 4:10, 13.
3. Éxodo 4:20.
4. Isaías 55:8-11.
5. Éxodo 3:12.
6. Romanos 9:17-18.

CAPÍTULO 5

1. Mateo 22:37, 39.
2. Éxodo 25:8-9.
3. Éxodo 26:1-14.
4. Éxodo 40:34.

CAPÍTULO 6

1. Números 10:11.
2. Números 11:1.
3. Números 11:5-6.

4. Números 11:20.

5. Números 12:6-8.

6. Deuteronomio 30:19-20.

CAPÍTULO 7

1. Citado en Steve Israel, ed., *Charge! History's Greatest Military Speeches*, Naval Institute Press, Annapolis, Maryland, 2007, p. 203.

2. Números 13:31.

3. Números 14:7-9.

4. Josué 1:6, 7, 9.

5. Josué 1:7-8.

6. Josué 1:5.

7. Josué 1:16.

8. Josué 6:16.

9. Deuteronomio 9:5, énfasis añadido.

10. Génesis 15:16.

11. Deuteronomio 12:31.

CAPÍTULO 8

1. Jueces 6:15.

2. Jueces 7:1-8.

3. Jueces 6:5.

4. Jueces 8:33-34.

CAPÍTULO 9

1. Rut 1:16-17.

2. Rut 1:21.

3. Rut 3:9.

4. Mateo 1:5.

5. Josué 2.

6. Rut 4:14.

CAPÍTULO 10

1. 1 Samuel 8:3.
2. 1 Samuel 8:5.
3. 1 Samuel 8:20.
4. 1 Samuel 9:2.
5. Éxodo 17:14.
6. 1 Samuel 15:22.
7. 1 Samuel 15:29.

CAPÍTULO 11

1. 1 Samuel 16:11.
2. 1 Samuel 16:13.
3. Hechos 13:22.
4. Deuteronomio 6:4-5.
5. Deuteronomio 30:11, 15-18.
6. 1 Samuel 17:45.

CAPÍTULO 12

1. 2 Samuel 6:14.
2. Salmo 34:14.
3. 2 Samuel 12:13.
4. Salmo 51:1-2.
5. 1 Juan 1:9.

CAPÍTULO 13

1. 1 Reyes 1:34.
2. 1 Reyes 1:52.
3. Proverbios 1:3.
4. Proverbios 20:19.
5. Proverbios 21:5.
6. Proverbios 21:6.
7. Proverbios 20:21.

8. Proverbios 20:4.

9. 1 Reyes 10:9.

10. 1 Reyes 10:23.

11. 1 Reyes 11:4.

CAPÍTULO 14

1. 1 Reyes 12:24, RVR-1960.

2. Mateo 16:18.

CAPÍTULO 15

1. 1 Reyes 16:2; véase también 1 Reyes 15:34; 16:19, 26; 22:52.

2. Génesis 6:7; 9:11.

3. 1 Reyes 16:30.

4. 1 Reyes 18:22-24.

5. 1 Reyes 18:29, RVR-1960.

6. 1 Reyes 18:39.

7. Oseas 4:1-2.

8. Oseas 5:4.

9. Oseas 14:1.

CAPÍTULO 16

1. 2 Reyes 19:19.

2. 2 Reyes 21:1-9.

3. 2 Reyes 21:12.

4. 2 Crónicas 33:10.

5. Isaías 49:23, 26.

CAPÍTULO 17

1. Ezequiel 6:3-5, 7.

2. Jeremías 4:7; 5:1; 13:17, 19.

3. 2 Crónicas 36:15-16.

4. Jeremías 21:2.

5. Jeremías 21:10.
6. Lamentaciones 1:1-2.
7. Ezequiel 36:25.
8. Ezequiel 36:24-26, 28.

CAPÍTULO 18

1. Daniel 3:17-18.
2. Daniel 3:27.
3. Daniel 6:26.

CAPÍTULO 19

1. Esdras 1:1-4.
2. Isaías 45:1.
3. Isaías 45:6.
4. Hageo 1:4, RVR-1960.
5. Mateo 5:45.
6. Hageo 1:5.

CAPÍTULO 20

1. Ester 4:16.
2. Ester 7:4.
3. Proverbios 16:33.

CAPÍTULO 21

1. Nehemías 8:1.
2. Josué 8:34.
3. Nehemías 8:9-10.
4. Nehemías 8:12.
5. *Ibid.*
6. Santiago 1:22.
7. Nehemías 8:17.
8. Malaquías 3:1; 4:5.

9. Mateo 3:1-3.
10. Isaías 40:3; Malaquías 3:1.

CAPÍTULO 22

1. Isaías 9:7.
2. Mateo 1:20-21.
3. Mateo 1:21.
4. Mateo 1:22-23.
5. Lucas 2:1-7.

CAPÍTULO 23

1. Juan 1:23.
2. Mateo 3:14.
3. Mateo 3:17.
4. Juan 1:29.
5. Juan 2:1-11.
6. Juan 3:16.
7. Juan 4:25.
8. Juan 4:26.
9. Marcos 2:7.
10. Mateo 11:3.

CAPÍTULO 24

1. Marcos 4:3-9.
2. Mateo 5:3-10.
3. Mateo 6:5, 19-20, 24, 27, 34.
4. Mateo 5:16.
5. Marcos 5:30, 34.
6. Juan 6:29.
7. Juan 6:53-56, 58.
8. Mateo 14:28.
9. Mateo 14:33.

CAPÍTULO 25

1. Marcos 8:29.
2. Marcos 8:31.
3. Marcos 8:34-36.
4. Juan 7:15.
5. Juan 7:40-41.
6. Juan 7:41-42.
7. Juan 8:12.
8. Juan 8:23.
9. Juan 8:53, 58.
10. Éxodo 3:14.
11. Zacarías 9:9.
12. Marcos 11:9-10.

CAPÍTULO 26

1. Mateo 27:64.
2. Mateo 26:45.
3. Juan 13:21.
4. Mateo 26:39.
5. Juan 18:11.
6. Isaías 53:7.
7. Isaías 53:5.
8. Juan 19:30, RVR-1960.
9. Mateo 27:51.
10. Hebreos 10:19-22.
11. Juan 19:38-42.

CAPÍTULO 27

1. Isaías 9:6.
2. Mateo 28:6-7.
3. Juan 20:15.
4. Lucas 24:34.
5. Juan 20:25.

6. Juan 20:28.
7. Mateo 28:18-20.

CAPÍTULO 28

1. Hechos 1:7.
2. Hechos 1:8.
3. Hechos 2:42-47.

CAPÍTULO 29

1. Hechos 8:3.
2. Hechos 9:1.
3. Hechos 9:4.
4. Hechos 18:3.
5. Génesis 12:2-3.
6. Hechos 13:27-33, 38-39.
7. Hechos 13:46-47.
8. Isaías 49:6.
9. Hechos 17:23.
10. Hechos 19:19.

CAPÍTULO 30

1. Efesios 5:1-2.
2. Filipenses 1:27; 2:3, 5, 14, 15; 4:4, 5.
3. Efesios 4:25, 31; 5:3, 4, 18.
4. Efesios 4:22, 24.
5. Efesios 4:11-16.
6. 1 Timoteo 6:12; 2 Timoteo 4:7, RVR-1960
7. 2 Timoteo 1:7.
8. 2 Timoteo 3:10-13.
9. 2 Timoteo 4:6-8.
10. Romanos 1:16.

CAPÍTULO 31

1. Juan 13:23; 20:3-4.
2. Apocalipsis 21:1.
3. Génesis 1:1.
4. Apocalipsis 21:2.
5. Juan 14:2.
6. Apocalipsis 21:3.
7. Apocalipsis 22:1-5.
8. Apocalipsis 4:8.
9. Apocalipsis 22:20.

Nos agradaría recibir noticias suyas.
Por favor, envíe sus comentarios sobre este libro
a la dirección que aparece a continuación.
Muchas gracias.

Vida@zondervan.com
www.editorialvida.com